DETAIL Praxis

Barrierefreies Bauen

Grundlagen
Planung
Beispiele

Oliver Heiss
Christine Degenhart
Johann Ebe

Edition Detail

Dieses Buch entstand in Zusammenarbeit des Autorenteams mit dem Institut für internationale Architektur-Dokumentation GmbH & Co. KG sowie der Beratungsstelle Barrierefreies Bauen der Bayerischen Architektenkammer.
Die Nutzung von Inhalten der Broschüren »Barrierefreies Bauen 1, Barrierefreie Wohnungen« 1992, »Barrierefreies Bauen 2, Öffentlich zugängige Gebäude und Arbeitsstätten« 1999 sowie »Barrierefreies Bauen 3, Straßen, Wege, Öffentliche Verkehrs- und Grünanlagen sowie Spielplätze« 2001 erfolgt mit freundlicher Genehmigung der Herausgeber, der Obersten Baubehörde im Bayerischen Staatsministerium des Innern, des Bayerischen Staatsministeriums für Arbeit und Sozialordnung, Familie und Frauen und der Bayerischen Architektenkammer sowie der Illustratoren Dipl.-Ing. Michaela Haberkorn, Prof. Dipl.-Ing. Florian Burgstaller und Dipl.-Ing. Andreas Ehrmann.

Autoren:
Oliver Heiss, Architekt, Stadtplaner
Christine Degenhart, Dipl.-Ing. (FH) Architektin
Johann Ebe, Prof. Dipl.-Ing. Architekt, Stadtplaner

Verlag:

Projektleitung:
Steffi Lenzen, Dipl.-Ing. Architektin

Redaktion und Lektorat:
Nicola Kollmann, Dipl.-Ing. (FH) Architektin

Redaktionelle Mitarbeit:
Katinka Johanning, M. A.; Verena Schmidt;
Melanie Weber, Dipl.-Ing. Architektin

Zeichnungen:
Dejanira Bitterer, Dipl.-Ing.; Michael Folkmer, Dipl.-Ing. (FH);
Nicola Kollmann, Dipl.-Ing. (FH) Architektin

© 2009 Institut für internationale
Architektur-Dokumentation GmbH & Co. KG, München
Ein Fachbuch aus der Redaktion DETAIL

ISBN: 978-3-920034-27-0

DTP & Produktion:
Simone Soesters

Druck:
Aumüller Druck, Regensburg
1. Auflage 2009

Institut für internationale
Architektur-Dokumentation GmbH & Co. KG
Hackerbrücke 6, D-80335 München
Telefon: +49/89/38 16 20-0
Telefax: +49/89/39 86 70
www.detail.de

DETAIL Praxis
Barrierefreies Bauen

Inhalt

Wir leben in einer Zeit, in der die Menschheit einer ihrer größten Herausforderungen gegenübersteht. Gemeinsam müssen wir uns mit der Frage der Nachhaltigkeit auseinandersetzen. Nachhaltigkeit definiert sich regelmäßig über drei Komponenten: der Ökologie, der Ökonomie und soziokulturellen Faktoren. Gerade diese soziokulturellen Umstände sind es, die die Chancengleichheit aller Mitglieder unserer Gesellschaft entweder verhindern oder erst entstehen lassen.

Folglich muss auch die Barrierefreiheit in einem sehr umfassenden Sinne verstanden werden. Denn eine barrierefreie Planung und Formung unserer Umwelt setzt sich nicht mit Randgruppen oder Minderheiten auseinander, sondern erfordert, als grundsätzliche, gesamtgesellschaftlich relevante Aufgabe, eine langfristige und nachhaltige Perspektive.

Dass sich gesellschaftliche Umstände in der Form der geplanten und gebauten Umgebung ablesen lassen, wird häufig erst nachträglich festgestellt. Um eine integrative Chancengleichheit zu unterstützen ist die Entwicklung vom »behindertengerechten Bauen« über das »barrierefreie Bauen« hin zum »universellen Gestalten« ausgesprochen begrüßenswert. Ihre Umsetzung jedoch gestaltet sich kompliziert, da sie eine nicht näher spezifizierte Menge von Beteiligten, nämlich »alle« umfasst. Je ungenauer somit Anforderungen definiert werden, je umfangreicher der Kreis der einzubindenden Interessen und Anforderungen ist, desto häufiger können sich zu berücksichtigende Inhalte widersprechen. Eine universelle Planung und Gestaltung erfordern somit eine hohe Kompromissbereitschaft aller Beteiligten.

Der Entwurf der ersten beiden Teile der neuen DIN 18040 »Barrierefreies Bauen«

reagiert auf diese Notwendigkeiten dergestalt, dass er nicht mit absoluten Größen, Maßen und Vorgaben allein operiert, sondern Schutzziele beschreibt und lediglich beispielhaft Lösungen aufzeigt. Ein derartiges Vorgehen in einer Norm ist unüblich und hat zu einem erhöhten Abstimmungsbedarf geführt. Das vorliegende Buch basiert auf der zur Drucklegung gültigen Normierung, weist aber bereits auf sich ggf. ändernde bzw. ergänzende Empfehlungen und Vorgaben der neuen Norm hin.

Die Publikation ist in drei Kapitel eingeteilt.
Das erste Kapitel behandelt neben historischen Informationen zur Entwicklung des barrierefreien Bauens soziologische, begriffliche und rechtliche Grundlagen. Der Nutzen kann somit einerseits aus Hintergrundinformationen für die eigene entwerferische Arbeit bestehen. Andererseits können die dargestellten Daten und Fakten insbesondere in der Vermittlungsarbeit mit Planungsbeteiligten, Bauherren etc. im Stadium der Projektentwicklung und des Entwurfes unterstützen.
Das zweite Kapitel »Planung« ist als konkrete Arbeitshilfe für die Planungsphasen konzipiert. Hier sind maßliche Anforderungen definiert, begründet beschrieben und grafisch dokumentiert.
Die im dritten Kapitel »Typologie« vorgestellten Beispiele sollen inspirieren und gleichzeitig als Referenzmodelle dienen, die mögliche Lösungsansätze aufzeigen.

Das Erscheinungsjahr der vorliegenden Publikation ist in mehrfacher Hinsicht von besonderer Bedeutung. 2009 tritt die UN-Konvention über die Rechte behinderter Menschen in Kraft. Ende des Jahres wird mit der Veröffentlichung der DIN 18040 »Barrierefreies Bauen – öffentlich zugängliche Gebäude und Wohnungen« gerechnet. Die Beratungsstelle Barriere-

freies Bauen der Bayerischen Architektenkammer, die 1984 durch eine Kooperation mit dem Bayerischen Staatsministerium für Arbeit und Soziales, Familie und Frauen sowie der Obersten Baubehörde im Bayerischen Staatsministerium des Innern ins Leben gerufen wurde, berät jährlich in mehr als 1000 Einzelfällen.

Der nun vorliegende DETAIL Praxis-Band »Barrierefreies Bauen«, der mit Unterstützung der Beratungsstelle Barrierefreies Bauen entstanden ist, versucht nicht zu klären, ob, sondern wie eine barrierefreie Umwelt unser gemeinsames Leben nachhaltig beeinflussen kann. Die Publikation soll dazu beitragen, Barrierefreiheit und Schwellenlosigkeit als selbstverständliche, integrale Bestandteile des Planungs- und Bauprozesses aufzufassen und aus Ideen Realität werden zu lassen.

Dipl.-Ing. Lutz Heese
Präsident der Bayerischen Architektenkammer

Zur Historie des barrierefreien Planens und Bauens

» ›Und wie heißen Sie?‹
›Warten Sie, ich hab's auf der Zunge.‹

So hatte das Ganze angefangen.
Ich war wie aus einem langen Schlaf erwacht, aber um mich herum lag alles noch in einem milchigen Grau. Oder ich war gar nicht wach, ich träumte. Es war ein seltsamer Traum: ohne Bilder, nur Töne. Als ob ich nichts sah, nur Stimmen hörte, die mir erzählten, was ich sehen sollte. Und sie erzählten mir, dass ich noch nichts richtig sah, nur ein nebliges Wabern [...].
Ein dichter, undurchdringlicher Nebel, der die Geräusche dämpfte und formlose Gespenster auftauchen ließ. Schließlich gelangte ich an einen tiefen Abgrund und sah eine riesenhafte Gestalt, eingehüllt in ein Grabtuch, und die Hautfarbe dieser Gestalt glich dem makellosen Weiß des Schnees. Mein Name ist Arthur Gordon Pym. [...]
Ich hörte Stimmen: »Das ist nicht mehr richtiges Koma ... Nein, Signora, denken Sie nicht an das flache Elektroenzephalogramm, ich bitte Sie [...]. Da ist Reaktionsbereitschaft [...].« [1]

Mit diesen Worten beginnt Umberto Ecos bewegender Roman »Die geheimnisvolle Flamme der Königin Loana«. Er erzählt die Geschichte eines Mannes, der sein Gedächtnis verliert und sich auf Spurensuche nach seinen Erinnerungen im Alltag des zwanzigsten Jahrhunderts macht. Beim Lesen dieser Zeilen wird schnell deutlich, wie fragil und wie wenig selbstverständlich scheinbar stabile Lebenssituationen sind und wie abrupt sie sich ändern können.

Sowohl die gesellschaftliche als auch die subjektive Wahrnehmung und der damit verbundene Integrationswille haben sich verändert. Eine »Behinderung« ist nicht mehr lediglich eine individuelle, vergleichsweise schwere und langfristige körperliche oder geistige Einschränkung, sondern vor allem eine soziale und soziokulturelle.

Die Weltgesundheitsorganisation WHO zeigt in der »International classification of impairments, activities and participation« (ICIDH-2) 1999 eine Bewertung von Krankheiten und Behinderungen auf. Danach sind nicht die Defizite einer Person maßgeblich, sondern die für die Person relevanten Fähigkeiten an der sozialen Teilhabe. [2]
Für eine erweiterte Begriffsdefinition unter Einbeziehung der Umwelt formuliert der Integrationspädagoge Alfred Sandert: »Behinderung liegt vor, wenn ein Mensch mit einer Schädigung oder Leistungsminderung ungenügend in sein vielschichtiges Mensch-Umfeld-System integriert ist.« [3]

Behinderungen lassen sich medizinisch diagnostizieren und kategorisieren in:
· motorische Einschränkungen (begrenzte Beweglichkeit, Körperkraft, Geschicklichkeits- und Koordinationsfähigkeit)
· psychische Einschränkungen
· sensorische Einschränkungen (Seh- bzw. Hörbeeinträchtigungen, fehlender Geruchs- bzw. Geschmackssinn)
· kognitive Einschränkungen (Sprach-, Lern- bzw. geistige Einschränkungen)

Ursachen können sein:
· angeborene Beeinträchtigungen (durch Vererbung oder pränatale Einwirkungen)
· kurz vor, während oder nach der Geburt entstandene Beeinträchtigungen (Krankheiten, körperliche Beeinträchtigung oder Alterungsprozesse) [4]

Diese Einschränkungen treten häufig nicht einzeln, sondern als Kombination mehrerer Beeinträchtigungen unterschiedlichen

1   Beginenhof, Amsterdam (NL)

Fuggerei, Augsburg (D) 1523, Thomas Krebs,
gestiftet von Jakob Fugger
2   Straßenzug
3   Lageplan
4   Die Reihenhaussiedlung der Fuggerei bestand zunächst aus 52 Häusern. Jedes Haus beherbergt
eine Wohnung im Erdgeschoss und eine im Obergeschoss.
Die in Stube, Küche, Flur und zwei Kammern
gegliederten Grundrisse sind nicht nur für die
Fuggerei typisch. Unzählige Bauernhäuser Süd-
deutschlands vom 15. bis zum 20. Jahrhundert
zeigen dieselbe Anordnung der Wohnräume.
a   Küche
b   Kammer
c   Stube
d   Schlafkammer

Ausmaßes auf. Betroffene sind auf die
Hilfe ihres direkten sozialen Umfelds
angewiesen.

Menschen leben in sozialen Systemen
und Verbünden. Eine der wesentlichen
Kulturleistungen war und ist hierbei die
Sorge um sozial schwächer gestellte Mitglieder und die Entwicklung entsprechender Fürsorgemechanismen. Die Organisation und Gestaltung eines entsprechenden Umfelds zum Vorteil aller ist folglich
seit Langem erklärtes Ziel und keine Erfin-
dung der Neuzeit.
Barrierefrei zu planen und zu bauen bedeutet somit, eine Umwelt zu erschaffen,
die möglichst allen Gesellschaftsmitglie-
dern unabhängig von ihrem Alter oder
ihrer körperlichen Konstitution eine möglichst selbstständige Nutzung erlaubt.

Geschichtlicher Überblick
Der folgende historische Abriss soll die
Ursprünge des barrierefreien Bauens zeigen. Diese lassen sich aufgrund des dargestellten ganzheitlichen Verständnisses
nicht auf ein allein »behindertengerechtes« Bauen beschränken. Die soziale Verantwortung und deren Ursprünge sind
wesentlich weitreichender. Es ist davon
auszugehen, dass Fürsorgeeinrichtungen
im Wesentlichen drei unterschiedlichen
Beweggründen entstammen:
• der Krankenpflege
• der Altersversorgung
• dem Schutz von Bedürftigen, so lange,
  bis sie jeweils selbst in der Lage sind,
  Verantwortung zu übernehmen

Das soziale Bewusstsein der Menschen
führte bereits in der Frühzeit, z. B. in Per-
sien, zu einer Armenversorgung und
Krankenpflege. In Ägypten dienten die
Tempel auch der Behandlung von Kranken. Erste eigenständige Einrichtungen,
die sich um Kranke kümmerten, sind aus
Sri Lanka und Indien bekannt.

Mit dem Gleichnis der barmherzigen Sa-
mariter wurde die Krankenpflege jedem
Christen zur Pflicht gemacht. Die Aache-
ner Synode bestimmte im Jahre 817,
dass jedes Kloster oder Kollegiatsstift
über ein Hospital verfügen sollte. Hiermit
wurden christlich geführte Pilgerherber-
gen und Armenhäuser bezeichnet.

Mittelalter
Im Mittelalter stand Hospitium für kirchlich
oder klösterlich geführte karitative Pilger-
herbergen, Bedürftigen-, Armen- bzw.
Krankenhäuser und für Asyle, die sich um
humanitäre Hilfe und soziale Anliegen
sorgten.
Nach einem Dekret des Papstes Cle-
mens V. von 1312 mussten Hospitäler
nicht mehr zwingend im Besitztum und
der Verfügungsgewalt der Kirche sein.
Die europäische Gesellschaft vor 1300
besaß gut ausgestattete Universitäten, an
denen Theologie und Philosophie eine
große Rolle spielten. Man verstand jedoch
weder die Ursache von Krankheiten, noch
existierten Vorstellungen geeigneter Ge-
genmaßnahmen und dementsprechende
hygienische Verhältnisse. Dies öffnete die
Tore für Hungersnöte und 1349 schließlich für das Ausbreiten der Pest.

Als Beginen und Begaden bezeichneten
sich ab dem 13. Jahrhundert Angehörige
christlicher Laiengemeinschaften, die, ungeachtet ihres Vermögens oder Standes,
auf ihren persönlichen Besitz verzichteten
und in ordensähnlichen, souveränen und
selbstständigen Hausgemeinschaften
lebten. Sie widmeten sich nicht nur sitt-
lich-religiösen, sondern auch praktisch
sozialen Tätigkeiten. Sie pflegten Kranke,
betreuten Verlassene, retteten »Gefallene«
und erzogen Kinder. Diese autarke Form
der Lebensgemeinschaft fand insbesondere im belgischen Flandern und in den
Niederlanden eine bauliche Form in den
sogenannten Beginenhöfen (Abb. 1).

1

2

Ein Beginenhof bestand aus einem Ensemble aus kleinen Wohnhäusern, einer Kapelle und einem Gemeinschaftshaus, das sich um einen Innenhof gruppierte, der als Nutzgarten gebraucht wurde. Diese Anordnung mit vergleichsweise großzügigen innerstädtischen, gemeinschaftlich nutzbaren Freiräumen erscheint uns heute noch geprägt von erstaunlichem nachbarschaftlichem Respekt, von Angemessenheit und Zeitlosigkeit.

Die mittelalterliche Stadt hingegen war von einer extremen Kleinteiligkeit und Dichte innerhalb der bestehenden Umwehrungen bestimmt. Somit wurden in diesen und in Klosteranlagen erstmals geplante Freiräume geschaffen, wissend um deren gemeinschaftsfördernde, erholsame, identitätsstiftende, gesundende, teilweise therapeutische Wirkung. Heute finden sich in Krankenhäusern und Pflegeeinrichtungen aus diesen Gründen regelmäßig Patientengärten.

Barrierefreiheit im Sinne von umfassender Schwellenlosigkeit gründet sich im städtebaulichen Umfeld.
Mit ihrer städtebaulichen Struktur und der sozialen Absicht können die Organisationsformen der Beginen als der Prototyp für die im Jahre 1521 durch Jakob Fugger den Reichen in Augsburg errichtete Fuggerei angesehen werden. Diese ging als älteste Sozialsiedlung der Welt in die Geschichte ein. Sie wurde als Armensiedlung für bedürftige Augsburger Bürger gestiftet. Die Jahres(kalt)miete für eine Wohnung in der Fuggerei beträgt bis heute den nominellen Gegenwert eines Rheinischen Gulden, derzeit 0,88 Euro, sowie täglich drei Gebete für den Stifter und seine Familie.
Die Fuggerei ist eine »Stadt in der Stadt« mit einer Kirche, Mauer und drei Toren. Bis heute wird die Sozialsiedlung nahezu

ausschließlich aus dem Stiftungsvermögen finanziert (Abb. 2–4).

Renaissance
Jakob Fugger der Reiche steht somit symptomatisch für die beginnende Renaissance. Eine historische Zäsur, in der der Glaube an eine unerschütterliche göttliche Ordnung eine grundsätzliche Wendung erfährt. Das Ideal der gebildeten und zugleich politisch tätigen Persönlichkeit, eines verantwortlich agierenden, umfassend gebildeten Individuums wird formuliert.

Findel- und Waisenhäuser
Findelhäuser, später Waisenhäuser, für Säuglinge und Kleinkinder sind in Mittel- und Westeuropa seit dem 9. Jahrhundert belegt. Galten in der Antike ausgesetzte Kinder als rechtlos und wurden häufig versklavt, so erachtete das Christentum Findelkinder als besonders schutzwürdig.
Filippo Brunelleschi gab diesem neuen Bewusstsein des Menschen durch das Findelhaus Ospedale degli Innocenti 1419 in Florenz ein Gesicht. Ein kleiner, drehbarer Holzzylinder diente der anonymen Abgabe der Kinder. Die große zivilisatorische Leistung bestand darin, diese Kinder nicht nur mit Lebensnotwendigem auszustatten. Zusätzlich erhielten sie, neben der Erziehung, auch Bildungs- und Ausbildungschancen.

Jeder Mensch ist wertvoll. Jedes Kind eine Persönlichkeit, jeder Lebensweg einzigartig. Was das Ospedale degli Innocenti so bedeutsam macht, ist nicht, dass man einen Weg gefunden hatte, Kinder vor dem Tod zu retten, sondern dass man es trotz Aussichtslosigkeit versuchte (S. 12, Abb. 5). [5]

Absolutismus
Reformation sowie der Dreißigjährige

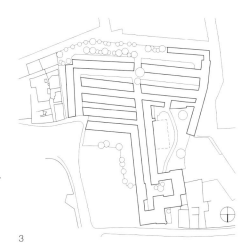

3

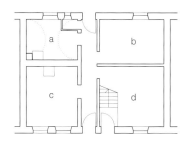

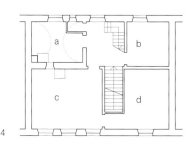

4

5

6

Krieg stürzten viele Menschen in Armut und machten sie obdachlos. Wohnungslosigkeit war bis zu diesem Zeitpunkt vom karitativen Umgang geprägt. Der Protestantismus und Merkantilismus begründeten eine gesellschaftliche Moral, die sich insbesondere auf die Ehre, auf Leistung, den materiellen Verdienst und den eigenen Beitrag zur Staatsfinanzierung gründete. Die hierarchisch geprägte Gesellschaft unterschiedlicher Klassen sah Arme ohne Erwerbstätigkeit zunehmend als Plage, die umerzogen werden mussten. Zuchthäuser wurden eingeführt, in denen Vagabunden Zwangsarbeit zur Besserung zu leisten hatten. Es kam zu vermehrten Gründungen von Anstalten, die für eine ganze Reihe sozialer Problemfelder gleichzeitig zuständig sein sollten, was beispielsweise der Name des 1677 in Braunschweig gegründeten »Armen-, Waisen-, Zucht- und Werkhauses« bereits verdeutlicht.

Aufklärung
Die Umsetzung grundlegender Werte und Ideen der Aufklärung als Ziele der Französischen Revolution – das betrifft insbesondere die Menschenrechte – waren mitursächlich für tiefgreifende macht- und gesellschaftspolitische Veränderungen über die Grenzen Europas hinaus.

Napoleon Bonaparte wollte zu Beginn des 19. Jahrhunderts Paris in eine grandiose Stadt der Paläste und Monumente verwandeln. Gleichzeitig ließ er Abwasserkanäle modernisieren, Trottoirs und eine bessere Wasserversorgung einrichten und neue Märkte und Schlachthöfe errichten. Der rigorose Umbau des bürgerlichen Paris durch Baron Haussmann ermöglichte es, sozial Schwächere erneut in die Vorstädte zu verbannen. Den Umbau von Paris bezeichnet Stephan Lanz als ein gigantisches staatliches

Gentrification-Programm, das auch die Bekämpfung von Aufständen erleichtern sollte. [6] Dienten die als Schneisen durch Arbeiterviertel geschlagenen Boulevards der Repräsentation männlicher Bürger, verschwanden Arme, Arbeiter und die auf das private Heim verwiesenen Frauen aus dem öffentlichen Leben. Zu diesem Zeitpunkt wurden Weichen gestellt, die das Rollenverständnis zwischen den Geschlechtern noch heute beeinflussen.

Die Entdeckung der Kindheit als Lebensphase
Die heutige Vorstellung von Kindheit als Lebensphase war historisch neuartig. Erst im 17./18. Jahrhundert setzte ein Prozess ein, der als die »Entdeckung der Kindheit« bezeichnet wird.
Johann Heinrich Pestalozzis ganzheitliche Ansätze gehören noch heute zu den entscheidenden Grundlagen der Pädagogik. Ein Fundament an Elementarbildung soll den Menschen dazu befähigen, sich selbst zu helfen und Kräfte zu entfalten, die bereits natürlich angelegt sind.
Aus der Bekanntschaft zwischen Pestalozzi und der Gräfin von Brunszvik geht der von ihr 1828 in Buda, Ungarn, gegründete erste Kindergarten hervor.
Eine Weiterentwicklung erfuhr Pestalozzis Pädagogik durch die Erkenntnisse Maria Montessoris. Ihre Theorie des offenen Unterrichts abstrahiert der Satz »Hilf mir, es selbst zu tun!«. Montessori entwickelte spezielle Arbeitsmittel, die sie als »Sinnesmaterial« bezeichnete.
In dem 1907 in San Lorenzo gegründeten Casa dei Bambini lernten nach ihren pädagogischen Prinzipien verwahrloste Kinder der Unterschicht binnen kürzester Zeit erfolgreich Rechnen und Schreiben. Dies alles geschah in einer vergleichsweise wertvollen Umgebung, mit Möbeln, die die Körpergröße und -maße der Kinder berücksichtigten.

7

Bereits Martin Luther forderte 1524 die Einrichtung und den Unterhalt christlicher Schulen. Erst 1717 führte König Friedrich Wilhelm I. für ganz Preußen eine Schulpflicht ein. Im katholisch geprägten Bayern tritt 1802 ein Gesetz über eine sechsjährige Schulpflicht in Kraft.

Industrialisierung
Durch die Industrialisierung und das damit verbundene Bevölkerungswachstum in den Städten stieg der Flächenbedarf rapide an, was u. a. zu dichten Blockstrukturen führte. Die extrem verdichtete Bebauung deckte zwar den Wohnbedarf, erfüllte jedoch kaum hygienische Notwendigkeiten.

Durch die Neuentwicklung von schienengebundenen Infrastrukturnetzen konnten zu Beginn des 19. Jahrhunderts räumliche Grenzen über Kontinente hinweg überwunden werden. Mit der Entwicklung der industriellen Fahrzeugproduktion zu Beginn des 20. Jahrhunderts und dem damit verbundenen Ausbau der Straßennetze wurde individuelle Mobilität in bisher ungekanntem Maße möglich.

In der Zeit der Industrialisierung wird die »Auslese« der Kranken und Schwachen, also derer, die am Produktionsprozess nicht teilnehmen können, intensiviert. Die Menschen wurden nach ihrem rein ökonomischen Nutzen beurteilt: Frauen hatten eine für die Wirtschaft wichtige Funktion als Arbeiterinnen bzw. Produktionsarbeiterinnen; Behinderte dagegen, die den Produktionsprozess nur störten, wurden abgeschoben.

Somit hatten Behinderte in dieser Gesellschaft keinen Platz. Zunehmend wurden Anstalten für Körper- und Geistigbehinderte gegründet; sie wurden in stärkerem Maße als bisher aus der

Öffentlichkeit ausgeschlossen. Die Trennung von Wohn- und Arbeitsstätte führte ebenfalls zur Aussonderung der Kranken und Behinderten. Diese Bevölkerungsgruppe konnte nicht mehr innerhalb eines Familienverbandes betreut werden, da nun der Familienvater und die -mutter meist außer Haus in den Fabriken tätig waren.

Generationenwohnen
Auch der ländliche Raum musste durch die Industrialisierung seine Strukturen rigide verändern. Auch wenn die Mechanisierung massive Auswirkungen auf die Bewirtschaftung der Höfe hatte, so gab man eine soziale Errungenschaft der ehemals autarken Höfe nicht auf: den Austrag oder das Altenteil (Abb. 6).
Mit ihm ist die Altenversorgung nach Übergabe des Hofs an die Folgegeneration gesichert. Er beinhaltet Wohnrecht, Pflege bei Krankheit, Nahrungsversorgung, Kleidung, Wärme und evtl. ein monatliches Gehalt.
Je nach Situation des Hofs war der »Austrag« entweder lediglich eine Stube, ein Gebäudeteil oder ein eigenes, im Allgemeinen schlichtes Gebäude.

Bedingt durch sich ändernde Anforderungen und Ansprüche an Beruf, Mobilität und Ausbildung haben sich Familiengründungsprozesse bis heute deutlich verändert. Die soziale Absicherung durch die Nachfahren, die Altersversorgung im direkten Zusammenleben mit den Nachfolgegenerationen versucht, ist in den Industrienationen ein Ausnahmefall. Altersbedingte Einschränkungen können dazu führen, dass ein selbstbestimmtes Leben im vertrauten Wohnumfeld nur noch mit Hilfe möglich ist. Kann diese Hilfeleistung nicht durch Familienmitglieder stattfinden, existieren zwischenzeitlich unterschiedliche Begleitungs- und Pflegemodelle.

Eigenständig geführte Haushalte können sich in Organisationsformen der ambulanten Pflege, des betreuten Wohnens oder in Wohngemeinschaften finden. Hier entwickelt sich zunehmend ein Angebot, das individuellen Wünschen und Möglichkeiten mehr und mehr Rechnung tragen kann:
· solitär betreutes Wohnen (ein fester Ansprechpartner in einer Wohnanlage, der Hilfsmittel bereitstellt, evtl. notwendige Pflege erfolgt ambulant)
· integriert betreutes Wohnen (Pflegestützpunkt innerhalb der Wohnanlage, der ggf. auch Tagespflege anbietet)
· heimverbundenes betreutes Wohnen (Wohnanlage befindet sich in unmittelbarer Nähe zu stationärer Pflegeeinrichtung)
· intensivere Betreuungsleistungen (Altenwohnheim, Altenheim, Altenpflegeheim). [7]

Werden die notwendigen Betreuungsleistungen intensiver, so bieten Altenwohnheime, Altenheime und Altenpflegeheime ggf. ein mögliches Angebot, bedingen aber einen tatsächlichen Eingriff in das Wohnumfeld. »Jede Veränderung der Umgebung erfordert eine beträchtliche Fähigkeit zur Anpassung, da die ungewohnte Umgebung eine neue Form des Verhaltens notwendig macht. Jeder Wechsel ist daher eine Belastung, deren individuell messbares Ausmaß um so größer wird, je umfassender der Wechsel ist.« [8]

5 Ospedale degli Innocenti, Florenz (I) 1419, Brunelleschi: Öffnung, in welcher der drehbare Holzzylinder (»Ruota«) zur anonymen Abgabe der Kinder eingebaut war
6 moderner Austrag, Barrierefrei Wohnen in Hof (D) 2006, Seeger & Ullmann
7 City Kindertagesstätte, München (D) 2006, Atelier SV. Möbel und Waschtisch sind auf einer durch die Kinder selbstständig zu nutzenden Höhe angebracht. Das Erobern der Erwachsenenwelt beginnt beim Türdrücker und der Stufenhöhe der Treppe, deren kindgerechte Unterstützung aus einem zweiten Handlauf besteht.

8

Bei Altenwohnheimen hat das gemeinschaftliche Wohnen die Präferenz. Betreuungsleistungen werden nur in geringem Umfang genutzt bzw. angeboten. In Altenheimen führen die Bewohner keine eigenen Haushalte mehr, allerdings besteht eine relativ geringe Pflegebedürftigkeit. Das selbstbestimmte Leben hat auch hier die Präferenz. In Altenpflegeheimen steht die stationäre Pflege ausgeprägt pflegebedürftiger Menschen rund um die Uhr im Vordergrund.

Zusammenfassend lässt sich feststellen, dass es falsch wäre, anzunehmen, die Wohnbedürfnisse alter Menschen ließen sich lediglich einer, universell gültigen Lösung zuführen. Bedingt durch die Widersprüchlichkeiten der Anforderungen (größtmögliche Freiheit, Selbstständigkeit und Unabhängigkeit einerseits, Umstellungen im persönlichen Bereich oder aufgrund sich ändernder Gesundheitszustände andererseits) sollte darauf geachtet werden, dass sich eine Wohnform möglichst vielen, paradoxen Wünschen und Verhaltensweisen anpassen kann. Bestenfalls lässt ein möglichst vielfältiges Angebot von Wohnformen in verschiedenen Umgebungen größtmögliche Wahlfreiheit. [9]

Bauten der Gesundheitsfürsorge
1784 gründete Joseph II. in Wien das Wiener Allgemeine Krankenhaus, das erstmals die bisherigen vielfältigen Aufgaben der Hospize darauf beschränkte, die medizinisch Kranken von anderen Versorgungsbedürftigen zu trennen. Damit begann eine Entwicklung, welche die Hospitäler nicht mehr zu einer Stätte der Versorgung von Armen oder Alten machte, sondern zu Orten der medizinischen Diagnostik, Therapie, Lehre und Ausbildung.

Nahezu parallel entwickelten sich die Kurorte. Die medizinische Wirkung heißer Quellen ist bereits seit der Antike bekannt. Die römischen Thermen oder die Hammams des arabischen Raums legen davon noch heute Zeugnis ab.
Im 18. Jahrhundert entwickelte sich Aachen zum führenden Modebad und besaß mit der von Jakob Couven geplanten, 1786 fertiggestellten Neuen Redoute den direkten Vorläufer des späteren Kurhauses.
In der Folge entstanden Sanatorien, deren Grundidee in der Förderung des Heilungsprozesses bestand. Diese erlebten ihre Blütezeit Ende des 19. Jahrhunderts.

Die Armengesetzgebung in Preußen hatte 1891 zwar Regelungen zur Behandlung und Betreuung von »hilfsbedürftigen Geisteskranken, Idioten, Epileptischen, Taubstummen und Blinden« getroffen, doch blieben körperbehinderte Frauen, Männer und Kinder davon ausgenommen. Sie hatten kein gesetzliches Anrecht auf schulische und berufliche Ausbildung oder medizinische Behandlung. Ihr finanzieller Bedarf wurde von Angehörigen, aus kirchlichen Spenden und teilweise durch Zuschüsse der Armenfürsorge gedeckt.
Im Jahre 1900 bestanden in Deutschland 13 evangelische »Vollkrüppelheime«, die einen einheitlichen Ansatz von Rehabilitation vertraten, der vier ineinander übergehende Bereiche umfasste: Schule, orthopädische Behandlung, Berufsausbildung und Werkstätten. Im Mittelpunkt der »Krüppelfürsorge« standen bildungsfähige Kinder und Jugendliche, die in den Heimen medizinisch versorgt, fachlich ausgebildet, pädagogisch begleitet und im Sinne des Protestantismus gelenkt wurden.

Erst durch eine von dem Orthopäden Konrad Biesalski angeregte Zählung aller körperlich beeinträchtigten Kinder in Preußen in den Jahren 1906/07 wurde die bis dahin von Staat und Öffentlichkeit

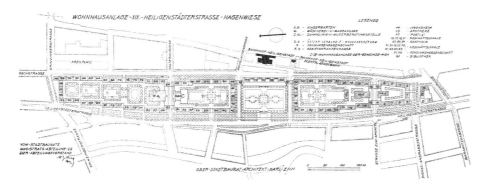

9

zurückhaltend betrachtete konfessionelle »Krüppelfürsorge« auf eine nationalpolitische Ebene gehoben. [10]

Auf Betreiben des Genfer Geschäftsmanns Henry Dunant wurde 1863 das Internationale Komitee vom Roten Kreuz gegründet. Unabhängig von staatlichen Institutionen und auf der Basis freiwilliger Mitarbeit hat es sich zum Ziel gesetzt, das Leben, die Gesundheit und die Würde zu schützen. Außerdem möchte es das Leid von Menschen in Not, ohne Ansehen von Nationalität und Abstammung oder religiösen, weltanschaulichen sowie politischen Ansichten der Betroffenen und Hilfeleistenden, mindern. Wie bedeutsam diese Hilfsorganisation ist, zeigt ihr Einsatz in einer Vielzahl von kriegerischen Auseinandersetzungen. Für die vielen verstümmelten Opfer dieser Kriege, die Gliedmaßen verloren hatten, wurden die ersten modernen Prothesen, die auch einfache Bewegungen ermöglichten, entwickelt.
Bedauerlicherweise sind es immer wieder die einschneidenden Kriegserlebnisse, die zu Entwicklungen im Zusammenhang mit der Barrierefreiheit geführt haben.

1918 mussten 1,5 Millionen Kriegsbeschädigte in das Wirtschafts- und Arbeitsleben der Weimarer Republik eingegliedert werden. Die Reichszentrale für Kriegs- und Zivilgefangene rief die »Kriegsgefangenenheimkehr« ins Leben, eine Fürsorge- und Beratungsstelle für entlassene Kriegsgefangene. Diese Stellen boten neben materieller Hilfe vor allem Informationen über ihre rechtliche Lage, die veränderte politische Situation und Unterstützung bei der schwierigen Rückkehr ins Berufsleben, sofern ihnen dies körperlich überhaupt möglich war.

Es entstanden Versehrtenheime, in denen Raummaße mit Bewegungsflächen ähn-

lich wie in Krankenhäusern vorgesehen wurden. Entscheidender Unterschied war jedoch noch immer, dass die Rollstuhlnutzung nicht auf eine selbstständige Bedienung, sondern auf pflegerische Begleitung ausgerichtet war.

Erst Mitte der 1960er-Jahre wurde begonnen, Rollstühle individuell anzupassen. Somit erscheint nachvollziehbar, warum erst zu diesem Zeitpunkt Anforderungen an die bauliche Umgebung formuliert wurden.

Bauten der Daseinsfürsorge
Eine grundsätzliche Antwort auf die durch die Industrialisierung aufgeworfenen Fragen der übervölkerten Strukturen, schlechter gesundheitlicher Bedingungen und fehlender Freiraumangebote war die Proklamation des Mottos »Luft, Licht und Sonne« in den 1920er-Jahren.

Insbesondere in österreichischen Städten entstanden vor allem in den 1920er- und frühen 1930er-Jahren sowie zwischen den 1950er- und 1970er-Jahren zahlreiche soziale Wohnbauprojekte. 1923 beschloss das »Rote Wien« 25000 neue Wohnungen zu errichten, die für sozial Schwächere bezahlbaren Mietwohnraum unter hygienischen Wohnbedingungen schaffen sollten. [11]
Diese Projekte, die sich an den Strukturen der Beginenhöfe (siehe S. 10f.) und der Gartenstädte orientierten, gruppierten sich häufig um einen zentralen, gemeinschaftlich genutzten Hof. Neben unterschiedlichen, vergleichsweise differenzierten Grundrissformen wurden in der Gesamtanlage bewusst Gemeinschaftseinrichtungen ebenso integriert wie Einrichtungen z.B. der Kinderbetreuung.

Den in der Regel genossenschaftlich organisierten gemeinnützigen Wohnungsunternehmen gelingt es, in Wien noch

heute ca. 80% des Gesamtwohnbedarfs zu decken. In Deutschland liegt der Anteil des sozialen Wohnungsbaus derzeit bei lediglich rund 20%, was einerseits völlig andere Eigentumsfragen nach sich zieht, aber auch deutlich unterschiedliche Lebenshaltungskosten (z.B. Mieten) generiert.

Behindertengerecht – barrierefrei – universell gestaltet
Bis in die 1960er-Jahre war Behinderung in den politischen und wissenschaftlichen Diskursen ausschließlich als physische, psychische oder intellektuelle Einschränkung des Individuums definiert, die den Einzelnen an Tätigkeiten, Leistungen und Mobilitätsformen der Gesellschaft hinderte und ihn von produktiver Erwerbsarbeit ausschloss.
Die behindertenpolitische Lösungsstrategie sah dementsprechend vor, die körperlichen, sinnlichen und geistigen Funktionen des Betroffenen den soziokulturellen Normalerwartungen anzupassen. Das soziale Integrationsproblem schien lösbar, wenn nur ausreichend materielle Sozialleistungen und Versorgungssysteme geschaffen, erfolgreiche Rehabilitationsmaßnahmen und medizinische Therapien sichergestellt würden.

Erst in den 1970er-Jahren wird Behinderung nicht mehr ausschließlich als ein individuelles, sondern als ein gesellschaftlich bedingtes Problem bekannt. Bundeskanzler Willy Brandt forderte 1969 in seiner Regierungserklärung, dass sich die demokratische Gesellschaft an der Qualität ihrer Behindertenpolitik zu beweisen hat.

8, 9 5000 Menschen bewohnen die 1350 Wohnungen dieses ca. einen Kilometer langen Gebäudekomplexes. Karl-Marx-Hof, Wien (A) 1930, Karl Ehn

15

Mit dem Sozialstaatsanspruch des expandierenden bundesdeutschen Wohlfahrtsstaats werden Ausgrenzungszustände der Menschen mit Behinderung immer weniger vereinbar. Die wachsende Emanzipations-, Organisations- und Selbsthilfebewegung der Menschen mit Behinderung führte langsam zu einem Zugang der betroffenen Gruppierungen in die behindertenpolitische Auseinandersetzung. Die sozialliberale Behindertenpolitik war sich bewusst, dass sie nicht nur beim betroffenen Individuum, sondern bei der Umwelt und Gesellschaft ansetzen musste, wenn sie Gleichberechtigung und Chancengleichheit für Menschen mit Behinderung erreichen wollte.

Zu diesem Zeitpunkt rücken erstmals baulich-technische Barrieren als trennende Mobilitäts- und Lebenshindernisse ins Blickfeld. Auch wenn die Anfang der 1970er-Jahre beginnende Normierungsarbeit im Planungs- und Bauwesen den Versuch unternahm, Definitionen nicht nur einer behinderten-, sondern menschengerechten Umwelt vornehmen zu wollen, gelang es ihr zu Beginn lediglich den zu normenden Bedarf auf den jungen, männlichen Rollstuhlnutzer zu fokussieren. [12]

Erst Mitte der 1980er-Jahre etablierte sich der Begriff der Barrierefreiheit, der den Blick nicht auf das Individuum beschränkt, sondern die Umgebung mit einbezieht.
Im Laufe der 1990er-Jahre fußte die Integrationspolitik nicht mehr allein auf den klassischen Fürsorge- und Sozialleistungen, sondern implementierte mehr und mehr das Verständnis des Gleichheitsgrundsatzes. Die Antidiskriminierungsgesetze seit Mitte der 1990er-Jahre, die Gleichstellungsgesetze des Bundes und der Länder seit 2002 sow ie das Allgemeine Gleichbehandlungsgesetz von 2006 markieren diese Entwicklung.

Die aktuelle und künftige Politik ist geprägt von dem Bestreben, Barrieren abzubauen, Selbstbestimmung zu fördern und Menschen mit Behinderung gleichberechtigt zu begegnen. Diese Entwicklung drückt sich u. a. durch sich erneut ändernde Definitionen aus. So lösen »universal design«, »inclusive design« oder »accessability for all« den Begriff der Barrierefreiheit zunehmend ab. [13]
Die Vergangenheit hat gezeigt, dass derartige Definitionsveränderungen mehr sind als semantische Fingerübungen. Sie sind immer Ausdruck eines tatsächlichen gesellschaftlichen Wandlungsprozesses. Diese Entwicklungen haben es ermöglicht, dass Betroffene wie Nichtbetroffene zwischenzeitlich selbstverständlich davon sprechen können, dass Verschiedenartigkeit normal ist.

 [1] Eco 2004, S. 7ff.
 [2] WHO 1999
 [3] Eberwein/Knauer 2002
 [4] Rau 2008, S. 13ff.
 [5] Mayer 2008
 [6] Lanz 2008, S. 295
 [7] Marx 2009, S. 29
 [8] Hugues 1975, S. 21
 [9] ebd.
[10] Stadler/Wilken 2004
[11] Degenhart 2008, S. 16
[12] Bösl 2009
[13] Herwig 2008

Geregelte Grundlagen

10 Alt- und Neubau verbindende, barrierefrei ausge-
bildete Rampe, Bayerische Architektenkammer,
München (D) 2002, realgrün Landschaftsarchitekten mit Drescher und Kubina

Die folgende Auflistung soll einen Überblick der existenten Gesetze, Richtlinien,
Normen und Ebenen ermöglichen. Ihr
sind Begriffserläuterungen vorangestellt.

Begriffsdefinitionen

Behinderung
»Menschen sind behindert, wenn ihre
körperliche Funktion, geistige Fähigkeit
oder seelische Gesundheit mit hoher
Wahrscheinlichkeit länger als sechs Mo-
nate von dem für das Lebensalter typi-
schen Zustand abweichen und daher ihre
Teilhabe am Leben in der Gesellschaft
beeinträchtigt ist«. [1]
Üblicherweise auftretende, reine Alterser-
scheinungen sind somit keine Behinderungen im Sinne des Sozialgesetzbuchs
(SGB) IX.

Schwerbehinderung
Schwerbehindert ist, wer aufgrund einer
körperlichen, geistigen oder seelischen
Behinderung nicht nur vorübergehend
einen Grad der Behinderung (GdB) von
mehr als 50% nachweist. Leider wird
sehr oft der Grad der Behinderung mit
dem einer körperlichen oder geistigen
Leistungseinschränkung gleichgesetzt.
Schwerbehinderte mit einem GdB von
100% können trotzdem in ihrem Beruf die
volle Leistung erbringen, wenn sie eine
Tätigkeit verrichten, bei der sie durch ihre
jeweilige Behinderung nicht beeinträchtigt sind.
Es kommt also immer auf die Art der Einschränkung im Zusammenhang mit dem
Beruf an. [1]

Barrierefrei
»Barrierefrei sind bauliche Anlagen und
sonstige Anlagen, Verkehrsmittel, technische Gebrauchsgegenstände, Systeme
der Informationsverarbeitung, akustische
und visuelle Informationsquellen und
Kommunikationseinrichtungen sowie andere gestaltete Lebensbereiche, wenn

sie für behinderte Menschen in der allgemein üblichen Weise, ohne besondere
Erschwernis und grundsätzlich ohne
fremde Hilfe zugänglich und nutzbar
sind.« [2]

Eine barrierefreie Umwelt ist insbeson-
dere für folgende Personengruppen hilf-
reich:
· Rollstuhlbenutzer, auch mit Oberkörper-
  behinderung
· Gehbehinderte
· Blinde
· Sehbehinderte
· Gehörlose
· Hörgeschädigte
· Menschen mit sonstigen Beeinträchti-
  gungen
· ältere Menschen
· Kinder
· klein- und großwüchsige Menschen

Rollstuhlgerecht
Entsprechende Anforderungen können
gestellt werden an:
· barrierefreie bauliche und sonstige
  Anlagen
· Verkehrsmittel
· technische Gebrauchsgegenstände
· Systeme der Informationsverarbeitung
· akustische und visuelle Informationsquellen und Kommunikationseinrichtungen
· sowie andere gestaltete Lebensbereiche

Universal Design
Produkte, Umfelder, Programme und
Dienstleistungen, die dem »Universellen
Design« entsprechen, können alle Menschen im größtmöglichen Umfang nutzen,
ohne dass eine Anpassung oder eine
spezielle Gestaltung erforderlich ist.

Zwei-Sinne-Prinzip
Jede Bewegung und Aktivität im Raum
setzt eine Wahrnehmung von Reizen mit

verschiedenen Sinnen sowie deren Asso-
ziation, Interpretation und Rezeption voraus. Um die Umwelt erfassen zu können
sind insbesondere die Fernsinne Sehen
und Hören von großer Bedeutung. Sind
Wahrnehmungsmöglichkeiten beim Menschen lediglich eingeschränkt nutzbar, so
versucht der Körper diese Defizite in der
Regel sowohl durch Restnutzung der ver-
bliebenen Möglichkeiten als auch durch
Kompensation auszugleichen. Alternative
Wahrnehmungen nach dem »Zwei-Sinne-
Prinzip« werden dann ermöglicht, wenn
Informationen gleichzeitig für zwei der
fünf Sinne zugänglich sind. Dieses Prinzip
ist insbesondere bei der Materialwahl und
der Planung von Orientierungs- bzw. Leitsystemen ausgesprochen hilfreich (akus-
tisches Signal im Aufzug, gleichzeitig z. B.
Brailleschrift-Kennzeichnung).

Normierung
Für planerische Tätigkeiten sind Regeln
und normierte Größen ausgesprochen
hilfreich, da sie Entwurfsbedingungen
exakt formulieren und damit allgemein
anerkannte Grundlagen definieren.
Gleichzeitig stellen sie damit implizit aber
auch eine Einengung der umsetzbaren
Möglichkeiten dar.

Weltweit gültige Definitionen
Mit dem Übereinkommen über die Rechte
behinderter Menschen, das in Deutschland seit dem 26.03.2009 verbindlich gilt,
setzen die Vereinten Nationen weltweit
ein Signal zur Stärkung der Rechte von
mehr als 600 Millionen behinderten Menschen. Mehr als zwei Drittel von ihnen
leben in so genannten Entwicklungslän-
dern. Für sie existiert mit der Konvention
erstmals eine universell gültige Vereinba-
rung. Diese schreibt Menschenrechte,
wie etwa das Recht auf Leben oder das
Recht auf Freizügigkeit, unter Berücksichtigung der spezifischen Situation behinderter Menschen fest.

T1: Bauaufsichtlich eingeführte technische Baubestimmungen

Länder	DIN 18024, T.1 Straßen, Wege Plätze	DIN 18024, T.2 öffentlich zugängige Gebäude und Arbeitsstätten	DIN 18025, T.1 Wohnungen für Rollstuhlnutzer	DIN 18025, T.2 Barrierefreie Wohnungen
Baden-Württemberg[1]	–	eingef.	eingef.	eingef.
Bayern[2]	–	–	–	–
Berlin	eingef. mit Ausnahme der Abschnitte 13; 15; 16; 19	eingef. mit Ausnahme der Abschnitte 6 Satz 4; 8; 11 Satz 1; 13; 14; 16	eingef.	eingef.
Brandenburg	eingef. mit Ausnahme der Abschnitte 8.4; 8.5; 9; 10; 10.1 Satz 2; 12.2; 13; 14; 15; 16; 19	eingef. mit Ausnahme der Abschnitte 6 Satz 4; 8; 11 Satz 1; 13; 14; 16	eingef.	eingef.
Bremen	eingef. mit Ausnahme der Abschnitte 8.4; 8.5; 9; 10.1 Satz 2; 12.2; 13; 14; 15; 16; 19	eingef. mit Ausnahme der Abschnitte 1; 16. Für die Abschnitte 6 Satz 4; 14; 7.1; 7.3 Satz 1; 10; 11 Satz 1 und 2; 13 gelten Sonderregelungen	eingef.	eingef.
Hamburg	–	eingef. mit Ausnahme der Abschnitte 1; 6 Satz 4; 11 Satz 1; 13; 16	eingef. mit Ausnahme der Abschnitte1; 5 Nr. 5.1; 6 Nr. 6.3; 11 Absatz 7	eingef. mit Ausnahme der Abschnitte 1; 5 Nr. 5.1; 6 Nr. 6.3
Hessen	eingef.	eingef.	eingef.	eingef.
Mecklenburg-Vorpommern	–	eingef. mit Ausnahme der Abschnitte 6 Satz 4; 8; 11 Satz 1; 13; 14; 16	–	–
Niedersachsen	–	eingef. mit Ausnahme der Abschnitte 1; 11 Satz 1; 14; 16; 18 Satz 1 Abschnitt 6 Satz 4 ist nicht für Brandschutztüren anzuwenden	eingef. mit Ausnahme der Abschnitte 1; 5.1; 6.1; 6.3; 6.4; 6.5; 6.6; 10; 11 Absatz 7	eingef. mit Ausnahme der Abschnitte 1; 5.1; 6.1; 6.3; 6.4; 8; 11
Nordrhein-Westfalen	–	–	–	–
Rheinland-Pfalz	–	eingef. mit Ausnahme der Abschnitte 1; 11 Satz 1	eingef. mit Ausnahme des Abschnitts 1	eingef. mit Ausnahme des Abschnitts 1
Saarland	eingef. mit Ausnahme der Abschnitte 8.4; 8.5; 9; 10.1 Satz 2; 12.2; 13; 14; 15; 16; 19	eingef. mit Ausnahme der Abschnitte 6 Satz 4; 8; 11 Satz 1; 13; 14; 16	eingef.	eingef.
Sachsen	eingef. mit Ausnahme der Abschnitte 8.4; 8.5; 9; 10.1 Satz 2; 12.2; 13; 14; 15; 16; 19	eingef. mit Ausnahme der Abschnitte 6 Satz 4; 8; 11 Satz 1; 13 Sätze 2–4; 14; 16	eingef.	eingef.
Sachsen-Anhalt	eingef. mit Ausnahme der Abschnitte 8.4; 8.5; 9; 10.1 Satz 2; 12.2; 13; 14; 15; 16; 19	eingef. mit Ausnahme der Abschnitte 6 Satz 4; 8; 11 Satz 1; 13; 14; 16	eingef.	eingef.
Schleswig-Holstein	eingef.	eingef.	eingef.	eingef.
Thüringen	eingef. mit Ausnahme der Abschnitte 8.4; 8.5; 9; 10.1 Satz 2; 12.2; 13; 14; 15; 16; 19	eingef. mit Ausnahme der Abschnitte 6 Satz 4; 8; 11 Satz 1; 13; 14; 16	eingef.	eingef.

Eingeführte technische Baubestimmungen sind technische Regeln, die von den Obersten Bauaufsichtsbehörden der einzelnen Bundesländer bauordnungsrechtlich durch öffentliche Bekanntmachung eingeführt sind. Es werden nur diejenigen technischen Regeln verwendet, die zur Erfüllung der Anforderungen des Bauordnungsrechts unerlässlich sind.
Ergänzungen:

[1] Bedienvorrichtungen: »Das Regelmaß von Greifhöhen und Bedienhöhen beträgt 85 cm (Achsmaß) über OFF; erforderliche Abweichungen sind in einem Bereich von 85 cm bis 105 cm zulässig.«
[2] Gemeinsam mit dem Sozialministerium und der ByAK hat die Oberste Baubehörde allerdings Kommentarbroschüren zu den Normen 18024 und 18025 herausgegeben. Der bayerische Landtag hat zur Verbesserung der Kommunikation von Hörgeschädigten den Einbau von induktiven Höranlagen ins Gleichstellungsgesetz mit aufgenommen.

11

11 Attraktive öffentliche Räume bieten multifunktionale, von unterschiedlichen Gesellschaftsgruppen nutzbare, nicht immer abschließend planbare Möglichkeiten. Georg-Freundorfer-Platz, München (D) 2002, Levin Monsigny Landschaftsarchitekten

Europäische Abkommen

Am 18.6.2004 einigen sich die Staats- und Regierungschefs beim Gipfel in Brüssel auf eine Verfassung für die Europäische Union. Diese Europäische Charta der Grundrechte enthält insbesondere in Artikel II Definitionen bezüglich der Nichtdiskriminierung und Integration von Menschen mit Behinderung. Die Charta ist von den Mitgliedsstaaten bisher noch nicht ratifiziert.

Die Europäische Union verabschiedet am 17.03.2008 den Entschluss des Rates zur Situation von Menschen mit Behinderungen (2008/C 75/01). Hiermit wird den Mitgliedsstaaten empfohlen, sich dem »Übereinkommen über die Rechte behinderter Menschen« der UN anzuschließen und die Inhalte in nationales Recht umzusetzen.

In Deutschland gültige Normen

Normen, Richtlinien und Empfehlungen beinhalten den aktuellen Stand der Technik und stehen jedermann zur Anwendung frei, ohne prinzipiell rechtlich verbindlich zu sein. Dies werden sie erst durch die Bezugnahme auf oder Einführung in Gesetze und Verordnungen. Die DIN 18024 und DIN 18025 sind in einigen Bundesländern Bestandteil der dort geltenden Landesbauordnungen. Die Anwendung der bauaufsichtlich eingeführten Normen ist in den technischen Baubestimmungen geregelt.

Allerdings wird auch in Fällen der Nichteinführung eine Norm im Konfliktfall als Entscheidungshilfe herangezogen (Tabelle T1).

Barrierefreie Planungskonzepte sind immer auch vor dem Hintergrund unterschiedlicher Einschränkungen zu betrachten. Mitte der 1970er-Jahre wurden mit der DIN 18025 Teil 1, »Planung, Ausführung und Einrichtung rollstuhlgerechter Wohnungen«, und mit der DIN 18025 Teil 2, »Planung, Ausführung und Einrichtung barrierefreier Wohnungen insbesondere unter Berücksichtigung der Bedürfnisse Blinder und wesentlich sehbehinderter Menschen«, die ersten Normen zum barrierefreien Bauen eingeführt. Ebenfalls zu diesem Zeitpunkt sind die beiden Normenteile der DIN 18024, »Straßen, Plätze, Wege [...] sowie öffentlich zugängige Gebäude und Arbeitsstätten«, entstanden. Allerdings haben sensorische und kognitive Einschränkungen erst durch die Behindertengleichstellungsgesetze und die damit verbundenen Änderungen z.B. der Bauordnungen umfassend Eingang in die Normierungsdefinitionen gefunden.

Noch 2009 soll die DIN 18040 »Barrierefreies Bauen – Planungsgrundlagen, Teil 1: Öffentlich zugängliche Gebäude« und »Teil 2: Wohnungen« veröffentlicht werden. Die neuen Normteile sollen die Normen DIN 18024, Teil 2, »Öffentlich zugängige Gebäude und Arbeitsstätten«, DIN 18025, Teil 1 und 2, »Barrierefreie Wohnungen«, ersetzen. Es handelt sich somit um die beiden entscheidenden Planungsgrundlagen für barrierefreie Planungen in Deutschland. Die novellierten Definitionen des Entwurfes der DIN 18040 schließen allerdings nicht aus, dass ein regelgerechtes Vorgehen zum Barriereabbau für eine betroffene Teilgruppe dazu führen kann, durch diese planerische bzw. bauliche Reaktion für eine andere Teilgruppe erst eine Barriere zu schaffen. Beispielsweise sind Randsteinabsenkungen für die Straßenüberquerung mit dem Rollstuhl sehr geeignet, sofern durch solche Baudetails nicht Personen mit Seheinschränkungen eindeutige Orientierungshilfen verlieren (Tabelle T2).

Spätestens hier wird deutlich, dass es nicht möglich ist, die Vielfalt individuell unterschiedlicher Bedürfnisse trotz einer Normierung anthropometrischer Körpergrundmaße (DIN 33402) in einer einzigen, verbindlichen Regel zu formulieren. Der Entwurf der DIN 18040, »Barrierefreies Bauen«, wird zur Anwendung des sogenannten »Performance-Konzepts« führen. Die Norm überlässt es damit dem Anwender selbst die entsprechenden Mittel eines angemessenen planerischen und baulichen Vorgehens zu wählen, die die Anforderungen der jeweiligen sog. Schutzziele im konkreten Einzelfall erfüllen. Die Planungsgrundlage stellt Ausführungslösungen lediglich beispielhaft dar. Im Konfliktfall obliegt es allerdings dem Planer, die Erfüllung des Schutzziels, sofern die Ausführung nicht dem in der Norm dargestellten Beispiel entspricht, nachzuweisen [3].

Diese Vorgehensweise könnte umfassendere Integrationsprozesse zulassen, da sie weniger restriktive Vorgaben vornimmt. Sie beinhaltet aber auch größere Unsicherheiten und haftungsrechtliche Risiken für die Planer.

Gesetze auf bundesdeutscher Ebene

• Grundgesetz (GG)

»Niemand darf wegen seines Glaubens, seiner Abstammung, seiner Rasse, seiner Sprache, seiner Heimat und Herkunft, seines Glaubens, seiner religiösen oder politischen Anschauungen benachteiligt oder bevorzugt werden. Niemand darf wegen seiner Behinderung benachteiligt werden.«
GG Artikel 3, Abs. 3 Satz 1; Gesetz zur Änderung des Grundgesetzes v. 24.20.1994, BGBl. I 1994, S. 3146

• Allgemeines Gleichbehandlungsgesetz (AGG), auch »Antidiskriminierungsgesetz« genannt, ist ein Bundesgesetz, das Benachteiligungen aus Gründen der »Rasse, der ethnischen Herkunft, des Geschlechts, der Religion oder Weltanschauung, einer Behinderung,

12 Wesentliches Element einer möglichst langfristi-
gen, selbstständigen Nutzung der eigenen Wohnung ist die Küche. Nicht allein aus ergonomischen Gründen unter Berücksichtigung von Ar-
beitsabläufen, sondern auch was soziale Aktivitäten betrifft, verdienen insbesondere Koch- und
Essbereiche besondere planerische Berücksichtigung. Küchenkonzept 50 Plus, Diana Kraus,
Diplomarbeit an der Hochschule Coburg, 2006

des Alters oder der sexuellen Identität
verhindern und beseitigen« soll.
AGG vom 14.08.2006, BGBl. I 2006,
S. 1897

• Behindertengleichstellungsgesetz
(BGG) definiert die Begrifflichkeit der
Behinderung in § 3 wie auch der Bar-
rierefreiheit in § 4 des Gesetzes zur
Gleichstellung von Menschen mit
Behinderung.
BGG v. 27.04.2002, BGBl. I 2002,
S. 1674

• BauGesetzbuch (BauGB)
»(6) Bei der Aufstellung der Bauleit-

pläne sind insbesondere zu berücksichtigen:
[...] 3. die sozialen und kulturellen Bedürfnisse der Bevölkerung, insbesondere die Bedürfnisse der Familien, der
jungen, alten und behinderten Menschen, unterschiedliche Auswirkungen
auf Frauen und Männer sowie Belange
des Bildungswesens und von Sport,
Freizeit und Erholung. [...]«
§ 1, Abs. 6 BauGB, Aufgabe, Begriff
und Grundsätze der Bauleitplanung

• Heimgesetz (HeimG) normiert die stationäre Pflege älterer Menschen sowie
pflegebedürftiger oder behinderter Voll-

jähriger. Dieses Gesetz enthält Regelungen zum Schutz von Heimbewoh-
nern. Umfasst sind Heime, die Menschen aufnehmen, welche wegen ihres
Alters, ihrer Behinderung oder ihrer
Pflegebedürftigkeit der Heimpflege
bedürfen.
HeimG § 11 formuliert Anforderungen
an den Betrieb eines Heims, 07.08.1974,
zuletzt geändert am 31.10.2006

• Sozialgesetzbuch (SGB) regelt, dass
private und öffentlich-rechtliche Arbeitgeber, die über mindestens 20 Arbeitsplätze verfügen, auf wenigstens 5 %
der Arbeitsplätze schwerbehinderte

T2: Auswahl Normen

Norm	DIN 18024-1	DIN 18024-2	DIN 18025-1	DIN 18025-2
Titel	Barrierefreies Bauen, Teil 1: Straßen, Wege, öffentliche Verkehrs- und Grünanlagen sowie Spielplätze Planungsgrundlagen	Barrierefreies Bauen, Teil 2: öffentlich zugängige Gebäude und Arbeitsstätten Planungsgrundlagen	Barrierefreie Wohnungen Wohnungen für Rollstuhlbenutzer Planungsgrundlagen	Barrierefreie Wohnungen Planungsgrundlagen
Inhalt	Gilt für Straßen, Wege, Plätze, öffentliche Verkehrs- und Grünanla-gen, Spielplätze sowie deren Zu-gänge. Gilt für Neubauten und trifft für Umbauten, Modernisierungen und Nutzungsänderungen sinnge-mäß zu. Folgende Bereiche sind definiert: • Bewegungs- und Begegnungs-flächen • Fußgängerverkehrsflächen • Treppe, Rampe, Aufzug • Grünanlage und Spielplatz • Baustellensicherung • Haltestelle, Bahnsteig • Pkw-Stellplatz • Ausstattung (Orientierung, Beschilderung, Beleuchtung)	Dient der Planung, Ausführung und Errichtung von öffentlich zugängli-chen Gebäuden oder Gebäude-teilen sowie von Arbeitsstätten und von deren Außenanlagen. Die Norm gilt nicht für Krankenhäuser, in denen in weiten Teilen erhöhte Anforderungen gelten. Folgende Bereiche sind definiert: • Bewegungs- und Begegnungs-flächen • Türen • Stufenlosigkeit, Rampen, Treppen • Aufzug • Wände, Decken, Bodenbeläge • Bedienungsvorrichtungen • Orientierungshilfen • Sanitärräume, Sanitätsräume • Arbeitsstätten, Freizeitstätten • Versammlungs-, Sport- und Gaststätten • Pkw-Stellplatz	Gilt für die Planung, Ausführung und Einrichtung von rollstuhl-gerechten, neuen Miet- und Genossenschaftswohnungen und entsprechenden Wohnanla-gen. Gilt sinngemäß für Aus- und Umbauten sowie Moderni-sierungen. Folgende Bereiche sind definiert: • Flächen • Türen • Stufenlosigkeit, Rampen • Aufzug • Treppen • Küche • Bad • Pkw-Stellplatz • Wände, Fenster • technische Ausführung	Gilt für die Planung, Ausführung und Einrichtung von barriere-, freien neuen Miet- und Genos-senschaftswohnungen und entsprechenden Wohnanlagen. Gilt sinngemäß für Aus- und Umbauten sowie Modernisie-rungen. Folgende Bereiche sind definiert: • Flächen • Türen • Stufenlosigkeit, Rampen • Aufzug • Treppen • Küche • Bad • Pkw-Stellplatz • Wände, Fenster • technische Ausführung

Weitere, für die barrierefreie Planung relevante Normen finden sich im Anhang.

Menschen zu beschäftigen haben. Insgesamt sind im SGB Regelungen für behinderte und von Behinderung bedrohte Menschen enthalten, die ihnen das Recht auf größtmögliche Selbstbestimmung und Teilhabe am Leben in der Gesellschaft sichern und eine stufenweise Eingliederung und Förderung der Selbsthilfe unterstützen.
SGB Neuntes Buch IX – Rehabilitation und Teilhabe behinderter Menschen vom 19.06.2001, zuletzt geändert am 31.12.2008, § 71, Abs. 1

· Arbeitsstättenverordnung (ArbStättV) und Arbeitsstättenrichtlinien formulieren

Anforderungen an die barrierefreie Gestaltung von Arbeitsplätzen sowie von zugehörigen Türen, Verkehrswegen, Fluchtwegen, Notausgängen, Treppen, Orientierungssystemen, Waschgelegenheiten und Toilettenräumen.
ArbStättV insbesondere §3 (2) »Einrichten und Betreiben von Arbeitsstätten für Menschen mit Behinderung« vom 12.08.2004, zuletzt geändert am 18.12.2008

· Heimmindestbauverordnung (HeimMindBauV) ist die Verordnung über bauliche Mindestanforderungen für

Altenheime, Altenwohnheime und Pflegeheime für Volljährige.
HeimMindBauV vom 27.01.2978, zuletzt geändert am 25.11.2003 (Tabelle T3)

· Musterbauordnung (MBO)
Das Bauordnungsrecht ist Ländersache und wird von den jeweiligen Länderbauordnungen geregelt (Tabelle T5).
In regelmäßigen Abständen beraten die zuständigen Ministerien der Bundesländer allerdings darüber, welche bauordnungsrechtlichen Regelungen in allen Bundesländern im Sinne einer größeren

Norm	DIN 18030	DIN 18040-1, Entwurf 2009	DIN 18040-2, Entwurf 2009	DIN 77800
Titel	Barrierefreies Bauen	Barrierefreies Bauen, Teil 1: Öffentlich zugängliche Gebäude Planungsgrundlagen	Barrierefreies Bauen, Teil 2: Barrierefreie Wohnungen Planungsgrundlagen	Qualitätsanforderungen an Anbieter der Wohnform »Betreutes Wohnen für ältere Menschen«
Inhalt	Die Arbeit an dieser Norm, die eine Weiterentwicklung der Normen DIN 18024 und DIN 18025 zur Aufgabe hatte, wurde nach über zehnjähriger Arbeit eingestellt, da kein Konsens erzielt werden konnte.	Gilt für die Planung, Ausführung und Ausstattung von öffentlich zugänglichen Gebäuden und deren Außenanlagen. Bezieht sich auf die Gebäudeteile und Außenanlagen, die für die Nutzung durch die Öffentlichkeit vorgesehen sind. Die Norm gilt für Neubauten und soll sinngemäß für die Planung von Umbauten und Modernisierungen angewandt werden. Folgende Bereiche sind definiert: · Äußere Erschließung, Gehwege · Pkw-Stellplätze · Zugangs- und Eingangsbereiche · Innere Erschließung · Flure und Türen · Bodenbeläge · Aufzüge, Treppen, Fahrtreppen und Rampen · Rollstuhlabstellplätze · Warnen, Orientieren, Informieren, Leiten · Bedienelemente, Kommunikationsanlagen sowie Ausstattungselemente · Schalter, Kassen, Kontrollen · Alarmierung und Evakuierung · Räume, Veranstaltungsräume · Sanitärräume · Umkleidebereiche · Schwimm- und Therapiebecken	Gilt für die Planung, Ausführung und Ausstattung von Wohnungen, Gebäuden mit Wohnungen und deren Außenanlagen. Berücksichtigt grundsätzlich auch die uneingeschränkte Nutzung mit dem Rollstuhl (rollstuhlgerechte Dimensionen sind in der Norm gesondert gekennzeichnet). Die Norm gilt für Neubauten und kann sinngemäß für die Planung von Umbauten und Modernisierungen angewandt werden. Folgende Bereiche sind definiert: · Äußere Erschließung, Gehwege · Pkw-Stellplätze · Zugangs- und Eingangsbereiche · Innere Erschließung · Flure und Türen · Bodenbeläge · Aufzüge, Treppen, Fahrtreppen und Rampen · Rollstuhlabstellplätze · Warnen, Orientieren, Informieren, Leiten · Bedienelemente, Kommunikationsanlagen sowie Ausstattungselemente · Schalter, Kassen, Kontrollen · Alarmierung und Evakuierung · Räume in Wohnungen · Flure, Türen und Fenster · Wohn-, Schlafräume und Küchen · Sanitärräume · Freisitz	Die Norm enthält Anforderungen an die Transparenz des Leistungsangebotes, an die zu erbringenden Dienstleistungen, an das Wohnangebot, an die Vertragsgestaltung sowie an qualitätssichernde Maßnahmen. Sie stellt Kunden, Bauträgern ebenso wie Dienstleistungsanbietern einen einheitlichen Qualitätsmaßstab zur Verfügung und dient damit als Alternative zu der Vielzahl von regionalen und lokalen Regelungen, die häufig nicht miteinander vergleichbar sind. Auf diese Weise können die bereits zu beobachtende Regionalisierung des Zertifizierungsgeschehens und die damit verbundenen Unklarheiten überwunden werden. U.a. enthält die Norm Anforderungen an Informationspflichten im Bezug auf · die Wohnanlage · die Wohnung · Grundleistungen · Wahlleistungen · Kosten und Finanzierung

T3: Anforderungen der Heimmindestbauverordnung (HeimMindBauV)

Lfd. Nr.	§§ (ggf. i.V.m. § 29)	Inhalt der Vorschrift
Allgemeine Anforderungen (lfd. Nr. 1–21)		
1	2	Alle Wohn- und Pflegeplätze müssen von einem allgemein zugänglichen Flur aus erreichbar sein.
2	3 Abs. 1	Flure dürfen keine Stufen haben oder nur solche, die zusammen mit einer geeigneten Rampe angeordnet sind.
3	3 Abs. 2	Die Flure zu den Pflegeplätzen müssen den Transport bettlägeriger Bewohner zulassen.
4	3 Abs. 3	Flure und Treppen müssen an beiden Seiten mit festen Handläufen versehen sein.
5	4	Ein Aufzug muss vorhanden sein, wenn mehr als eine Geschosshöhe zu überwinden ist oder Rollstuhlfahrer in nicht stufenlos zugänglichen Geschossen untergebracht sind.
6	5	Fußbodenbeläge der von Heimbewohnern benutzten Räume und Verkehrsflächen müssen rutschfest sein.
7	6 Abs. 1	Lichtschalter müssen ohne Schwierigkeiten zu bedienen sein.
8	6 Abs. 2	In Treppenhäusern und Fluren muss bei Dunkelheit die Nachtbeleuchtung in Betrieb sein.
9	6 Abs. 3	In Wohn-, Schlaf- und Gemeinschaftsräumen müssen Anschlüsse zum Betrieb von Leselampen vorhanden sein. In Schlafräumen müssen diese Anschlüsse den Betten zugeordnet sein.
10	7	Räume, in denen Pflegebedürftige untergebracht sind, müssen mit einer Rufanlage ausgestattet sein, die von jedem Bett aus bedient werden kann.
11	8	In jedem Gebäude muss ein Fernsprecher vorhanden sein, über den die Bewohner erreichbar sind und der von nicht bettlägerigen Bewohnern ohne Mithören Dritter benutzt werden kann.
12	9 Abs. 1	Wohn-, Schlaf- und Sanitärräume müssen im Notfall von außen zugänglich sein.
13	9 Abs. 2	In Pflegeheimen und Pflegeabteilungen müssen die Türen zu den Pflegeplätzen so breit sein, dass durch sie bettlägerige Bewohner transportiert werden können.
14	10 Abs. 1	Badewannen und Duschen in Gemeinschaftsanlagen müssen bei ihrer Benutzung einen Sichtschutz haben.
15	10 Abs. 2	Bei Badewannen muss ein sicheres Ein- und Aussteigen möglich sein.
16	10 Abs. 3	Badewannen, Duschen und Spülaborte müssen mit Haltegriffen versehen sein.
17	10 Abs. 4	In Einrichtungen mit Rollstuhlbenutzern müssen geeignete sanitäre Anlagen in ausreichender Zahl vorhanden sein.
18	11	Wirtschaftsräume müssen in der erforderlichen Zahl und Größe vorhanden sein, soweit die Versorgung nicht durch Betriebe außerhalb des Heimes sichergestellt ist.
19	12	Durch geeignete Heizanlagen ist für alle Räume, Treppenräume, Flure und sanitäre Anlagen eine den Bedürfnissen der Heimbewohner angepasste Temperatur sicherzustellen.
20	13 S. 1	Die Eingangsebene der von Bewohnern benutzten Gebäude soll von der öffentlichen Verkehrsfläche stufenlos erreichbar sein.
21	13 S. 2	Der Zugang muss beleuchtet sein.
Besondere Anforderungen Wohnheim (lfd. Nr. 22–35)		
22	14 Abs. 1 S. 1	Wohnplätze für eine Person müssen mindestens einen Wohnschlafraum von 12 m², für zwei Personen 18 m² umfassen.
23	14 Abs. 1 S. 2 und 3	Wohnplätze für mehr als zwei Personen sind nur ausnahmsweise mit Zustimmung der zuständigen Behörde, Wohnplätze für mehr als vier Personen sind nicht zulässig. Für die dritte und vierte Person muss die zusätzliche Wohnfläche wenigstens je 6 m² betragen.
24	14 Abs. 3 S. 1	Wohnplätze für bis zu zwei Personen müssen über einen Waschtisch mit Kalt- und Warmwasseranschluss verfügen.
25	14 Abs. 3 S. 2	Bei Wohnplätzen für mehr als zwei Personen muss ein zweiter Waschtisch mit Kalt- und Warmwasseranschluss vorhanden sein.
	15 Abs. 1	In jeder Einrichtung müssen mindestens vorhanden sein:
26	Nr. 1	ausreichende Kochgelegenheiten für die Bewohner,
27	Nr. 2	ein Abstellraum für die Sachen der Bewohner,
28	Nr. 3	in Einrichtungen mit Mehrbettzimmern ein Einzelzimmer i.S.d. § 14 zur vorübergehenden Nutzung durch Bewohner,
29	Nr. 4	ein Leichenraum, wenn nicht eine kurzfristige Überführung der Leichen sichergestellt ist.
30	15 Abs. 2	Besteht die Einrichtung aus mehreren Gebäuden, müssen die Anforderungen nach Abs. 1 Nr. 1 und 3 in jedem Gebäude erfüllt werden.
31	16 Abs. 1	Die Einrichtung muss mindestens einen Gemeinschaftsraum von 20 m² Nutzfläche haben. In Einrichtungen mit mehr als 20 Bewohnern muss eine Nutzfläche von mindestens 1 m² je Bewohner zur Verfügung stehen.
32	17	In jeder Einrichtung muss ein Raum für Bewegungstherapie oder Gymnastik vorhanden sein, wenn nicht geeignete Gymnastik- und Therapieräume in zumutbarer Entfernung außerhalb der Einrichtung von den Heimbewohnern regelmäßig benutzt werden können. Gemeinschaftsräume nach § 16 können dafür verwendet werden.
33	18 Abs. 1	Für jeweils bis zu acht Bewohner muss im gleichen Geschoss mindestens ein Spülabort mit Handwaschbecken vorhanden sein.
34	18 Abs. 2	Für jeweils bis zu 20 Bewohner muss im gleichen Gebäude mindestens eine Badewanne oder eine Dusche zur Verfügung stehen.
35	18 Abs. 3	In den Gemeinschaftsbädern der Pflegeabteilungen sind die Badewannen an den Längsseiten und an einer Stirnseite freistehend aufzustellen.

13

Einheitlichkeit sinnvoll sind. Das Ergebnis dieser Beratungen ist die sogenannte Musterbauordnung, die allerdings in den einzelnen Ländern nicht verbindlich ist.

»(1) In Gebäuden mit mehr als zwei Wohnungen müssen die Wohnungen eines Geschosses barrierefrei erreichbar sein. In diesen Wohnungen müssen die Wohn- und Schlafräume, eine Toilette, ein Bad sowie die Küche oder die Kochnische mit dem Rollstuhl zugänglich sein. [...]«

»(2) Bauliche Anlagen, die öffentlich zugänglich sind, müssen in den dem allgemeinen Besucherverkehr dienenden Teilen von Menschen mit Behinderung, alten Menschen und Personen mit Kleinkindern barrierefrei erreicht und ohne fremde Hilfe zweckentsprechend genutzt werden können. Diese Anforderungen gelten insbesondere für
1. Einrichtungen der Kultur und des Bildungswesens,
2. Sport und Freizeitstätten,
3. Einrichtungen des Gesundheitswesens,
4. Büro-, Verwaltungs- und Gerichtsgebäude,
5. Verkaufs- und Gaststätten,
6. Stellplätze, Garagen und Toilettenanlagen.«

»(3) Bauliche Anlagen nach Absatz 2 müssen durch einen Eingang mit einer lichten Durchgangsbreite von mindestens 0,90 m stufenlos erreichbar sein. Vor Türen muss eine ausreichend große Bewegungsfläche vorhanden sein. Rampen dürfen nicht mehr als 6 v. H. geneigt sein; sie müssen mindestens 1,20 m breit sein und beidseitig einen festen und griffsicheren Handlauf haben. Am Anfang und am Ende jeder Rampe ist ein Podest, alle 6 m ein Zwischenpodest anzuordnen. Die Podeste müssen eine Länge von mindestens 1,50 m haben.

Treppen müssen an beiden Seiten Handläufe erhalten, die über Treppenabsätze und Fensteröffnungen sowie über die letzten Stufen zu führen sind. Die Treppen müssen Setzstufen haben. Flure müssen mindestens 1,50 m breit sein.

Ein Toilettenraum muss auch für Benutzer von Rollstühlen geeignet und erreichbar sein; er ist zu kennzeichnen.«

»(4) Die Absätze 1 bis 3 gelten nicht, soweit die Anforderungen wegen schwieriger Geländeverhältnisse, wegen des Einbaus eines sonst nicht erforderlichen Aufzugs, wegen ungünstiger vorhandener Bebauung oder im Hinblick auf die Sicherheit der Menschen mit Behinderungen oder alten Menschen nur mit einem unverhältnismäßigen Mehraufwand erfüllt werden können.«
Auszug MBO § 50, Barrierefreies Bauen, Abs. 1–4, Nov. 2002

Im deutschsprachigen Raum wäre nach Einführung der im Entwurf bekannt gemachten Definitionen der DIN 18040 beispielsweise die Befestigungshöhe von Türdrückern auf den Bereich von 85–105 cm über OK FFB vereinheitlicht. In Skandinavien und England sind die normierten Bewegungsflächen etwas größer dimensioniert. Dafür bestehen allerdings weniger restriktive Regelungen z. B. bezüglich der geschlechtergetrennten Ausbildung von Sanitärräumen. Taktile Leitsysteme im öffentlichen Raum sind allerdings schon wesentlich länger Standard. Insgesamt scheinen die Integrationsbestrebungen tatsächlich dazu zu führen, dass sich europaweite Definitionen des barrierefreien Planens und Bauens durchsetzen.

Förderungsmöglichkeiten und entsprechende Zuständigkeiten sind in Tabelle T4 dargestellt.

13 Rasenrampe, Museum Sammlung Brandhorst, München (D) 2008, Adelheid Gräfin Schönborn mit Sauerbruch Hutton

[1] Sozialgesetzbuch IX: § 2, Abs. 1, 19.06.2001
[2] § 4 Behindertengleichstellungsgesetz (BGG), Barrierefreiheit, 2002
[3] Frohnmüller 2009, S. 10–11
[4] vgl. dazu auch Rau 2008, S. 316ff.

T4: Förderungen

Ebene	Fördergeber	Leistungen
Bund	Arbeitsagentur	• fördert die berufliche Eingliederung körperlich, geistig und seelisch behinderter Menschen • für den Erhalt oder das Erlangen eines Arbeitsplatzes kann die Bundesanstalt für Arbeit bauliche Änderungen bezuschussen
	Integrationsamt	• § 101, Abs. 1, Nr. 1 SGB IX • zur Beschaffung, Ausstattung und Erhaltung einer behindertengerechten Wohnung
	KfW	Wohneigentumsprogramm • Erst- und Zweiterwerb bei 10jähriger Bindung • Darlehenshöhe bis zu 30 % der Gesamtkosten, max. 100 000,– € • Kumulierbarkeit mit weiteren Programmen prüfen
		Altengerecht umbauen • Finanzierungsanteil bis zu 100 % der förderfähigen Kosten, bis zu 50 000,– €/Wohneinheit • kann mit den Maßnahmen der energetischen Gebäudesanierung kombiniert werden
	Krankenkasse	• gewährt Hilfsmittel um körperliche Einschränkung auszugleichen • kann Kostenübernahme für Therapie und Abmilderung der Probleme mit der Wohnung und ihrer Ausstattung gewähren
	Gesetzliche Pflegeversicherung	• (Pflegekassen) gewähren Zuschüsse für anerkannt Pflegebedürftige der Pflegestufe 1 bis 3 • kann Förderungen der Wohnungsanpassung gewähren
	Rehabilitationsträger	• fördert ggf. die Finanzierung für die Beschaffung, Ausstattung und Erhaltung behindertengerechter Wohnungen • Auskunft über Landesversicherungsanstalt oder Berufsgenossenschaft
	Rentenversiche-rungsträger	• Leistungen sind Ermessensleistungen • unterstützt Umbau- oder Wohnhilfe lediglich im Rahmen der beruflichen Rehabilitation
	Sozialhilfe	Wiederherstellung der Selbstständigkeit • kann bei berechtigten Voraussetzungen auf der Basis des Bundessozialhilfegesetzes (BSHG) älteren und behinderten Menschen Hilfe zur Verbesserung der Wohnsituation gewähren Im Einzelnen sind rechtliche Grundlagen • Eingliederungshilfe (§§ 39, 40, 49 BSHG), um eine Behinderung und ihre Folgen zu beseitigen und der betroffenen Person größtmögliche Selbstständigkeit zu ermöglichen • Hilfe zur Pflege (§§ 68, 69 BSHG), um pflegebedürftigen Personen entsprechende Hilfe und Hilfsmittel zukommen zu lassen • Altenhilfe (§ 75 BSHG) auch zur Beschaffung und zum Erhalt einer Wohnung, die den Bedürfnissen älterer Menschen entspricht
	Versorgungsamt	Grundlage der Amtsleistung sind • das Bundesversorgungsgesetz (BVG), § 68 SGB I • das Opferentschädigungsgesetz • das Schwerbehindertengesetz • das Kriegsopferfürsorgegesetz • das Häftlingshilfegesetz • das Bundesseuchengesetz • Geldleistungen der Wohnungshilfe erhalten Schwerbehinderte zur Ausgestaltung oder Veränderung vorhandenen Wohnraums (§ 27c BVG) • ist bei der Beschaffung behindertengerechten Wohnraums behilflich
Länder		

Baden-Württemberg	Landeskredit-anstalt	• fördert Schaffung, Erwerb oder Anpassung von Wohnraum für Menschen mit Behinderung im Rahmen einer
		  - Regelförderung
		  - Zusatzförderung

Bayern	Landesboden-kreditanstalt	• fördert Eigenwohnraum (Neubau) auf der Basis des Bayerischen Wohnraumförderungsgesetzes (BayWoFG) • Darlehen, zuzügl. Zuschuss von 1500,– €/Kind • zuzügl. Zuschuss i.H.v. 10 000,– € für Menschen mit Behinderung
		• fördert Mietwohnraum in Mehrfamilienhäusern auf der Basis des BayWoFG und der Wohnraumförderbestimmungen (WFB) 2008 • ergänzende Fördermöglichkeiten für Menschen mit Behinderung
		• Anpassung von Wohnraum (Miete und Eigentum) an eine Behinderung (Umbau) auf der Basis des BayWoFG • leistungsfreies Darlehen bis zu 10 000,– €
		• Bayerisches Zinsverbilligungsprogramm für den Neubau, Erst- und Zweiterwerb mit 10jähriger Bindung • Darlehenshöhe 30 % Gesamtkosten, max. 100 000,– €
		• Modernisierung von Mietwohnungen in Mehrfamilienhäusern sowie von Pflegeplätzen in stationären Altenpflegeeinrichtungen • 30jährige Laufzeit, 10jährige Zinsverbilligung • energieeffizient Wohnraum sanieren und altengerecht umbauen
		• Ersatzneubauten von stationären Altenpflegeeinrichtungen in Bayern • Kapitalmarktdarlehen • Heime für Menschen mit Behinderung

Ebene	Fördergeber	Leistungen
	Regierungen, Städte München, Augsburg und Nürnberg	• Neu- und Umbau von Wohn-, Wohnpflege-, Eingliederungs- und Fachpflegeheimen • 30–60 % Förderung
Berlin	Investitionsbank Berlin IBB	• fördert seniorengerechtes Wohnen
Brandenburg	Investitionsbank des Landes ILB	• fördert barrierefreie Zugänge • Aufzugsprogramm Richtlinie
		• behindertengerechte Anpassung von Mietwohnungen
Bremen	Bremer Aufbaubank	• Darlehenserhöhung bei Mehrkosten für besondere bauliche Maßnahmen für schwerbehinderte Menschen
Hamburg	Wohnungsbau-kreditanstalt	Umbau und Erweiterungen zu rollstuhl- und altengerechten Wohnungen (Miet- und Eigentumswohnraum) mit folgenden Maßnahmen: • alle baulichen und technischen Maßnahmen, mit der die Eignung des Wohnraums für Behinderte erreicht wird • Umbaumaßnahmen zu rollstuhlgerechten Wohnungen (Modell F) • Nachrüstung von Aufzügen in Mietwohngebäuden (Modell G)
Hessen	Landestreuhandstelle Hessen LTH	• fördert Mietwohnraum auf der Basis des WoFG • fördert Maßnahmen des barrierefreien Bauens und der Wohnraumschaffung für ältere Menschen mit Betreuungsangebot
		• fördert Modernisierung von Mietraumwohnungen bei wesentlichem Aufwand zur Anpassung an geänderte Wohnbedürfnisse
	Landkreis bzw. Magistrat	• Zuschuss zur Beseitigung baulicher Hindernisse für Menschen mit Behinderung in bestehenden Wohnungen und im nächsten Wohnungsumfeld
Mecklenburg-Vorpommern	Landesförderinstitut Mecklenburg-Vorpommern	• fördert altengerechte Miet- und Genossenschaftswohnungen mit Betreuungsangebot im Bestand
		• Darlehen zur Wohnungsanpassung für behinderte oder ältere Menschen
Niedersachsen	Investitions- und Förderbank Nieder-sachsen Nbank	• fördert die Schaffung von Mietwohnraum für Wohngruppen älterer, schwerbehinderter, hilfe- oder pflegebedürftiger Personen
Nordrhein-Westfalen	NRW.Bank	• Wohnraumförderung für den Neubau, Erwerb oder Nachrüstung aufgrund einer Behinderung für Mietwohnungen (Förderprogramme: »Mietwohnungen Neubau«, »Mietwohnungen Neuschaffung im Bestand«)
		• Modernisierungsförderung auf der Basis der Förderrichtlinien NRW
		• Kommunale Förderprogramme für Umbau- und Anpassungsmaßnahmen
		• fördert Aufzüge für Sozialwohnungen für ältere oder behinderte Menschen
		• fördert Wohnheime (Neu- und Ausbau, Erweiterung) für Menschen mit Behinderung, insbesondere die bauliche Anpassung und Modernisierung von bestehenden Alten- und Pflegeheimen und den Neubau von Pflegewohnplätzen im Zusammenhang mit der Förderung von Mietwohnungen sowie den Neu-, Ausbau und die Erweiterung von Wohnräumen in Heimen für behinderte Menschen
Rheinland-Pfalz	Ministerium der Finanzen Rheinland-Pfalz	• fördert Projekte, die zu 60 % aus Wohnbauflächen bestehen, um gemeinschaftliche Wohnformen von Jung und Alt sowie die Mischung von Wohnen und Arbeiten zu unterstützen
		• Landesprogramme der sozialen Wohnraumförderung
Saarland	Saarländische Investitions-kreditbank	• fördert die Modernisierung von Mietwohnungen um Barrieren durch bauliche Maßnahmen zu reduzieren
Sachsen	Sächsische Aufbaubank SAB	• Wohnraumförderung im Rahmen der Eigentumförderung
		• Wohnraumförderung im Rahmen des Programms Mehrgenerationenwohnen
Sachsen-Anhalt	Investitionsbank Sachsen-Anhalt	• fördert Ausgaben der Träger, die gemeinnützige Ziele verfolgen, für den Neu-, Um- und Erweiterungsbau, Erwerb von Gebäuden und Grundstücken sowie Ausstattung zur Schaffung von Einrichtungen für Behinderte
		• Sanierung, Modernisierung und Instandsetzung vorhandenen Wohnungsbestandes in barrierefreien Mietwohnraum
Schleswig-Holstein	Investitionsbank Schleswig-Holstein	• fördert Mietwohnraum für Menschen mit niedrigem Einkommen, insbesondere Familien, Alleinerziehende, Ältere sowie Menschen mit Behinderung
		• Aufzugsprogramm, Nachrüstung von Aufzügen in Mietwohnungen
		• fördert Neubau und Modernisierung von Miet- und Genossenschaftswohnungen zu altengerechten Wohnungen
Thüringen	Aufbaubank Thüringen	• Wohnungsbauförderung im Rahmen des Innenstadtstabilisierungsprogramms ISSP
		• fördert altengerechte und barrierefreie Ausstattung im Rahmen von Neubau, Umbau und Erweiterung

T5: Landesbauordnungen [4]

Land	Gesetze und Verordnungen	Inhalt
Baden-Württemberg	Landesbauordnung (LBO)	• § 3 Allgemeine Anforderungen (4) • § 29 Aufzugsanlage (2) • § 35 Wohnungen • § 39 Barrierefreie Anlagen
	Landes-Behindertengleich-stellungsgesetz (L-BGG)	• § 3 Barrierefreiheit • § 7 Herstellung von Barrierefreiheit in den Bereichen Bau und Verkehr • § 12 Klagerecht
	Garagenverordnung (GaVo)	• § 4 Stellplätze und Fahrgassen
	Verkaufstättenverordnung (VkVO)	• § 27 Brandschutzordnung (1) • § 28 Stellplätze für Behinderte
	Versammlungsstättenverordnung (VStättVO)	• § 10 Bestuhlung, Gänge und Stufengänge (7) • § 12 Toilettenräume (2) für Rollstuhlbenutzer • § 13 Stellplätze für Menschen mit Behinderung • § 42 Brandschutzverordnung, Feuerwehrpläne (1) Maßnahmen zur Rettung Behinderter, insbesondere Rollstuhlbenutzer • § 44 Bauvorlagen, Bestuhlungs- und Rettungswegeplan (3)
Bayern	Bayerische Bauordnung (BayBO)	• Art. 32 Treppen • Art. 37 Aufzüge • Art. 48 Barrierefreies Bauen
	Bayerisches Behindertengleich-stellungsgesetz (BayBGG)	• Art. 4 Barrierefreiheit • Art. 10 Herstellung von Barrierefreiheit in den Bereichen Bau und Verkehr • Art. 16 Verbandsklagerecht
	Garagenstellplatzverordnung (GaStellV)	• § 4 Einstellplatz
	Verkaufsstättenverordnung (VkV)	• § 27 Brandschutzordnung • § 28 Stellplätze für Behinderte
	Versammlungsstättenverordnung (VStättV)	• § 10 Bestuhlung, Gänge und Stufengänge (7) Standflächen für Rollstuhlbenutzer • § 12 Toilettenräume (2) für Rollstuhlbenutzer • § 13 Stellplätze für Menschen mit Behinderung • § 42 Brandschutzverordnung, Feuerwehrpläne (1) Maßnahmen zur Rettung Behinderter, insbesondere Rollstuhlbenutzer • § 44 Bauvorlagen, Bestuhlungs- und Rettungswegeplan (3)
Berlin	Bauordnung Berlin (BauO Bln)	• § 2 Begriffe (10) (12) • § 39 Aufzüge (4) • § 49 Wohnungen (2) • § 50 Stellplätze • § 51 Barrierefreies Bauen • § 52 Sonderbauten (1)
	Landesgleichberechtigungs-gesetz (LGBG)	• § 1 Gleichberechtigungsgebot • § 2 Diskriminierungsverbot • § 9 Sicherung der Mobilität • § 15 Außerordentliches Klagerecht
	Gaststättenverordnung (GastV)	• mit Ergänzung durch das Rundschreiben SenWiArbFrau II E Nr.4/2006, »Barrierefreiheit bei Gaststättenbetrieben«

	Verordnung über den Betrieb von baulichen Anlagen (Betriebs-Verordnung – BetrVo)	• Teil I Öffentlich zugängliche bauliche Anlagen, die von Behinderten im Rollstuhl genutzt werden
		• Teil III Brandsicherheitsschau und Betriebsüberwachung: § 5
		• Teil IV Gebäudebezogene Betriebsvorschriften,
		    Abschnitt 1: Verkaufsstätten: § 10 Brandschutzverordnung
		    Abschnitt 2: Beherbergungsstätten: § 15 Freihalten der Rettungswege, Brandschutzordnung, verantwortliche Personen; § 16 Barrierefreie Räume
		    Abschnitt 3: Garagen: § 21 Besondere Stellplätze für Kraftfahrzeuge
		    Abschnitt 4: Versammlungsstätten: § 26 Besucherplätze nach dem Bestuhlungs- und Rettungswegeplan, § 36 Brandschutzordnung, Feuerwehrpläne

Brandenburg	Brandenburgische Bauordnung (BbgBO)	• § 34 Aufzüge (5) • § 41 Wohnungen (5) • § 45 Barrierefreies Bauen
	Brandenburgisches Behinderten-gleichstellungsgesetz (BbgBGG)	• § 4 Barrierefreiheit • § 10 Verbandsklagerecht
	Brandenburgische Garagen- und Stellplatzverordnung (BbgGStV)	• § 5 Einstellplätze für Kraftfahrzeuge besonderer Personengruppen
	Brandenburgische Verkaufsstätten-Bauverordnung (BbgVBauV)	• § 27 Brandschutzordnung • § 29 Stellplätze für Behinderte
	Brandenburgische Versammlungs-stättenverordnung (BbgVStättV)	• § 10 Bestuhlung, Gänge und Stufengänge (7) • § 12 Toilettenräume (2) • § 13 Stellplätze für Behinderte • § 42 Brandschutzverordnung, Feuerwehrpläne (1) Maßnahmen zur Rettung Behinderter, insbesondere Rollstuhlbenutzer • § 44 Bauvorlagen, Bestuhlungs- und Rettungswegeplan (3)
Bremen	Bremische Landesbauordnung (BremLBO)	• § 38 Aufzüge (7, 8) • § 47 Wohnungen • § 52 Bauliche Anlagen und Räume besonderer Art und Nutzung • § 53 Bauliche Anlagen für besondere Personengruppen
	Bremisches Gesetz zur Gleich-stellung von Menschen mit Behinderung (BremBGG)	• § 4 Barrierefreiheit • § 8 Herstellung von Barrierefreiheit in den Bereichen Bau und Verkehr • § 12 Verbandsklagerecht

Land	Gesetze und Verordnungen	Inhalt
Bremen (Fortsetzung)	Bremische Verordnung über Garagen und Stellplätze (BremGaVo)	• § 4 Stellplatz und Verkehrsflächen (1)
Hamburg	Hamburgische Bauordnung (HBauO)	• § 37 Aufzüge • § 52 Barrierefreies Bauen
	Hamburgisches Gesetz zur Gleichstellung behinderter Menschen (HmbGGbM)	• § 4 Barrierefreiheit • § 7 Herstellung von Barrierefreiheit in den Bereichen Bau und Verkehr • § 12 Verbandsklagerecht
	Garagenverordnung (GaVo)	• § 10 Stellplätze und Verkehrsflächen (1)
	Verkaufstättenverordnung (VkVO)	• § 27 Brandschutzverordnung (1)
	Versammlungstättenverordnung (VstättVO)	• § 10 Bestuhlung (7) • § 12 Toilettenräume (2) • § 42 Brandschutzverordnung, Feuerwehrpläne (1) Maßnahmen zur Rettung Behinderter, insbesondere Rollstuhlbenutzer • § 44 Bauvorlagen, Bestuhlungs- und Rettungswegeplan (3)
	Richtlinie U-Bahnbau	• Taktile Bodenelemente
Hessen	Hessische Bauordnung (HBO)	• § 33 Aufzüge • § 46 Barrierefreies Bauen
	Hessisches Behindertengleich-stellungsgesetz	• § 3 Barrierefreiheit • § 10 Herstellung von Barrierefreiheit in den Bereichen Bau und Verkehr • § 17 Verbandsklagerecht
	Garagenverordnung (GaVo)	• § 5 Einstellplätze und Fahrgassen
	Muster-Beherbergungsverordnung (M-BeVO)	• die M-BeVO wird bei der bauaufsichtlichen Beurteilung von Beherbergungsstätten herangezogen
	Muster-Versammlungsstätten-verordnung	• Handhabung wie M-BeVO • § 10 Bestuhlung, Gänge, Stufengänge (7) • § 12 Toilettenräume (2) • § 13 Stellplätze für Behinderte • § 42 Brandschutzverordnung, Feuerwehrpläne (1) Maßnahmen zur Rettung Behinderter, insbesondere Rollstuhlbenutzer • § 44 Bauvorlagen, Bestuhlungs- und Rettungswegeplan (3)
Mecklenburg-Vorpommern	Landesbauordnung Mecklen-burg-Vorpommern (LbauO M-V)	• § 39 Aufzüge (5) • § 50 Barrierefreies Bauen
	Landesbehindertengleichstellungs-Gesetz (LBGG M-V)	• § 6 Barrierefreiheit • § 8 Herstellung von Barrierefreiheit in den Bereichen Bau und Verkehr
	Garagenverordnung (GaVo)	• § 4 Einstellplätze und Fahrgassen (4)
	Verkaufsstättenverordnung (VkVO)	• § 28 Stellplätze für Behinderte
	Versammlungsstättenverordnung (VstättVO)	• § 10 Bestuhlung (7) • § 12 Toiletten (2) für Rollstuhlbenutzer • § 13 Stellplätze für Behinderte • § 42 Brandschutzverordnung, Feuerwehrpläne (1) Maßnahmen zur Rettung Behinderter, insbesondere Rollstuhlbenutzer • § 44 Bauvorlagen, Bestuhlungs- und Rettungswegeplan (3)
Nieder-sachsen	Niedersächsische Bauordnung (NbauO)	• § 36 Aufzugsanlagen (3) • § 44 Wohnungen (3) • § 45 Toilettenräume und Bäder (3) • § 48 Barrierefreie Zugänglichkeit und Benutzbarkeit bestimmter baulicher Anlagen
	Niedersächsisches Behinderten-gleichstellungsgesetz (NBGG)	• § 7 Herstellung von Barrierefreiheit in den Bereichen Bau und Verkehr • § 13 Verbandsklage
	Garagenverordnung (GaVo)	• § 4 Einstellplätze und Verkehrsflächen (1)
	Verkaufstättenverordnung (VkVO)	• § 28 Einstellplätze für Behinderte
	Versammlungsstättenverordnung (NVstättVO)	• § 10 Bestuhlung, Gänge, Stufengänge (7) • § 12 Toiletten (2) • § 13 Einstellplätze für Menschen mit Behinderung • § 42 Brandschutzverordnung, Feuerwehrpläne (1) Maßnahmen zur Rettung Behinderter, insbesondere Rollstuhlbenutzer • § 44 Bauvorlagen, Bestuhlungs- und Rettungswegeplan (5)
Nordrhein-Westfalen	Bauordnung für das Land NRW (BauO NRW)	• § 39 Aufzüge (6, 7) • § 49 Wohnungen (2, 5) • § 55 Barrierefreiheit öffentlich zugänglicher baulicher Anlagen mit Erläuterungen zu den Tatbestandsvorausset-zungen des § 55 BauO NRW
	Behindertengleichstellungs-gesetz NRW (BGG NRW)	• § 4 Barrierefreiheit • § 6 Verbandsklage • § 7 Herstellung von Barrierefreiheit in den Bereichen Bau und Verkehr
	Garagenverordnung (GaVo)	• § 6 Einstellplätze und Verkehrsflächen (1)
	Verkaufstättenverordnung (VkVO)	• § 26 Stellplätze für Behinderte
	Versammlungsstättenverordnung (VstättVO)	• § 10 Bestuhlung, Gänge und Stufengänge (7) • § 12 Toilettenräume (2) • § 13 Stellplätze für Menschen mit Behinderung • § 42 Brandschutzverordnung, Feuerwehrpläne (1) Maßnahmen zur Rettung Behinderter, insbesondere Rollstuhlbenutzer

(Fortsetzung T5: Landesbauordnungen [4])

Land	Gesetze und Verordnungen	Inhalt
Rheinland-Pfalz	Landesbauordnung Rheinland-(Pfalz LBauO)	• § 36 Aufzüge (5) • § 44 Wohnungen (2) • § 51 Bauliche Maßnahmen für besondere Personengruppen
	Landesgesetz zur Herstellung gleichwertiger Lebensbedingungen für Menschen mit Behinderung	• § 2 Begriffsbestimmungen • § 9 Herstellung von Barrierefreiheit in den Bereichen Bau und Verkehr • § 10 Verbandsklage
	Garagenverordnung (GaVo)	• § 4 Garagenstellplätze, Fahrgassen (1)
	Verkaufsstättenverordnung (VkVO)	• § 28 Stellplätze für behinderte Menschen
Saarland	Landesbauordnung für das Saarland	• § 39 Aufzüge (5) • § 50 Barrierefreies Bauen
	Saarländisches Behinderten-gleichstellungsgesetz (SBGG)	• § 2 Begriffsbestimmungen • § 10 Herstellung von Barrierefreiheit in den Bereichen Bau und Verkehr • § 14 Verbandsklage
	Garagenverordnung (GaVo)	• § 4 Stellplatz- und Verkehrsflächen (1)
	Verkaufsstättenverordnung (VkVO)	• § 28 Stellplätze für Behinderte
	Versammlungsstättenverordnung (VstättVO)	• § 10 Bestuhlung, Gänge und Stufengänge (7) • § 12 Toilettenräume (2) • § 13 Stellplätze für Menschen mit Behinderung • § 42 Brandschutzverordnung, Feuerwehrpläne (1) Maßnahmen zur Rettung Behinderter, insbesondere Rollstuhlbenutzer • § 44 Bauvorlagen, Bestuhlungs- und Rettungswegeplan (5)
Sachsen	Sächsische Bauordnung (SächsBO)	• § 39 Aufzüge (4, 5) • § 50 Barrierefreies Bauen
	Sächsisches Integrationsgesetz (SächsIntegrG)	• § 3 Barrierefreiheit • § 9 Vertretungsbefugnisse durch Verbände
	Sächsische Garagenverordnung (SächsGarVO)	• § 4 Einstellplätze und Fahrgassen (1)
	Sächsische Verkaufsstätten-baurichtlinie (SächsVerkBauR)	• 3.4 Stellplätze für Menschen mit Behinderung
	Sächsische Versammlungs-stättenverordnung (Sächs VstättVO)	• § 10 Bestuhlung, Gänge und Stufengänge (7) • § 12 Toilettenräume (2) • § 13 Stellplätze für Menschen mit Behinderung • § 42 Brandschutzverordnung, Feuerwehrpläne (1) Maßnahmen zur Rettung Behinderter, insbesondere Rollstuhlbenutzer • § 44 Bauvorlagen, Bestuhlungs- und Rettungswegeplan (5)
Sachsen-Anhalt	Bauordnung Sachsen-Anhalt (BauLSA)	• § 38 Aufzüge (4, 5) • § 49 Barrierefreies Bauen
	Behindertengleichstellungsgesetz Land Sachsen-Anhalt	• § 2 Begriffsbestimmungen • § 6 Planung, Koordination und Beratung • § 17 Klagerecht
	Garagenverordnung (GaVo)	• § 5 Einstellplätze und Fahrgassen, barrierefreies Bauen
	Versammlungsstättenverordnung (VstättVO)	• § 10 Bestuhlung, Gänge und Stufengänge (7) • § 12 Toilettenräume (2) • § 13 Stellplätze für Menschen mit Behinderung • § 42 Brandschutzverordnung, Feuerwehrpläne (1) Maßnahmen zur Rettung Behinderter, insbesondere Rollstuhlbenutzer • § 44 Bauvorlagen, Bestuhlungs- und Rettungswegeplan (5)
Schleswig-Holstein	Landesbauordnung Schleswig-Holstein (LBO)	• § 41 Aufzüge (5) • § 52 Wohnungen (2, 5) • § 59 Barrierefreies Bauen
	Landesbehindertengleich-stellungsgesetz (LBGG)	• § 2 Begriffsbestimmungen • § 3 Klagerecht • § 11 Herstellung von Barrierefreiheit in den Bereichen Bau und Verkehr
	Garagenverordnung (GaVO)	• § 5 Einstellplätze und Fahrgassen (1)
	Versammlungsstättenverordnung (VstättVO)	• § 10 Bestuhlung, Gänge und Stufengänge (7) • § 12 Toilettenräume (2) • § 13 Stellplätze für Menschen mit Behinderung • § 42 Brandschutzverordnung, Feuerwehrpläne (1) Maßnahmen zur Rettung Behinderter, insbesondere Rollstuhlbenutzer • § 44 Bauvorlagen, Bestuhlungs- und Rettungswegeplan (5)
Thüringen	Thüringische Bauordnung (ThürBO)	• § 37 Aufzüge (4, 5) • § 53 Barrierefreies Bauen
	Thüringer Gesetz zur Gleichstellung und Verbesserung der Integration von Menschen mit Behinderung (ThürGIG)	• § 5 Barrierefreiheit • § 10 Herstellung von Barrierefreiheit in den Bereichen Bau und Verkehr • § 20 Rechtsschutz durch Verbände (Klagerecht)
	Thüringer Garagenverordnung (ThürGarVO)	• § 4 Einstellplätze und Fahrgassen (1)
	Thüringer Verkaufsstätten-verordnung (ThürVStVO)	• § 27 Brandschutzverordnung (1) • § 28 Stellplätze für Behinderte

Im Gegensatz zu den Normen handelt es sich bei den Landesbauordnungen um Gesetze, die verbindlich sind. In den Landesbauordnungen ist geregelt, welche baulichen Anlagen und Einrichtungen, oder Teile von ihnen, barrierefrei gebaut, instand gesetzt werden müssen, oder unter welchen Umständen Abweichungen möglich sind. In den meisten Bundesländern ist die technische Umsetzung der Barrierefreiheit entweder direkt in den Landesbauordnungen beschrieben oder mit in den eingeführten technischen Baubestimmungen der Länder geregelt.

Gesellschaftliche Entwicklung

Erfreulicherweise ist es der Medizin im letzten Jahrhundert gelungen, erstaunliche Fortschritte zu machen. Hierzu zählen:
- eine bessere Hygiene
- rückläufige Säuglings- und Kindersterblichkeit
- Erfolge bei der Seuchenbekämpfung
- günstige Lebensbedingungen durch veränderte soziale Ordnungen und Absicherungen

Dank dieser Verbesserungen erreichen heute immer mehr Menschen in Europa ein höheres Alter und können dabei relativ lange gesund und selbstständig bleiben.

Dadurch, dass einerseits die Zahl der älteren Mitbürger stetig steigt, gleichzeitig die Zahl der Neugeborenen allerdings abnimmt, verschieben sich Strukturen in den Alterspyramiden dramatisch. Dieser sogenannte »demografische Wandel« hat allerdings nicht nur Auswirkungen auf die Struktur der Gesellschaft und deren Stabilität (z. B. auf das Prinzip des sog. Generationenvertrags), sondern auch in erheblichem Maße auf die Investoren-, Planungs- und Baubranche.

Durch diese Verschiebung in der Altersstruktur ändert sich auch die Struktur der Bedürfnisse der Immobiliennutzer. Wenn viele ältere Menschen länger selbstständig und relativ gesund bleiben, müssen sie doch lernen, mit physiognomischen Veränderungen zurechtzukommen. Beweglichkeit und Wahrnehmungsmöglichkeiten sind bei zunehmendem Alter nicht mehr selbstverständlich in dem Maße vorhanden wie ein oder zwei Jahrzehnte vorher. Dies bedeutet in keinem Fall, dass Alter mit einer Behinderung gleichzusetzen wäre. Trotzdem wären durch bauliche Voraussetzungen, die der Barrierefreiheit oder dem universellen Gestalten entsprechen, gerade für diese Klientel große Unterstützungsmöglichkeiten gegeben. Alltägliche Aktivitäten sind für Menschen ab 80 Jahre dreimal so häufig nur noch schwierig bzw. nicht mehr leistbar im Vergleich zu 65–79-Jährigen (Abb. 14 und 15). So hat diese Entwicklung Einfluss auf die Größe und Erreichbarkeit der Wohnungen insgesamt als auch auf eine Reihe baulicher Einzelmaßnahmen wie z. B. barrierefreie Erschließung, Türbreiten, Ausführung des Sanitärbereichs oder die Zugänglichkeit von Balkon und Terrasse.
Beschränkt man die Sicht nicht allein auf den älteren, wachsenden Teil der Bevölkerung, sondern betrachtet auch diejenigen, die Behinderungen einschränken, und nimmt den Gedanken der Gestaltung eines barrierefreien Umfelds für alle umfassend wahr, so lohnt es, sich mit dem Zahlenwerk der demografischen Entwicklung zu beschäftigen.

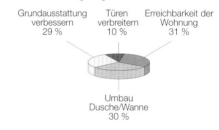

Bauliche Veränderungsmöglichkeiten

Grundausstattung verbessern 29 % Türen verbreitern 10 % Erreichbarkeit der Wohnung 31 %

Umbau Dusche/Wanne 30 %

Hilfsmittel

Gehhilfen 13% Balkonschwellen 10 % Treppenlift 4 % Sonstige 4 %

für Bad/WC 69 %

Ausstattung

Schlaf-Wohnbereich 23 % Küche 15 % Sonstige 20 %

15 Badnutzung 42 %

Wohnprobleme älterer Menschen

Nennungen %	65-79-Jährige	80-Jährige und Ältere
Treppen steigen	13,5	33,5
Baden	8,9	30,2
Mahlzeiten zubereiten	5,9	24,8
Duschen/Waschen	5,7	21,9
Wohnung heizen	5,5	19,8
Umhergehen	3,6	14,3
zu Bett gehen/Bett verlassen	3,5	13,2
Setzen/Aufstehen	3,6	12,3
14 Toilette benutzen	2,4	10,8

14 Wohnprobleme älterer Menschen bei der Verrichtung alltäglicher Aktivitäten, BMFSFJ
15 Bauliche Veränderungsmöglichkeiten, Modellprogramm NRW 1994–95

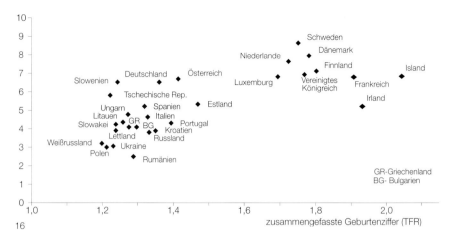

16

zusammengefasste Geburtenziffer (TFR)

Die weltweite demografische Entwicklung

Während das durchschnittliche Wachstum der Weltbevölkerung im Verlauf des vergangenen Jahrhunderts rückläufig war, hat sich das Bild auf Länderebene unterschiedlich aufgefächert. Nur wenige Länder weltweit stehen, wie etwa Deutschland, Italien oder Polen, einem Bevölkerungsrückgang gegenüber. Die Zahlen, die Mary Mederios Kent und Carl Haub über das Rostocker Zentrum zur Erforschung des Demografischen Wandels im Dezember 2005 veröffentlicht haben [1], zeigen, dass der Geburtenmangel kein globales Phänomen ist. Der einzige Kontinent, der wahrscheinlich Bevölkerung verlieren wird, ist Europa (Abb. 17).

Der Terminus »demographic divide« beschreibt die Kluft zwischen Geburten- und Sterberaten einzelner Länder. Auf der einen Seite stehen die größtenteils reichen Länder, deren Geburtenraten sinken und in denen gleichzeitig die durchschnittli-

che Lebenserwartung von 75 Jahren und mehr den relativen Anteil älterer Menschen erhöht. Auf der anderen Seite gibt es in relativ armen »least developed countries« (LDC-Länder) vergleichsweise hohe Geburtenraten bei niedriger Lebenserwartung.

Die demografische Perspektive Europas
Das Max-Planck-Institut für demografische Forschung veröffentlichte Ende 2008 Zahlen, die die o. g. Prognose bestätigen [2]. Drei Viertel der europäischen Bevölkerung lebt in Ländern, in denen Geburtenraten von weniger als 1,5 Kinder pro Elternpaar nachgewiesen sind. Die Studie zeigt, dass kein einziger Staat das sogenannte Ersatzniveau von durchschnittlich 2,1 Geburten je Frau erreicht, mit dem die Generation der Kinder die der Eltern zahlenmäßig ersetzen könnte (Abb. 16).
Ursache dieser Entwicklung sei u. a. das Aufschieben von Familiengründungen und Geburten, da mehr Zeit in die Ausbildung fließe und der Anteil von Frauen am

Erwerbsleben gestiegen sei.
Die Demografen gehen davon aus, dass diese Entwicklungen kein kurzfristiges lokales und zeitliches Phänomen bleiben. Besonders betroffen sind Mittel-, Ost- und Südeuropa, während die Geburtenraten in den nördlichen und westlichen Ländern noch etwas höher liegen. Auch das Altern der Bevölkerung wird sich fortsetzen. Als Empfehlungen, die diesen Prozess zumindest verlangsamen könnten, benennen die Forscher:
· materielle Anreize durch die Familienpolitik
· bessere Kinderbetreuung
· flexiblere Arbeitszeiten
· Förderung der Gleichstellung von Männern und Frauen
· Änderung der Migrationspolitik

Die demografische Entwicklung Deutschlands

Die Geburtenrate wird künftig weiter zurückgehen, was in der Konsequenz dazu führt, dass die Anzahl potenzieller Mütter sinkt. Die derzeit geborenen

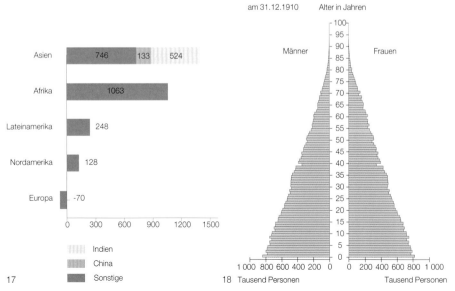

17

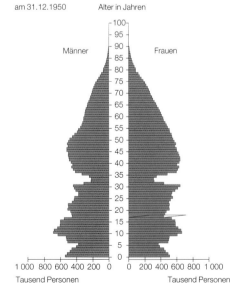

Mädchenjahrgänge sind bereits schwächer als die ihrer Mütter.

Sterbefälle werden – trotz steigender Lebenserwartung – zunehmen, da geburtenstarke Jahrgänge in das hohe Alter hineinwachsen werden. Diese Größe übersteigt die Zahl der Geburten immer mehr. Die Nettozuwanderung kann das rasant wachsende Geburtendefizit nicht weiter kompensieren. Die Bevölkerung Deutschlands, die bereits seit 2003 rückläufig ist, wird demzufolge weiter abnehmen. Bei der Fortsetzung der aktuellen demografischen Entwicklung wird die Einwohnerzahl von fast 82,5 Millionen im Jahr 2005 auf 74 bis knapp 69 Millionen im Jahr 2050 abnehmen (Abb. 18). [3]

Die Relationen zwischen Alt und Jung werden sich stark verändern. Ende 2005 waren 20 % der Bevölkerung jünger als 20 Jahre, auf die 65-Jährigen und Älteren entfielen 19 %. Die übrigen 61 % stellten Personen im sogenannten Erwerbsalter (20 bis unter 65 Jahre) dar. Die Bevölkerung ab 80 Jahren nimmt dabei unabläs-

sig zu: von knapp 4 Millionen im Jahr 2005 auf 10 Millionen im Jahr 2050. Dann werden über 40 % der 65-Jährigen und Älteren mindestens 80 Jahre alt sein. Im Jahr 2050 wird dagegen nur etwa die Hälfte der Bevölkerung im Erwerbsalter sein. Über 30 % werden 65 Jahre oder älter und ca. 15 % unter 20 Jahre alt sein. Auf 100 Personen im Erwerbsalter entfallen heute 33 unter 20-Jährige. Dieser sogenannte Jugendquotient geht nur leicht zurück und liegt 2050 bei 29.

Der Bevölkerung im Erwerbsalter werden künftig immer mehr Senioren gegenüberstehen. Im Jahr 2005 entfielen auf 100 Personen im Erwerbsalter 32 Ältere. Im Jahr 2030 wird dieser Altenquotient bei 50 bzw. 52 und im Jahr 2050 bei 60 bzw. 64 liegen (Abb. 19).

Auch bei einer Heraufsetzung des Renteneintrittsalters wäre der Altenquotient für 67-Jährige und Ältere 2050 deutlich höher, als er heute für 65-Jährige und Ältere ist.

Das Verhältnis zwischen den Menschen, die noch nicht oder nicht mehr im Er-

Altenquotient 2005 und 2020
65-Jährige und Ältere
je 100 Personen im Alter von 20 bis unter 65 Jahre

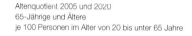

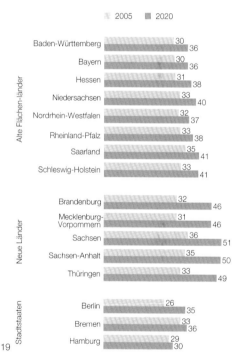

19

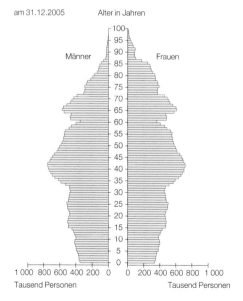

am 31.12.2005 — Alter in Jahren

Männer — Frauen

1 000 800 600 400 200 0 | 0 200 400 600 800 1 000
Tausend Personen | Tausend Personen

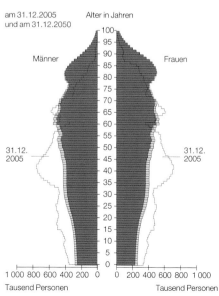

am 31.12.2005 und am 31.12.2050 — Alter in Jahren

Männer — Frauen

31.12. 2005 | 31.12. 2005

1 000 800 600 400 200 0 | 0 200 400 600 800 1 000
Tausend Personen | Tausend Personen

16 Index der Familienwerte und des Verhaltens abgetragen gegen die zusammengefasste Geburtenziffer im jeweiligen Land (2004), Quelle Projektbericht, Kap. 6: Frejka, 2008

17 vorhergesagter Bevölkerungszuwachs oder -rückgang nach Ländern oder Regionen, 2005–2050, Carl Haub 2005 World Population Data Sheet, zdwa

18 Altersaufbau der Bevölkerung Deutschlands bis 2050, 11. koordinierte Bevölkerungsvorausberechnung, Statistisches Bundesamt 2006
▨ Untergrenze der »mittleren« Bevölkerung
▧ Obergrenze der »mittleren« Bevölkerung

19 Altenquotient 2005 und 2020, Ergebnis der 11. koordinierten Bevölkerungsvorausberechnung, Statistische Ämter des Bundes und der Länder 2006

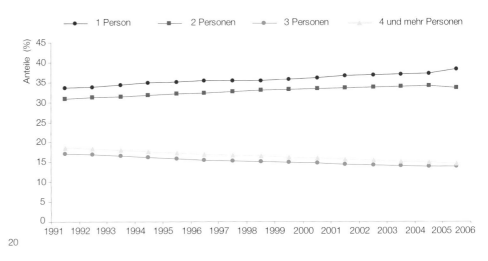

20

werbsalter stehen, zu den Personen im Erwerbsalter (Gesamtquotient) wird durch die Entwicklung des Altenquotienten geprägt sein. 2005 kamen 65 unter 20-Jährige sowie ab 65-Jährige auf 100 Personen zwischen 20 und 65 Jahren, 2030 werden es über 80 und 2050 89 beziehungsweise 94 sein. [3]

Entwicklung der Privathaushalte
Die Haushalte in Deutschland werden tendenziell immer kleiner. Dieser Trend wird bereits seit Beginn der statistischen Nachweisung Ende der 1950er-Jahre beobachtet.
Eine Besonderheit in der Entwicklung der letzten drei Jahrzehnte besteht darin, dass die Einpersonenhaushalte nun alle anderen Haushaltsgrößen dominieren, wobei ihr Anteil beständig zunimmt. Dabei leben keineswegs nur jüngere, sondern immer mehr ältere Menschen allein. Auch die Zahl der Zweipersonenhaushalte wächst. Haushalte mit drei und mehr Personen werden dagegen beständig weniger (Abb. 20). [4]
Für die künftige Entwicklung wird eine Fortsetzung des Trends zu kleineren Einheiten erwartet. Folgende Indizien sprechen dafür, dass diese Tendenz künftig zu mehr Ein- und Zweipersonenhaushalten auch im Seniorenalter führen wird:
· die weiter sinkende Alterssterblichkeit
· die immer noch höhere Lebenserwartung der Frauen
· die schneller als bei Frauen zunehmende Lebenserwartung der Männer

Die Zahl der Haushalte in Deutschland belief sich im Jahr 2005 auf 39,4 Millionen. Gegenüber 1991 ist sie um 12 %

angestiegen. Der Trend zu kleineren Einheiten führt jedoch dazu, dass sich deren Anzahl anders als die Bevölkerung entwickelt.
Von 1991 bis 2005 ist sie vier Mal so stark angestiegen wie die Zahl der in ihnen lebenden Menschen. Bis zum Jahr 2020 wird die Bevölkerung in Privathaushalten voraussichtlich um 3 % schrumpfen, während die Zahl der Haushalte um 3 % zunehmen wird. Damit wird es in Deutschland im Jahr 2020 nach der Trendvariante der Vorausberechnung 40,5 Millionen Haushalte geben.

Einpersonenhaushalte werden von aktuell 15 Millionen um rund 9% auf 16,5 Millionen steigen; Zweipersonenhaushalte werden noch stärker zunehmen: von 13,2 Millionen auf 14,7 Millionen oder um 11%. Dagegen wird die Zahl größerer Einheiten erwartungsgemäß abnehmen: von 5,4 auf 4,7 Millionen oder um 13% (drei Personen) bzw. von 5,7 auf 4,6 Millionen oder um 19% (vier und mehr Personen).

In Deutschland leben 8,6 Millionen amtlich anerkannte behinderte Menschen, davon 8,4 Millionen in privaten Haushalten. Von diesen wirtschaften 28% allein, knapp über die Hälfte lebt zu zweit und 22% bilden Gemeinschaften mit drei oder mehr Haushaltsmitgliedern.

Neben den Haushaltsgrößen ändert sich die Struktur der Wohnungen dramatisch. Die Wohnfläche pro Person in Deutschland hat sich in wenigen Jahrzehnten beinahe verdoppelt (1966: 22 m²/Person; 2007: 42 m²/Person). Gleichzeitig ändern sich die Anzahl der Bewohner sowie deren Ansprüche an den Komfort.

Gerade für die Kommunen und den Wohnungsmarkt werden die oben aufgezeigten, absehbaren künftigen Entwicklungen große Herausforderungen darstellen. So

20 Haushalte nach Haushaltsgröße in Deutschland, Statistische Ämter des Bundes und der Länder 2007
21 altersabhängige Häufigkeit der Demenz, Quelle Merz Pharmaceuticals 2009

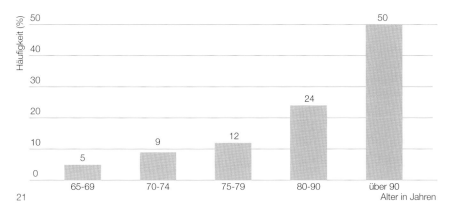

21
Alter in Jahren

benötigt eine zu erwartende verändert zusammengesetzte Bevölkerung eine entsprechende, auf sie zugeschnittene Infrastruktur. Hiermit sind alle Bereiche der direkten Daseinsvorsorge (Lebensmittel, Güter des täglichen Bedarfs etc.) ebenso gemeint wie z. B. die der medizinischen Nahversorgung, des ÖPNV, des Zuganges zu Medien etc. Obwohl die Politik eine Gleichwertigkeit der Lebensräume proklamiert, ist kaum vorstellbar, dass diese auch tatsächlich erreicht werden kann. Dazu sind die regionalen Unterschiede und Möglichkeiten zu stark ausgeprägt.

Konsequenzen für die städtebauliche und bauliche Entwicklung

All diese Zahlen und Definitionen sind weit mehr als purer Selbstzweck. Sie dienen nicht nur der empirischen Bestätigung vermuteter Gesellschaftsentwicklungen. Sie ermöglichen Abstraktionen, die Orientierung und Zuordnung selbstverständlicher machen. Sie können Stadt-, Raum- und Entwicklungsplanung, in Abhängigkeit von den spezifischen lokalen Gegebenheiten, ebenso maßgeblich unterstützen wie Weichenstellungen der Familien-, Gesellschaftspolitik oder der Migrationsbewegungen.
Neben grundsätzlichen Aufgabenstellungen der energieeffizienten und barrierefreien Sanierung des Gebäudebestands müssen lokale Antworten auf unterschiedliche Entwicklungen gefunden werden. Anforderungen an noch immer wachsende Städte wie beispielsweise Hamburg, Frankfurt oder München sind nicht vergleichbar mit Notwendigkeiten in schrumpfenden Regionen.

Aktuell herrscht ein Mangel an seniorengerechtem Wohnungsbau. Der Bundesverband deutscher Wohnungs- und Immobilienunternehmen veröffentlichte 2004 Zahlen, nach denen von den 39 Millionen

Wohnungen in Deutschland gerade einmal 350 000 den Bedürfnissen älterer Menschen entsprechen. Vom Bundesverband Freier Immobilien- und Wohnungsunternehmen wird für 2020 ein zusätzlicher Bedarf von 800 000 neu zu errichtenden oder entsprechend zu modernisierenden Wohnungen prognostiziert. [5]
Über den tatsächlichen Bedarf an Pflegeeinrichtungen und deren konkrete Ausrichtung wird derzeit sehr kontrovers diskutiert, vor allem, da Betroffene der Pflegestufe 0 und 1 künftig nicht mehr in stationären Pflegeeinrichtungen wohnen sollen.
Unabhängig von diesen strukturellen Fragen sei hier aber auf folgende Zahlen hingewiesen, die das Bundesministerium für Arbeit und Soziales im Juli 2009 veröffentlichte: Im Jahre 2005 waren in Deutschland 1,2 Millionen Menschen an Demenz erkrankt. Das Ministerium rechnet damit, dass sich diese Zahl bis 2050 auf mehr als 2 Millionen erhöht. Demenz ist die häufigste und folgenreichste psychiatrische Erkrankung im Alter. Alzheimerpatienten leiden unter dem Verlust des Gedächtnisses und der Sprache. Sie werden zunehmend unfähig zu planen und zu handeln und sind somit auf Hilfe angewiesen (Abb. 21).

Auch in Bereichen, die keine Pflegeeinrichtungen sind, müssen die Zielsetzungen der Barrierefreiheit (Erreichbarkeit, Zugänglichkeit, Nutzbarkeit) zu allgemeingültigen Qualitätsstandards werden, die insbesondere den Bedürfnissen älterer Menschen entsprechen.
Dass eine frühzeitige Integration der Definitionen der DIN 18025, Teil 2, »öffentlich zugängige Gebäude und Arbeitsstätten«, keine zusätzlichen Kosten verursacht, hat die Praxis mehrfach nachgewiesen. [6]

Bedauerlicherweise haben die Definitionen des Barriereabbaus aber auch die

Tendenz, Einengungen in der Form zu erzeugen, dass sie bestimmte Räume oder Arten der Nutzung vorgeben, in denen sich Betroffene lediglich auf eine von anderen festgelegte Art und Weise bewegen können. [7] Spätestens hier zeigt sich die Ambivalenz der Bestrebungen des Barriereabbaus. Einerseits werden individuelle Funktionalität, persönlicher Handlungs- und Bewegungsraum unterstützt, andererseits manifestieren sich Andersheiten, Abhängigkeiten und sozialer Anpassungsdruck sichtbar. [8]

Nicht allein sozialwissenschaftliche Studien verweisen darauf, dass Barrieren nicht einfach existieren, sondern laufend praktiziert und relativiert werden. Damit kann es keine von allen gleichermaßen benutzbaren und vertrauten Räume geben.
Genau hierin besteht aber die unerschöpfliche Möglichkeit zur Ausdifferenzierung und damit zur Orientierbarkeit bei der Planung und Gestaltung der gebauten Umwelt und deren Reaktion auf den jeweils speziellen Ort.

[1] Mederios Kent/Haub 2005, S. 4–24
[2] Frejka u.a. 2008
[3] Statistische Ämter des Bundes und der Länder 2006
[4] Statistische Ämter des Bundes und der Länder 2007
[5] Marx 2009, S. 28ff.
[6] ebd., S. 32ff.
[7] Bösl 2009
[8] ebd.

Planung

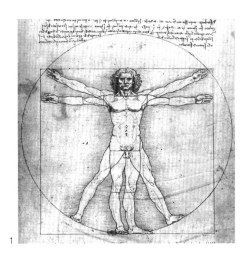

1

Seit Menschen in der Lage sind, Werkzeuge nicht nur zu nutzen, sondern herzustellen, gestalten sie die Dinge nach Maß. Die Sophisten im klassischen griechischen Altertum begriffen den Menschen als »das Maß aller Dinge«. Diese Auffassung ist zumindest doppeldeutig: Benennt sie einerseits den Menschen an sich als Wert und Maß, formuliert sie andererseits die Abhängigkeiten der vom Menschen gestalteten Umwelt nach seinen Abmessungen. Diese Abbildung der Proportionsverhältnisse und der Abhängigkeiten des Körpers vom Raum beschrieb bereits Vitruv ca. 25 v. Chr., dargestellt von Leonardo da Vinci (Abb. 1). Es ist nachvollziehbar, dass die ersten Maßeinheiten Gliedmaßlängen entstammen (Ellen, Fuß, Handbreit, Mann hoch). Trotz aller Individualität ist es somit, nach einer möglichen Schrecksekunde, plausibel, dass diese anthropometrischen Daten, die »Körpermaße des Menschen«, in der Norm DIN 33402 mit demselben Titel festgehalten sind.
Bedeutsam ist die Normierung, seit die Industrie Gegenstände des täglichen Gebrauchs in größerem Umfang fertigt, z. B. Möbel (Arbeitstische, Arbeitsflächen, Betten, Stuhldimensionen, Waschbecken etc.), Fahrzeuge (Autos, Fahrräder, Busse etc.) sowie feste Einbauten (Waschbecken, Badewannen, Armaturen, WCs etc.) [1].

Unabhängig von sich ändernden Fähigkeiten, Fertigkeiten und Größenverhältnissen von der Kindheit bis ins hohe Alter können sich diese Angaben aufgrund von Veränderungen der Körperhaltung, der Bewegungsabläufe oder des Krafteinsatzes ändern. Abhängigkeiten oder Einschränkungen können dazu führen, dass ohne die Verwendung weiterer Hilfsmittel (z. B. Gehhilfen, Rollstühlen) eine möglichst selbstständige Nutzung der Umwelt nicht mehr möglich ist. Unter Berücksichtigung dieser Hilfsmittel ändern sich damit auch die notwendigen Bewegungsräume, Begegnungsflächen, Bedienmöglichkeiten und Sichtbereiche (S. 36, Abb. 2; S. 37, Abb. 4 und 5).

Einschränkungen und daraus resultierende Planungsanforderungen

Ziel barrierefreien Bauens ist es, Menschen mit Einschränkungen ihrer motorischen Fähigkeiten oder der Sinnesorgane den gestalteten Lebensraum zugänglich und nutzbar zu machen; darum liegt es nahe, sich mit einigen Teilaspekten näher zu befassen. Mobilität und physische Kondition sind die klassischen Bereiche, die in der Architektur Beachtung finden. Erst in jüngerer Zeit beschäftigt man sich intensiver mit Planungsanforderungen, die sich auch aus Beeinträchtigungen der Sensorik, also des Sehens und Hörens, sowie der Kognition ergeben.

Wie bereits im Kapitel »Zur Historie des barrierefreien Planens und Bauens« (S. 9) ausgeführt, lassen sich Behinderungen kategorisieren in:
· motorische Einschränkungen (begrenzte Beweglichkeit, Körperkraft und Gleichgewichtssinn, Geschwindigkeit, Geschicklichkeits- und Koordinationsfähigkeit)
· sensorische Einschränkungen (Seh- bzw. Hörbeeinträchtigungen, fehlender Geruchs- bzw. Geschmackssinn)
· kognitive Einschränkungen (Sprach-, Lern- bzw. geistige Einschränkungen)
· psychische Störungen

Motorik
Motorische Einschränkungen (Beeinträchtigungen der Bewegungsabläufe des menschlichen Körpers) nimmt die Öffentlichkeit stärker wahr als sensorische. Aus

1   Proportionsstudien nach Vitruv, Leonardo da Vinci, 1492

35

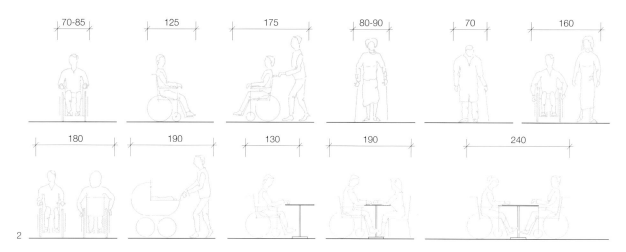

2

ihnen resultierende Mobilitätsprobleme werden in der Regel mit Gehbehinderungen in Verbindung gebracht. Allerdings können sie ihre Ursachen auch in alters-, unfall-, krankheitsbedingten bzw. sensorischen Ursachen haben.

Diese Funktionsausfälle von Stütz-, Halte- und Bewegungsapparat können ihre Ursache haben in folgenden Schädigungen:
• des Gehirns
• der Wirbelsäule bzw. des Rückenmarks
• des Muskelapparats bzw. des Skeletts
• von Gliedmaßen oder deren Fehlen
• der Funktionsbereitschaft innerer Organe
Daraus entstehen:
• Bewegungskoordinationsstörungen (Spastiken, Athetosen oder Ataxien)
• komplette oder inkomplette Lähmungen
• vegetative Funktions- bzw. Nervenausfälle
• Muskelschwund oder Muskelschwäche, Störung des Muskelstoffwechsels
• Beeinträchtigungen der Greif-, Halte- und Gehfunktionen
• Gleichgewichtsstörungen
• jegliche Form der Kombination dieser Einschränkungen
Die barrierefreie Umgebung kann versuchen, motorische Defizite auszugleichen und damit Bewegungsabläufe zu erleichtern. Neben ausreichend bemessenen Bewegungs- und Begegnungsflächen, stufen- und schwellenlosen Erreichbarkeiten und Durchgangsbreiten ist auf Unebenheiten des Bodenbelags, Rutschsicherheit, Handläufe und kurze Wege zu achten um mobilitätseingeschränkten Personen und Rollstuhlnutzern einen gewissen Komfort zu ermöglichen. [2]
Die Formgebung und das individuelle Design von Griffen oder Stangen sind ebenso bedeutsam bei der Herstellung von Barrierefreiheit. Durch Gleichgewichtsstörungen oder Lähmungen geht Mobilität verloren. Gehhilfen, Gehwägen

oder Rollstühle helfen, Statik und Dynamik sicherzustellen. Barrierefreie Architektur mit barrierefreier äußerer und innerer Erschließung nimmt Rücksicht auf die speziellen Anforderungen von Menschen mit eingeschränkter Mobilität, beispielsweise mit flach geneigten Rampen oder mit Aufzügen.

Sensorik
In der Sensorik erfolgt der Ausgleich eines Defizits der Sinneswahrnehmung zunächst direkt am Menschen. Die Natur behilft sich durch die verstärkte Entwicklung eines »Ersatz-Sinnes«. Der vor nicht allzu langer Zeit kreierte Begriff des »Zwei-Sinne-Prinzips« beschreibt, dass durch den Einsatz von Hilfsmitteln eine defekte Sinneswahrnehmung ausgeglichen wird beziehungsweise andere, nicht-defekte Sinne Informationen zugänglich machen (siehe »Geregelte Grundlagen«, S. 17).
Es werden folgende Prioritätsstufen bezüglich der Wichtigkeit von Informationen unterschieden:
• Stufe 1: Alarm und Warnsignale bei tödlichen Gefahren, beispielsweise Feueralarm
• Stufe 2: Informationen, die für Entscheidungen wichtig sind und für die keine Rückfragemöglichkeit gegeben ist, z. B. Beschilderung im Stadtraum
• Stufe 3: Informationen mit Rückfragemöglichkeit bzw. solche, die zusätzlich angeboten werden, wie z. B. der Erläuterungstext an einem Exponat innerhalb einer Ausstellung

Was das Sehen betrifft, so können die Funktionseinschränkungen bei Menschen unterschiedlicher Art sein: Sie reichen von begrenztem Sehvermögen an sich, also Weit- oder Kurzsichtigkeit, über die Störung des Gesichtsfelds, wie dem »Tunnelblick«, die Störung des Farb- oder des Lichtsinns bis zur Störung der

Sehschärfe durch andere Erkrankungen. Beeinträchtigung und Verlust eines Sinnes sind als völlig unterschiedliche Behinderungsarten zu werten. Ein blinder Mensch muss Informationen anderer Art empfangen als ein Mensch mit einem Restsehvermögen. Dies gilt auch für Menschen mit Hörbehinderung: Gehörlosigkeit erfordert andere Maßnahmen als ein beeinträchtigtes Hörvermögen.
Geeignete akustische Informationssysteme erleichtern es Menschen mit Höreinschränkungen sich zu orientieren, insbesondere um Gefahren rechtzeitig zu erkennen. Akustische Umwelteinflüsse beeinträchtigen oft die Kommunikationsmöglichkeiten dieses Personenkreises. Störgeräusche, Lärmquellen und schlechte Raumakustik mindern die Wahrnehmung und damit die Lebensqualität. Kontraste in Struktur und Material beispielsweise im Bodenbelag unterstützen taktile und haptische Fähigkeiten. Je größer die Unterschiede, desto besser lassen sie sich manuell bzw. mit Langstock oder Schuhwerk registrieren.

Hören
Hörgeschädigte Menschen nutzen in erster Linie ihre noch vorhandene Fähigkeit zum Hören. Verstärkende Hörgeräte können diese unterstützen. Akustische Signale müssen daher das Hörgerät erreichen. In vielen öffentlichen Räumen gibt es inzwischen sogenannte induktive Höranlagen. Das sind Drahtschleifen, die in Fußboden, Decke oder Wand verlegt sind. Ein spezieller Verstärker baut mit den gewünschten Signalen, Musik oder Sprache, im Inneren dieser Schleife ein Magnetfeld auf. Das erzeugt in einer zweiten Schleife, die sich im Hörgerät befindet, durch »Induktion« eine Spannung, die wiederum die ausgesendeten Signale rückverwandelt. Im Freien ist dieses Prinzip aus technischen Gründen allerdings kaum umsetzbar. Besser,

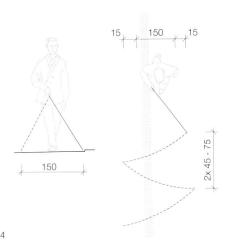

3   4   5

jedoch mit einer geringeren Informations-fülle, arbeitet man draußen nach dem Zwei-Sinne-Prinzip durch Visualisierung von Texten auf großen Anzeigen. Dadurch erreicht man zusätzlich auch Menschen ohne Restgehör. Dieses Prinzip lässt sich auch bei dynamischen Informationen gut berücksichtigen. Am besten erfolgt die Information ebenso visuell, durch elektronische Anzeigetafeln. Dies ist effektiver und deutlicher als oft schlecht verständliche Lautsprecherdurchsagen, etwa am Bahnhof oder in öffentlichen Gebäuden.

Für alle Planer muss Ziel sein, den Menschen mit Sinnesbehinderungen auch mittels geeigneter Informationen die Mobilität zu erleichtern. So erhalten Sehbehinderte in Aufzügen eine akustische Information, etwa in Form einer Stockwerksansage.

Alarme und Warnsignale müssen bei Eintreten einer Gefahrensituation nach dem Zwei-Sinne-Prinzip alle Menschen gleichermaßen erreichen bzw. müssen alle den Alarm auslösen können. Wenn beispielsweise ein gehörloser Mensch Feueralarm auslösen will, kann er dies nicht über die für den Alarmfall meist vorgesehene Gegensprechanlage tun, da er nicht telefonieren kann. Das Versenden einer Faxnachricht über eine Notrufnummer ist noch nicht flächendeckend praktikabel. Fachleute und Verbände fordern daher eine überregional und international einheitliche Alarmauslösung per Fax.

In Aufzügen z.B. muss eine Leuchtanzeige die Gegensprechanlage ergänzen. Falls Betroffene mit dem Aufzug stecken bleiben und den Notruf auslösen, kann dessen Annahme durch die Leuchtanzeige eine Rückmeldung signalisieren und somit Sicherheit geben.

Viele Anwendungsmöglichkeiten in der mittleren Prioritätsstufe liegen im Haushaltsbereich. Haushaltsgeräte vermitteln

im Idealfall immer optisch und akustisch den aktuellen Status. Das Fernsehen arbeitet mit Untertiteln für Schwerhörige und gleichzeitig blendet es Gebärdendolmetscher für gehörlose Zuschauer ein. In Sälen für öffentliche Vorträge, Vorlesungen, Veranstaltungen, Versammlungsstätten und öffentlichen Serviceeinrichtungen ist für sensorisch eingeschränkte Personen unbedingt Verbesserung zu schaffen (siehe »Typologie«, S. 93f.). Eine fortschrittliche Saaltechnik beinhaltet für die akustischen Informationen z.B. entsprechende Übertragungsanlagen für hörbehinderte Teilnehmer. Je nach Nutzungsart und Räumlichkeiten können drei unterschiedliche Übertragungstechniken angewendet werden:
• induktive Anlagen (Induktionsschleife)
• FM-Funkanlagen
• Infrarotanlagen
Um allen Personen die freie Platzwahl zu ermöglichen, sollte in Versammlungsstätten der gesamte Zuhörerbereich mit Audiosystemen versorgt und entsprechend gekennzeichnet sein.

Bei induktiven Anlagen ist ein Empfang über die Hörgeräte (mit T-Spule) der Betroffenen möglich. Sonst sind zusätzliche Empfänger und Halsringschleifen oder ansteckbare Audiokabel zu nutzen.

Eine gute optische Ausstattung ist ebenfalls wünschenswert. Hierzu kann ein System gehören, das den Mund des Sprechers als Großbild auf eine Leinwand zum Lippenlesen überträgt.
Tageslichtprojektor, Beamer und Leinwand für digitale Präsentationen sind oft Standard, doch sollte auch an den Einsatz eines Spots auf einen Gebärdensprachendolmetscher gedacht werden. Bauliche Maßnahmen sind in vielen Fällen flankierend erforderlich. Hierzu gehört eine ausreichende Dämmung gegen Lärm von außen und von Nachbarräumen. Bei öffentlichen Sälen treten neben

den Schallschutz auch Maßnahmen zur Verbesserung der Akustik. Dazu gehört die Dämpfung des vom Publikum verursachten Schalls. Dies erreicht man beispielsweise durch Teppiche oder den Einsatz von Holz- statt Stahlmöbeln sowie durch spezielle akustische Baumaßnahmen. Lediglich ein kurzer Nachhall darf erfolgen, ein Echo muss ausgeschlossen sein. Gerade akustische Problemstellungen sind äußerst komplex und erfordern zumeist das Hinzuziehen von Fachleuten.

Sehen
Menschen mit eingeschränktem Sehvermögen sind im Straßenverkehr – speziell in Übergangsbereichen – an Haltestellen und in den Verkehrsmitteln besonders gefährdet. Hinzu kommen Situationen mit schwierigen Beleuchtungsverhältnissen. Wege, Straßen und Plätze müssen daher ohne Hindernisse gestaltet sein und entsprechende Bewegungsflächen und -räume aufweisen (siehe S. 42ff.; S. 70ff., Tabelle T5). Dies bedeutet beispielsweise, dass Laufwege frei von störenden Objekten sind. Unterschiedlich hohe Ebenen und Glastüren stellen ebenfalls potenzielle Hindernisse für sehbehinderte Menschen dar. Hier können Kontraste eine wertvolle Hilfestellung liefern: Betroffene Personen finden sich somit leichter zurecht und gelangen ohne anzustoßen und sich zu verletzen sicher und schnell zu Serviceeinrichtungen und Notrufen. Bei optischen Leitsystemen sollte man darauf achten, dass diese einfach und

2   Dimensionierungen für Menschen mit unterschiedlichen Anforderungen. Die angegebenen Werte entsprechen nicht den in der Norm geregelten Bewegungs- und Begegnungsflächen.
3   Zunehmend mehr älteren Menschen bleibt durch die Nutzung von Gehhilfen eine vergleichsweise große Selbstständigkeit erhalten.
4   Bewegungsflächen einer seheingeschränkten Person, die sich durch Pendeln eines Langstocks orientiert
5   Bewegungsfläche eines Rollstuhlnutzers

6

gut erkennbar die Wahrnehmung im Nahbereich unterstützen. Daher darf in Umfeldern mit Gefahrenpotenzial keine ablenkende Werbeinformation installiert sein, sei es in Form von Plakaten oder durch Projektion. Ebenfalls zu vermeiden sind glänzende Oberflächen. Spiegelungen führen regelmäßig dazu, dass das dreidimensionale räumliche Erfassungsvermögen beeinträchtigt und damit die Orientierbarkeit erschwert wird. Sinnvoll verwendete Kontraste mit gut ausgewählten Farbkombinationen sind grundlegend für die eindeutige Wahrnehmung, im Zusammenspiel mit entsprechender Beleuchtung. Die Größe von Objekten oder Informationen ist ebenfalls von Belang.

Als Kontrast wird die Differenz der Leuchtdichte zwischen benachbarten Bereichen bezeichnet. Sie ist ein Maß für die »gesehene Helligkeit«. Das menschliche Auge empfindet Leuchtdichteunterschiede als Helligkeitsunterschiede. Dies hängt nicht allein von der Beleuchtungsstärke und dem Einstrahlwinkel des Lichts ab, sondern auch vom Reflexionsgrad des Materials bzw. der Oberfläche. Eine Beleuchtung, die auf eingeschränkte Sehfähigkeit optimiert ist, bietet neben einem gleichmäßigen Beleuchtungsniveau eine mittlere Leuchtdichte von 100 Candela/m² (cd/m²). Optimale Werte liegen zwischen 250 und 300 cd/m². Der Leuchtdichteunterschied zwischen der hellsten und der dunkelsten Fläche eines Raums sollte nicht größer als 10:1, der im direkten Arbeitsumfeld, z. B. auf dem Schreibtisch, nicht größer als 3:1 sein. Man hat sich zur Überprüfung des Kontrasts das wahrgenommene Bild des Sehobjekts nicht farbig, sondern ausschließlich in Grauwerten vorzustellen. So lassen sich die Helligkeitsunterschiede wesentlich besser erkennen. Werte zwischen 0 und 1 definieren Leuchtdichtekontraste. Ein extrem helles (weißes) Objekt vor einem sehr

dunklen (schwarzen) Hintergrund erreicht mit hoher Wahrscheinlichkeit nahezu den Wert 1. Notrufeinrichtungen und wichtige Warnhinweise beispielsweise müssen einen Kontrast von mindestens 0,7 aufweisen. Wenn das Sehobjekt weniger stark leuchtet als das Umfeld, spricht man von einem Negativkontrast. Hebt es sich optisch durch größere Leuchtdichte vom Hintergrund ab, liegt ein Positivkontrast vor.

Stellen mit höherem Gefahrenpotenzial für Menschen mit Behinderung, wie z. B. Treppen, müssen angemessen ausgeleuchtet sein. Bei einer zu geringen Beleuchtung wird die gefährliche Stelle nicht oder zu spät erkannt. Zu starke Lichtquellen können zu Blendeffekten oder Schattenbildungen führen. Treppen, die frei im Raum stehen, müssen ebenfalls Warnmarkierungen aufweisen, um ein Anstoßen des Kopfes zu verhindern. Bezüglich der Farbkombinationen müssen die Planer berücksichtigen, dass Menschen mit Farbsinnstörungen manche Farben nicht erkennen. Wegen der relativ häufigen Rot-Grün-Blindheit ist diese Kombination somit nicht zu empfehlen.

Auch die Materialien der Objekte und des Umfelds sowie deren Oberflächenstruktur beeinflussen die Wahrnehmung des Kontrasts. Durch Anwendung einer auffällig erscheinenden Farbe erfolgt allerdings allein noch keine Signalwirkung. Wenngleich sich bestimmte Farben für manche Situationen eingebürgert haben:

- Rot für Verbot
- Gelb-Schwarz für Warnung
- Grün für Freigabe

Für die Größe von Zeichen auf Informationsträgern wie Hinweisschildern oder Leuchtanzeigen existieren Empfehlungen. Im Normalfall geht man von einer in Augenhöhe befindlichen Information aus. Falls sich der Informationsträger erhöht

befindet, müssen die Zeichen entsprechend größer ausfallen. Weitere Faktoren bestimmen die Lesbarkeit: der horizontale Abstand des Betrachters vom Objekt, der Neigungswinkel des Informationsträgers an der Wand sowie die Art des Informationsträgers. Schriften sind am besten ohne Serifen, halbfett oder fett und in herkömmlicher Groß-Klein-Schreibweise zu halten.

Zudem spielt der Ort eine wichtige Rolle. Hinweise auf Bahnhöfe, U- und S-Bahn sind in einer Höhe zu installieren, in der sie schon von weitem sichtbar sind. Speziellere, zusätzliche Informationen wie Öffnungszeiten oder Fahrpläne ermöglichen in niedrigerer Höhe das Lesen aus der Nähe. Der Raum davor soll frei von Hindernissen sein.

In sämtlichen öffentlichen Bereichen, wie öffentlichen Gebäuden, dem Verkehrsraum und in öffentlichen Verkehrsmitteln, müssen optische Informationen bestimmte Kriterien erfüllen. Dazu gehören die gute Wahrnehmbarkeit und Lesbarkeit auch aus größerer Distanz sowie die leichte und eindeutige Verständlichkeit. Der Ort der Aufstellung oder Anbringung sollte gemäß der Funktion bedarfsgerecht gewählt werden. Inhalte mit ähnlichem Charakter sollen auch zusammen erscheinen. Wenn Informationen Prozesse der Fortbewegung steuern und leiten, so sollen sich diese Hinweise kontinuierlich wiederkehrend fortsetzen.

Falls doch Hindernisse, z. B. Stufen, in die ausgewiesenen Bewegungsflächen wie Gehwege hineinragen sollten, müssen diese kontrastreich markiert sein. Die Vorderkanten von Tritt- und Setzstufen müssen gekennzeichnet werden. Auch Fahrsteige in der Ebene, wie sie meist in Flughäfen vorkommen, sind kurz vor Ende mit Markierungen zu versehen, damit ein Warnhinweis an die Benutzer erfolgt, auch wenn die Sicht nach vorne verdeckt ist (siehe S. 71, T5, Treppe).

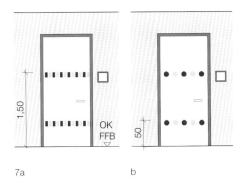
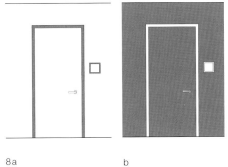

7a   b   8a   b

Kognition
Die Beeinträchtigung kognitiver Fähigkeiten im Bereich der Wahrnehmung, des Erkennens und Erinnerns, des Denkens, Schlussfolgerns und Urteilens stellen sich im Wesentlichen in folgenden Bereichen dar:
· Gedächtnisstörungen
· Lernschwierigkeiten, Vergesslichkeit, Konzentrationsschwierigkeiten
· reduzierte Abstraktionsfähigkeit und räumliches Vorstellungsvermögen
· Persönlichkeitsveränderungen
· Verluste sozialer Kompetenzen
· Störempfindlichkeit
Speziell für kognitiv eingeschränkte Nutzer geplante Einrichtungen sollten sich insbesondere mit den Themen der leichten, selbstverständlichen Orientierung und damit Grundrissgestaltung befassen. Dies beinhaltet die zusätzliche Übersichtlichkeit der Einrichtungen, die für das Betreuungspersonal entscheidende Bedeutung hat. Der bewusste Einsatz von Licht, Farbe und Material kann sowohl die Orientierbarkeit steigern als auch Ängste reduzieren, da Grenzen klar definiert sind und damit die persönliche Sicherheit und entsprechendes Wohlbefinden steigen. Vor allem Menschen, deren Erinnerungsvermögen und Lernfähigkeit in Mitleidenschaft gezogen sind, wie z.B. an Alzheimer erkrankte Patienten, helfen Räumlichkeiten und Orte, die Platz für Persönliches bieten bzw. entsprechende Anknüpfpunkte ermöglichen (Abb. 7a, b und 8a, b).

Psychische Störungen
Ebenso wie kognitive Einschränkungen äußern sich psychische Störungen in erheblichen, krankheitsbedingten Abweichungen vom Erleben oder Verhalten, insbesondere in den Bereichen des Denkens, Fühlens oder Handelns.
Die Ursachen psychischer Erkrankungen sind allerdings wesentlich vielfältiger und aufwendiger nachweisbar. Häufig lässt sich eine klassisch indizierte und medizinisch begründbare Diagnose nur schwer durchführen. Die Auswirkungen auf die Planung sind mit denen der kognitiven Einschränkungen zu vergleichen.

Bedienelemente
Automaten und automatisch betriebene Elemente am Gebäude gewinnen immer mehr Bedeutung in unserem Alltag. Ob Geldautomaten, Verkaufsautomaten für Fahrkarten oder Eintrittskarten ins Schwimmbad, es besteht großer Handlungsbedarf: Durch entsprechende Gestaltung dieser Einrichtungen müssen alle Menschen, unabhängig vom Grad ihrer Mobilitäts- oder Sinneseinschränkungen, Automaten barrierefrei bedienen können. Geeignete Maßnahmen müssen sicherstellen, dass sie auch im Falle sensorischer Einschränkung erkennbar, auch im Falle motorischer Einschränkung erreichbar und in beiden genannten Fällen benutzbar sind.
Nicht nur Automaten, auch automatische Türen dürfen bezüglich ihrer barrierefreien Nutzbarkeit näher betrachtet werden. Es ist mittlerweile Standard, dass sich eine Tür, etwa am Zugang eines öffentlichen Gebäudes, automatisch öffnet und schließt. Doch sollte die Automatikfunktion auch erkennbar gemacht sein, insbesondere wenn es sich um eine Drehflügeltür handelt und zum Öffnen ein gewisser Abstand nötig ist, oder wenn die Tür ausschließlich automatisch zu bewegen ist. Dies bezieht sich auf die räumlich passende Anbringung eines Tasters, der durch Betätigung den automatischen Antrieb in Gang setzt. Dass dieser Taster erreichbar sein muss – auch im Falle motorischer Einschränkung des Benutzers –, versteht sich von selbst. Ist eine Tür nur manuell zu betätigen, sind die an solchen Türen angebrachten Griffe oft zu hoch für die Benutzung aus dem Rollstuhl. Die Bedienung des Türdrückers

9a   b

6   Ausstellungstafel Pinakothek, Vicenza (I) mit tastbaren Informationen zu den Ausstellungsobjekten in Brailleschrift
7a, b   Markierung von Glastüren; eine freie Gestaltung ist ebenfalls möglich, z.B. Markierung in Form eines Firmenlogos. Anordnung auf Knie- und auf Augenhöhe. Bei streifenförmiger Kennzeichnung (H ca. 6–8 cm) über die gesamte Türbreite, H ü. FFB 50 cm und 150 cm, ± 10 cm
8a, b   kontrastreiche Gestaltung von Türen
9   Beispiele für kontrastunterstützende Farbkombinationen (a). Zur Prüfung des Kontrastes empfiehlt sich eine Überprüfung anhand Graustufen des Hell-Dunkel-Kontrastes (b).

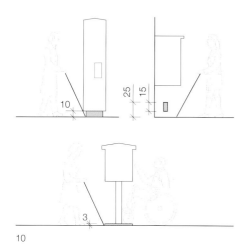

10

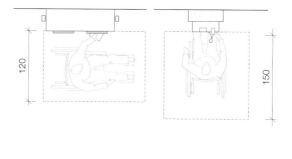

11

stellt manche schwache oder motorisch eingeschränkte Menschen vor Probleme, wenn der hierfür erforderliche Kraftaufwand zu groß ist. Die Höhe des Achsmaßes von Greif- und Bedienhöhen beträgt grundsätzlich 85 cm über dem Fußboden. Im begründeten Einzelfall sind andere Maße in einem Bereich von 85–105 cm vertretbar (Abb. 10–12). Der Abstand zwischen Bedienelement und seitlichen Begrenzungen, wie Wänden, Möbeln oder Geländern, muss mindestens 50 cm betragen.

Im nächsten Schritt müssen dann meist noch die Widerstände des Türschließers überwunden werden. Die optimale Lösung, alle drei Bedingungen, Erkennbarkeit, Erreichbarkeit und Nutzbarkeit, zu erfüllen, ist folglich die Automatiktür, bei der ein Bewegungsmelder deren Öffnungs- und Schließfunktion steuert.

Als weiteres Beispiel sind automatisch gesteuerte Anlagen und Geräte zu nennen, deren Bedienung sich nicht selbstverständlich erschließt: Automaten etwa, die über Codekarten gesteuert werden. Codekartenschlitze sind häufig so angebracht, dass man sie als schlecht Sehender kaum erkennen kann – vor allem nicht, wenn sie in Konkurrenz stehen zu anderen schlitzförmigen Öffnungen am selben Gerät. Zudem verhindert die Montagehöhe über dem Fußboden häufig, dass sie der Rollstuhlbenutzer aus seiner sitzenden Position oder Kinder gut erreichen können. Schließlich sind sie für vergleichsweise viele Menschen nicht benutzbar, welche die erforderliche Sicherheit und Koordination in der Handbewegung nicht aufbringen können, beispielsweise aufgrund eines Schlaganfalls. Eine in der richtigen Höhe, das heißt zwischen 85 cm und 105 cm, über dem Boden angeordnete, konkave Kugelschale, in der sich der Kartenschlitz befindet, wirkt wie ein Trichter und erleichtert das Ein-

führen der Karte. Diese Lösung ist ein Beispiel für universelles Design; sie erfüllt Bedingungen für möglichst viele Menschen.
Ergänzende Informationen zur Bedienung und zum Gebrauch sind häufig durch optische Erläuterungen bzw. tastbare Informationen in Braille-Schrift angebracht.
Der Gestaltung von Produkten, organisierten, geplanten und gebauten Umgebungen, Informationen und Dienstleistungen sollte der Gedanke einer Nutzbarkeit für alle Menschen gleichermaßen zugrunde liegen. Dabei sollte keine zusätzliche Anpassung im Fall besonderer Bedingungen, wie etwa Einschränkungen sensorischer oder motorischer Art, erforderlich sein. Kommunikationseinrichtungen und technische Geräte, die fest mit der Funktionalität eines Gebäudes verknüpft sind, muss man unter diesem Aspekt analysieren. Die gleichberechtigte Nutzbarkeit vermeidet eine Ausgrenzung oder Stigmatisierung von Menschen mit unterschiedlichen Fähigkeiten. Im Aufzug beispielsweise sorgt ein horizontales Tableau für die Bedienbarkeit auch im Sitzen. Zur Flexibilität im Gebrauch ist eine beidseitig anfahrbare Toilette im öffentlichen Bereich zu nennen, welche individuelle Vorlieben und Möglichkeiten unterstützt und eine rechts- oder linksseitige Benutzung ermöglicht. Kriterien des universellen Designs beinhalten auch, dass die individuelle Geschwindigkeit des Benutzers einfließt. Zum Beispiel darf bei der Lichtsteuerung im WC die Beleuchtungsdauer nicht an einen festen Zeitfaktor gebunden sein.

Eingabeaufforderungen und Rückmeldungen während und bei der Ausführung eines gesteuerten Vorgangs sollen grundsätzlich leicht verständlich und klar sein. Unter diesen Voraussetzungen ist beispielsweise ein Touchscreen für die Be-

dienung von Automaten nur dann akzeptabel, wenn durch einen Ton eine Rückmeldung nach der Benutzung einer Taste erfolgt. Telefontaster andererseits sind so konzipiert, dass eine Druckpunktüberschreitung das Auslösen der Taste signalisiert. Derartige Gestaltungen wenden unmittelbar das Zwei-Sinne-Prinzip an. Zunächst muss klare Sicht auf wenige Elemente herrschen bzw. ihre eindeutige manuelle Erreichbarkeit gewährleistet sein. Die notwendigen Informationen sind unabhängig von Umgebungssituationen oder den sensorischen Fähigkeiten der Benutzer verfügbar; wichtige Informationen werden sowohl visuell als auch akustisch und taktil präsentiert. Exemplarisch sei hier auf die Informationsmöglichkeiten in einem Aufzug verwiesen. Sehbehinderte Fahrgäste erfühlen die Funktionen der Taster über erhabene Braille'sche Zeichen, die sichtbare Kennzeichnung liegt hinter dieser transparenten taktilen Abdeckung. Außerdem sendet eine Sprechanlage zusätzliche akustische Informationen.
Möglichst fehlertolerante Anlagen können Menschen mit kognitiven Einschränkungen unterstützen. Zufällige oder unbeabsichtigte Aktionen ziehen dabei nur minimale Risiken bzw. negative Konsequenzen nach sich. Der Notruftaster am Stützklappgriff einer Toilette kann nicht fehlertolerant sein – eine entsprechende Kennzeichnung muss daher ein unbeabsichtigtes Auslösen verhindern.
Neben den kognitiven Gesichtspunkten spielen Aspekte der körperlichen Belastung – oder besser: Entlastung – bei der Konzeption und Anordnung von Bedienelementen eine entscheidende Rolle. Ein effizienter und komfortabler Gebrauch soll mit minimalen Ermüdungserscheinungen möglich sein, ohne dass der Benutzer die natürliche Körperhaltung aufgeben muss. Handläufe in entsprechend gewählter Höhe unterstützen beispielsweise diese

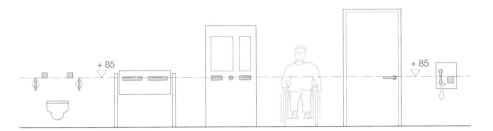

12

Belastungsarmut. Idealerweise ist die Bedienbarkeit unabhängig von Größe, Haltung oder Beweglichkeit des Benutzers – eine anspruchsvolle Forderung, die sich nicht immer komplett erfüllen lässt. Ebenso sind unterschiedliche Hand- und Greifgrößen zu berücksichtigen.

Aus den gesamten Forderungen nach einer allumfassenden Nutzbarkeit entsprangen im Lauf der letzten Jahre ausführliche Diskussionen. Kritiker sehen die Grenzen an Stellen, wo Zielkonflikte entstehen oder wo ein Produkt bzw. gestaltetes Umfeld niemals für alle individuellen Ansprüche eine Lösung bieten kann. Die UN-Konvention, das Übereinkommen über die Rechte von Menschen mit Behinderungen, gibt in der Präambel den wichtigen Hinweis, dass universelles Design Hilfsmittel für bestimmte Gruppen von Menschen mit Behinderungen nicht ausschließt, soweit diese sie benötigen. Einfachheit und intuitive Nutzbarkeit gehören zu den wichtigsten Gesichtspunkten universellen Designs, die allerdings gleichzeitig am schwierigsten konsequent einzuplanen sind.

Brandschutz und Barrierefreiheit
Das Thema Brandschutz ist im Zusammenhang mit behinderten Menschen überaus konfliktträchtig und unterliegt teils heftigen Diskussionen der Fachleute aus Architektur, vorbeugendem und abwehrendem Brandschutz sowie Vertretern der Interessenverbände. Grundsätzlich lautet die Forderung, dass ein Gebäude für jeden Menschen gleichermaßen nutzbar sein sollte. Doch ist der weitaus größte Teil aller Gebäude nicht ausschließlich für eine besondere Benutzergruppe und deren spezielle Anforderungen geplant und gebaut. Eine Ausnahme bildet z. B. eine Behindertenwerkstätte. Gebäude müssen flexibel nutzbar sein; ein Wohnhaus etwa sollte einerseits mit seinen Bewohnern altern und gleichzeitig familiengerecht bleiben können. Dieser Anspruch wird aktuell in der Diskussion um die demografische Entwicklung offenbar: Im Bestand steht beispielsweise der alternden Bewohnerschaft eines Mietshauses nur ein enges Treppenhaus und kein bzw. ein zu enger Aufzug zur Verfügung. »Ein Gebäude kann nur mit seinen Bewohnern leben« ist ein oft zitierter Satz in diesem Zusammenhang. Grundsätzlich ist der Anspruch an die Planung zu richten, dass durch sie Gebäude entstehen, die es behinderten Menschen ermöglichen, sie selbstständig zu erschließen, zu benutzen und im Brandfall auch selbständig zu verlassen. Für den Brandfall gilt es zu berücksichtigen, dass Sauerstoffmangel und die Entwicklung dichten, oft giftigen Rauchs verglichen mit dem Feuer selbst die größte Gefahr darstellen. Nach dem Gleichheitsgrundsatz müssen allen Menschen, ungeachtet einer Behinderung, durch geeignete Maßnahmen dieselben Möglichkeiten, sich zu retten, zur Verfügung stehen. Diese Maßnahmen beziehen sich in der Regel auf die Überwindung von Höhenunterschieden.

Dabei ist ein Ersetzen von Geschosstreppen durch Rampen in Gebäuden wegen der möglichen Höhendifferenz von nur 6 cm je 100 cm Länge logischerweise nur in Ausnahmefällen realistisch möglich. Ebenso ist die Forderung, alle Geschossbauten mit Aufzügen auszustatten, die auch im Brandfall benutzt werden dürfen, nicht umsetzbar. Es gelten hierfür die technischen und sehr aufwendig zu realisierenden Merkmale von Feuerwehraufzügen, wie sie in Hochhäusern gesetzlich vorgeschrieben sind.

Der bauordnungsrechtlich geforderte, erste Fluchtweg, in dessen Verlauf man in der Regel die Stockwerke durch Treppen überwindet, eignet sich nicht für die selbstständige Rettung von Personen mit Behinderung. Dies gilt auch für den zweiten Fluchtweg, der ebenso gesetzlich gefordert ist. Dieser sieht auch Leitern vor, deren Benutzung schon für körperlich trainierte Personen nicht ganz einfach ist. Um ein Vielfaches schwieriger ist die Flucht auf diese Weise für ältere, alte oder behinderte Menschen.

Aus dieser Problematik ergibt sich zwingend die Entwicklung von maßgeschneiderten Lösungsansätzen. Eine Möglichkeit für Menschen mit Behinderung, sich im Brandfall selbstständig zu retten, stellen brandgeschützte Warteplätze dar, zu denen die bewegungseingeschränkten Personen fliehen und das Eintreffen sowie die Intervention von Rettungsdiensten

T1: Planungsprinzipien des barrierefreien Bauens

Erkennbarkeit	klare Sicht entsprechende Kennzeichnung Zwei-Sinne-Prinzip mit Zugang zu Informationen visuell, akustisch, taktil
Erreichbarkeit	richtige Höhe von 85–105 cm Abstand zu seitlichen Begrenzungen von 50 cm Bedienbarkeit unabhängig von Größe, Haltung, Beweglichkeit Berücksichtigung unterschiedlicher Hand- und Greifgrößen
Benutzbarkeit	fehlertolerante Anlagen minimaler Kraftaufwand individuell angepasste Geschwindigkeit Einfachheit und intuitive Nutzbarkeit

10 Bedienelemente mit max. 10 cm tiefem, verjüngtem Sockel, Tastleiste bzw. 3 cm hohem Umriss
11 Bewegungsflächen bei frontaler bzw. seitlicher Anfahrt
12 Höhe von Bedienelementen

13

sicher abwarten können. Dies ist aus psychologischer Sicht natürlich nicht ganz einfach umsetzbar. Ein anderer Teil eines Brandschutzkonzepts kann zuständige Personen einbeziehen. Hier wird der Mensch als nicht-bauliche Maßnahme zum entscheidenden Faktor. Neben dem baulichen Brandschutz kann so, durch das Aufstellen von Vorsorgemaßnahmen zur Menschenrettung, der Aufstellung einer Brandschutzordnung und eines Alarmplans sowie Flucht- und Rettungsplans, der betriebliche Brandschutz organisiert werden. Praktikabel wird dies sicherlich nur dann, wenn sowohl regelmäßige Unterweisungen als auch entsprechende Übungen stattfinden.
Normale Aufzüge dürfen im Brandfall zur Flucht nicht benutzt werden, wobei Betroffene mangels Alternativen im Augenblick höchster Lebensgefahr dies natürlich trotzdem als letzte Möglichkeit tun werden. Vor diesem Hintergrund bekamen in Einzelfällen schon Standardaufzüge, etwa in öffentlichen Gebäuden, eine Genehmigung als Rettungsweg, wenn der Funktionserhalt hier zumindest in der Entstehungsphase von Bränden gewährleistet ist. Die Stromzufuhr zur Aufzugsmaschine muss vor dem Hauptschalter des Gebäudes abzweigen, um von einem durch den Brand ausgelösten Stromausfall im Gesamtgebäude nicht betroffen zu sein. Die Leitung ist durch Brandschutzummantelung 30 Minuten lang gesichert. Ein Türschließtaster im Aufzug setzt die Lichtschranke außer Kraft, die ein automatisches Schließen der Aufzugstüren bei starker Rauchentwicklung verhindert. So kann der Aufzug in jedem Fall in Gang gebracht werden. Diese beiden Maßnahmen sehen manche Fachleute in der kritischen Phase, nämlich den ersten 30 Minuten, als ausreichend an. Danach gelten andere Bedingungen, da dann im Regelfall die Feuerwehr mit professionellem Rettungsperso-

nal eingetroffen ist. Die Freigabe aller Aufzüge als Fluchtweg entspricht allerdings nicht der aktuellen Vorschriftenlage.

Häufig unberücksichtigt bleiben bei diesen Überlegungen Menschen mit sensorischen Behinderungen. Feueralarm äußert sich in den meisten Fällen lediglich akustisch; gehörlose Personen beispielsweise verlieren so wertvolle Zeit zwischen Alarm, dessen Wahrnehmung und der Flucht bzw. der Rettungsmaßnahme. Im Fall eines Brandalarms müssen akustische Signale mit eindeutigen Blink- oder Blitzlichtsignalen in sämtlichen Räumen des Brandabschnitts kombiniert sein. Das heißt, dass beispielsweise in einem Konzerthaus zeitgleich mit dem akustischen Alarm im Konzertsaal ein visuelles Signal u. a. auf der Toilette erscheinen muss.

Straßen, Wege, Plätze
Angesichts der bereits im Kapitel »Gesellschaftliche Entwicklung« (S. 29–33) dargestellten demografischen Faktoren und der stetig steigenden Lebenserwartung sowie der somit auch zunehmenden Anzahl schwerbehinderter Menschen ergeben sich für den öffentlichen Raum weitreichende Verpflichtungen. Stadtplaner, Ingenieure und Architekten müssen daher Freiflächen so anlegen, dass ältere Menschen und Personen mit Behinderungen diese selbstständig und problemlos benutzen können. Das Ziel ist die barrierefreie Gestaltung des gebauten Lebensraums: Es muss funktionieren, weitgehend allen Menschen dessen Nutzung in der allgemein üblichen Weise, ohne besondere Erschwernis und grundsätzlich ohne fremde Hilfe möglich zu machen.
Letztlich kommen diese Maßnahmen auch vielen anderen Personen zugute, z. B. Kindern und Eltern mit Kinderwagen. Für die Planung öffentlicher Straßen,

Wege, Plätze, Verkehrsanlagen, Grünanlagen und Spielplätze sind die öffentlichen und privaten Belange gegeneinander und untereinander abzuwägen. Privat begründete Anforderungen an den öffentlichen Raum können Planungsvorschlägen entgegenstehen. Bei der Berücksichtigung der Interessen von Menschen mit Behinderung, die aus unterschiedlichen Fähigkeiten bzw. Einschränkungen resultieren, zwingen die Konflikte einzelner Nutzergruppen die Bauherren bzw. Kommunen zu vielen Kompromissen und zu einzelfallbezogenen Lösungen. So können baulich schwellenlose Planungsvorschläge für Rollstuhlnutzer von großem Vorteil sein. Gleichzeitig verringern sich die Orientierungsmöglichkeiten beispielsweise für blinde Menschen.
Eine Reihe von anerkannten und verbindlichen Richtlinien bzw. Empfehlungen verpflichtet Kommunen und Länder durch die sog. Straßenbaulast öffentliche Straßen und Wege nach allen Anforderungen der Sicherheit und Ordnung zu bauen und zu unterhalten. Anerkannte Regeln der Technik, Normen und Richtlinien sind Instrumente um Maßnahmen zur Barrierefreiheit im Sinne der Gesetzgebung anzuwenden: Beispielsweise verlangt Artikel 3 des Grundgesetzes der Bundesrepublik Deutschland, dass niemand wegen seiner Behinderung benachteiligt werden darf. Die knapp 60 Jahre später ratifizierte UN-Konvention geht weiter: Hier ist die Rede von Inklusion (siehe »Geregelte Grundlagen«, S. 17).
Letztlich gilt jedoch für diese technischen Regelwerke, dass über ihre Anwendung im Einzelfall zu entscheiden ist.

Dabei wird die Zielvorgabe »barrierefrei« oft nicht den Anforderungen aller Personengruppen gerecht. Rollstuhlnutzer und gehbehinderte Personen empfinden völlig ebene, griffige Oberflächen ohne Kanten und Absätze als optimal befahr- und

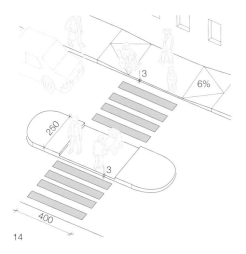

13 Wechsel in der Oberflächenbeschaffenheit eines durchgängig mit Kleinsteinpflaster versehenen Platzes in Rom (I), um Hauptverbindungen z. B. für Rollstuhlfahrer besser nutzbar zu machen und gleichzeitig taktile Orientierungsmöglichkeiten zu bieten.

14 Dimensionierungen im Bereich von Fußgängerüberwegen mit Verkehrsinseln

begehbar, während Blinde im Straßenverkehr für ein sicheres Bewegen möglichst deutliche, tastbare Hinweise benötigen. Die empfohlenen 3 cm hohen Schwellen zur Bereichstrennung, die in der Regel für Blinde noch ausreichen, weil sie taktil erfassbar sind, kann der Rollstuhl gerade noch überwinden. Mit einem Gehwagen werden diese Kanten häufig schon problematisch. Wer einmal beispielsweise einen Sportunfall erlitten hat, kann sich leicht vergegenwärtigen, dass er selbst zum Kreis der Betroffenen gehören kann. Gezielte Maßnahmen im öffentlichen Raum stellen so für größere Kreise der Bevölkerung »Barrierefreiheit« her. Dieser Begriff meint also lediglich vordergründig »rollstuhlgeeignet«, bezieht vielmehr aber alle Arten von Einschränkungen mit ein.

Die genannten baulichen Anlagen sowie die Zugänge zu öffentlichen Verkehrsmitteln sollten für jeden Menschen barrierefrei nutzbar sein. Dies wiederum bedeutet, die Nutzer sollen in der Lage sein, sich von fremder Hilfe weitgehend unabhängig zu bewegen. Dies gilt insbesondere für:

· Menschen mit motorischen Einschränkungen
· gehbehinderte Menschen
· Rollstuhlbenutzer, auch mit Oberkörperbehinderung
· Nutzer von Mobilitätshilfen (z. B. Gehwagen, Krücken, Stöcke)

· Menschen mit kognitiven Einschränkungen
· Menschen mit Sehbehinderung, also Blinde sowie Personen mit eingeschränktem Sehvermögen
· Menschen mit Hörbehinderung, also Gehörlose sowie Personen mit eingeschränktem Hörvermögen
· Menschen mit sonstigen Behinderungen (z. B. Rheuma, Diabetes)
· ältere Menschen
· Kinder
· klein- und großwüchsige Menschen
· Personen mit Kinderwagen oder Gepäck

Bewegungsflächen im öffentlichen Raum
Barrierefreiheit umfasst die zusätzlich zur üblichen Bewegungsfläche notwendigen Flächen. Man geht davon aus, dass sich hier Menschen z. B. in Rollstühlen, mit Kinderwagen, mit Krücken oder auch mit vergrößertem Platzbedarf, etwa durch Koffer, begegnen können. Auch Raum für Richtungsänderungen muss vorhanden sein. Für den öffentlichen Raum gibt es für Bewegungsflächen unterschiedliche Maßempfehlungen. Beispielsweise gilt für Verweilflächen auf Fahrbahnteilern eine Größe von 400 × 250 cm, für Verweilflächen auf Fußgängerüberwegen 300 × 200 cm (Abb. 14). Die Überlegungen zum Platzbedarf von Rollstuhlfahrern liegen hier zugrunde. Bei vielen Anlässen werden Richtungsänderungen um mehr als 90°

und somit ein Rangiervorgang nötig. Solche Bewegungen erfordern oft mehr Platz, sodass die Bewegungsfläche als Quadrat definiert wird, in einer Fläche von 150 × 150 cm. Diese planerischen Quadrate sind als Verweilplatz beispielsweise aber auch an folgenden Stellen nötig:
· als Wendemöglichkeit
· am Anfang und Ende einer Rampe
· vor Durchgängen, Kassen, Kontrollen
· vor Bedienelementen
· vor und neben Ruhebänken
· vor Dienstleistungsautomaten, Briefeinwürfen, Ruf- und Sprechanlagen

Begegnungsflächen im öffentlichen Raum
Ein zügiges Ausweichen mit dem Rollstuhl oder dem Gehwagen ist normalerweise auf einer Begegnungsfläche von 200 × 250 cm möglich. Diese wird durch den meist herrschenden Platzmangel allerdings in der Praxis oft nicht erreicht. Stets ist sorgfältig zu prüfen, wie sich Gefährdungen bei Begegnungsverkehr vermeiden lassen. Verkehrszeichen sollten an Anfang und Ende von Engstellen auf das Problem aufmerksam machen, möglichst indem sie eine barrierefreie Umwegung aufzeigen.

Oberflächenbeschaffenheit
Die Griffigkeit des Untergrunds ist eine der Voraussetzungen für die Befahrbarkeit und die komfortable Begehbarkeit bei jeder Witterung. Je glatter der Bodenbelag, umso leichter lässt er sich mit einem Rollstuhl befahren. Zugleich muss er aber auch rau genug sein, um ausreichende Rutschsicherheit für andere Verkehrsteilnehmer zu gewährleisten. Ebenso gilt, dass Fugenanteile möglichst gering und Fugen flächeneben verfüllt sein sollten. Insbesondere bei einem Belagwechsel, bei der Erneuerung von Belägen und bei Ausbesserungsarbeiten ist auf eine fach- und sachgerechte Ausführung zu achten, damit keine Stolperschwellen entstehen.

T2: Richtungsfeld, Empfehlungen innerhalb und außerhalb von Gebäuden [3]

Abmessungen	Maße [mm] (Toleranz ± 0,5 mm)		
	Maßbereich	empfohlen im Gebäude/ Innenbereich	empfohlen im Außenbereich
a Abstand der Scheitelpunkte benachbarter Rippen	25–60	25–60	30–50
b Rippenbreite (an der Messebene)	5–20	5–10	5–15
c waagrechter Abstand der Rippen (in Messebene)	20–50	20–50	25–40
h Rippenhöhe (Basis bis Oberkante)	3–5	3–4	5

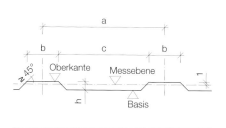

15a

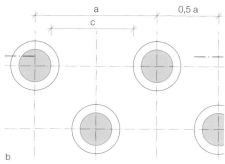

b

Taktil unterscheidbare Oberflächen erzeugen beim Überstreichen mit dem Blindenstock deutlich spür- und hörbare Signale und ermöglichen so die Orientierung. Für Kinder, alte und sehbehinderte Menschen ist wichtig, dass Geh- und Radweg optisch kontrastierend sind. Als Bereichstrennung bis heute weit verbreitet ist der 3 cm hohe, noch tastbare Längsabsatz. Dieser stellt aber u.a. für Radfahrer ein Gefahrenpotential dar. Bevorzugt sollten die Flächen von Geh- und Radwegen durch Hell-Dunkel- oder farbliche sowie durch taktile Kontraste deutlich unterscheidbar sein. Gerade in turbulenten Innenstadtbereichen kommt es immer wieder zu vermeidbaren Kollisionen von Fußgängern und Radfahrern – diese gilt es auch baulich zu entschärfen. Ein Hindernis für Rollstuhlfahrer und Gehbehinderte können auch gepflasterte oder betonierte Rinnen darstellen, die Wasser zwischen Fahrbahn und Gehweg führen und diese gegeneinander abgrenzen. Die Tiefe dieser Rinnen sollte das technische Mindestmaß von maximal 1/30 der Breite nicht übersteigen, da sonst Stolperfallen entstehen können. Insbesondere für blinde und sehbehinderte Menschen spielt das Oberflächenmaterial eine wichtige Rolle bei der Orientierung. Sogenannte Aufmerksamkeitsfelder sind beispielsweise ein taktil kontrastreich abgesetztes Feld im Bodenbelag

und die Orientierung unterstützende Details (Abb. 16 und 17). Aufmerksamkeitsfelder im Verlauf von Gehflächen müssen bei Fußgängerüberwegen, Fahrtreppen und Aufzügen sowie Haltestellen (ÖPNV) hinweisen auf :
· Niveauwechsel (z.B. Treppen)
· Anfang, Ende oder Verzweigung von Leitstreifen
· seitlich gelegene Haltestellen
· Bahnübergänge
· Informationssysteme für Blinde und Sehbehinderte
Aufmerksamkeitsfelder müssen eine Tiefe von mindestens 90 cm (bei einer schwingenden Ausführung in Metall mindestens 75 cm) aufweisen und über die gesamte Gehspurbreite des Überwegs oder der Treppe reichen. Führen Leitstreifen zu einem Aufmerksamkeitsfeld, reicht ein Quadrat von 90 × 90 cm aus. Leitstreifen selbst bestehen aus Bodenindikatoren, die den Verlauf eines Wegs kennzeichnen. Das Längsprofil (Rillen von 10–20 mm) muss immer in Gehrichtung weisen. Leitstreifen sind in einer Breite von 25–60 cm auszuführen [3]. Diese Rillenplatten mit vertieften sinuswellenförmigen Einfräsungen bewähren sich in der Praxis allerdings weniger als leicht ertastbare, erhabene Rippen- oder Noppenstrukturen, die bei entsprechendem Abstand der Erhebungen auch mit den Füßen wahrnehmbar sind (Abb. 15a, b).

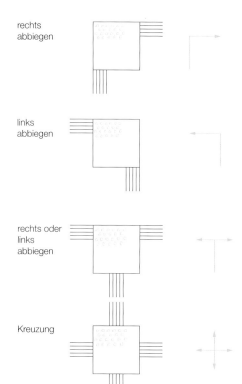

rechts abbiegen

links abbiegen

rechts oder links abbiegen

Kreuzung

16

17

T3: Aufmerksamkeitsfeld, Empfehlungen innerhalb und außerhalb von Gebäuden [3]

Abmessungen		Maße [mm] (Toleranz ± 0,5 mm)		
		Maßbereich	empfohlen im Gebäude/ Innenbereich	empfohlen im Außenbereich
a	Abstand der Scheitelpunkte benachbarter Noppen	50–75	50–75	50–75
b	Noppenbreite bzw. Durchmesser (in Messebene)	15–30	15–30	15–30
c	Abstand der Noppen (in Messebene, parallel zum Plattenrand gemessen)	mind. 35	mind. 35	mind. 35
h	Noppenhöhe (Basis bis Oberkante)	2–4	3–4	5

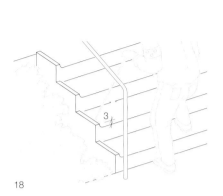

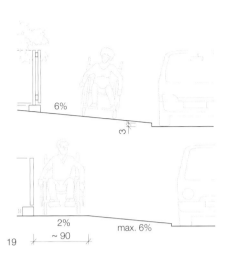

18 19 20

Aufmerksamkeitsfelder sollten möglichst dort platziert sein, wo sensorisch eingeschränkten Personen Richtungsänderungen vermittelt werden sollen. Durch ein Mobilitätstraining haben viele sehbehinderte Menschen konkrete Vorstellungen von der Lage wichtiger Orte und Einrichtungen. Zudem experimentieren immer mehr Städte mit unterschiedlichen Bodenbelägen als Leitlinien für sinnesbehinderte Personen, um sie so zu wichtigen Gebäuden und Einrichtungen zu lotsen. Weitere Möglichkeiten bieten Signalgeber im Straßen- bzw. Wegebelag, die durch Radio Frequency Identification Chips (RFID-Chips) Signale an einen zusätzlichen Empfänger im Blindenstock senden und so nicht nur den Weg an sich begleiten, sondern ggf. auf Gefahren hinweisen können.

Neigungen und Steigungen
Meist stellen Höhenunterschiede besondere Herausforderungen für viele Verkehrsteilnehmer dar. Deshalb gilt ein besonderes Augenmerk der barrierefreien Planung einer angemessenen Anlage von Neigungen und Steigungen bei Wegen und Plätzen. Besonders Nutzern von handbetriebenen Rollstühlen bereiten Steigungen von mehr als 3 % Probleme. Im Bereich von Grundstückszufahrten gilt eine Neigung von 6 % als zumutbare Obergrenze. Sind stärkere Gefälle wegen der topografischen Lage nicht vermeidbar, sollen geeignete, ausgeschilderte Umwegungen oder andere Alternativen bestehen (Abb. 19).

Treppen und Rolltreppen
Auch Ausstattungselemente unterstützen sinnvoll die Herstellung von Barrierefreiheit. Hierzu gehören beispielsweise Aufzüge und Rolltreppen, Orientierungshilfen oder Poller. Zugang zu unterschiedlichen Ebenen ist über verschiedene Hilfsmittel möglich. Bei Treppen kommt dem Handlauf wichtige Bedeutung zu. Bei Treppen-

läufen mit mehr als drei Stufen sollen die erste und die letzte Trittstufe optisch kontrastierend markiert sein, andernfalls jede Stufe. Anfang und Ende des Treppenlaufs werden rechtzeitig und deutlich erkennbar gemacht, beispielsweise durch taktile Kennzeichnung an den Handläufen. Auch an die Tastbarkeit der Stufenenden mit dem Langstock ist zu denken, um Blinden beim Treppengehen eine bessere Orientierung zu ermöglichen. Hilfreich für die Betroffenen ist eine insgesamt einheitliche Leitsystematik innerhalb eines Gemeindegebiets mit den gleichen Elementen, z.B. Rillenplatten. Auskunft darüber, welche Elemente und Formen vor Ort eingesetzt werden, können die Blindenverbände geben. Diese Systeme sollte man konsequent durchhalten.
Rolltreppen fahren oft mit einer für Behinderte zu hohen Geschwindigkeit, die das Betreten und Verlassen der Treppe erschwert. Hier wird ein Wert von maximal 0,5 m/s anerkannt. Zudem birgt ein zu hoher Steigungswinkel die Gefahr des Kippens. Er sollte daher 30° nicht überschreiten.

Grünanlagen, Trainingsplätze und Spielplätze
Beliebte und dringend erforderliche innerstädtische Freizeit- und Erholungsräume erhalten in jüngster Zeit zusätzliche Aufmerksamkeit. Nicht nur Kinder sollen angesprochen werden, auch ältere Bürger sind eingeladen, sich spielerisch zu bewegen und dabei auch zu kommunizieren. Hier sind unterschiedliche Gestaltungs- und Nutzungskonzeptionen von Bedeutung. Einige Grundlagen betreffen alle Zielgruppen: Die barrierefreie Nutzung beginnt bereits mit einer angemessenen Zuwegung. Insbesondere für sehbehinderte Menschen werden tastbare Orientierungskanten, Aufmerksamkeitsfelder und eine farblich abgegrenzte Wegeführung eingesetzt. Übersichtspläne mit

Wegeverläufen, Haltestellen des Öffentlichen Personennahverkehrs (ÖPNV), Notrufsäulen, Toilettenanlagen, eventuell auch als Reliefplan, stehen zur Verfügung. Notrufsäulen vermitteln ein Gefühl der Sicherheit.
Zu Parks, Spielplätzen und anderen Grünanlagen gehören Absturzsicherungen an Wegen in seitlich abfallendem Gelände, die ebenfalls durch dichte Bepflanzung erreicht werden können. Für Wege in Grünanlagen gilt eine Neigung von 4 %, ohne ein Zwischenschalten horizontaler Ruheflächen, als zumutbar. An Bänken sollen Rollstuhlnutzer und Nichtbehinderte nebeneinander sitzen können, um zu kommunizieren.
Bei der Planung von Spielplätzen ist nicht nur auf die barrierefreie Erreichbarkeit dieser Orte sowie auf geeignete Verbindungswege und eine Infrastruktur mit öffentlicher Toilette zu achten. Auch die Spielgeräte müssen barrierefrei sein, d.h. für alle Menschen nutzbar, was soziale Dimensionen hat. Besonders der höhere Platzbedarf, sprich die Bewegungsfläche für Rollstuhlnutzer, ist zu berücksichtigen. Zusätzlich besteht die Notwendigkeit von Umsetzflächen: Dies ist der erforderliche Platz beim Wechsel vom Rollstuhl zum Spielgerät. Bei Richtungsänderungen oder beim Aufenthalt an Geräten sind Grundflächen von 150 × 150 cm nötig. Hineinragende Teile dürfen diese nicht einschränken.

15 Noppenplatte als Aufmerksamkeitsfeld [3]
    a Schnitt
    b Draufsicht
16 Eine quadratische Fläche aus Bodenindikatoren mit Noppen oder Rautenstruktur weist auf Abzweigungen und Verzweigungen im Leitstreifen hin. [3]
17 Rillenplatte als Richtungsfeld [3]
18 Hilfreich bei seitlich offenen Trittstufen ist eine 3 cm hohe Aufkantung.
19 Dimensionierung von Gehsteigneigungen
20 Die gleichmäßige blend- und schattenfreie Ausleuchtung unterstützt die Orientierbarkeit und Sicherheit. Straßenbahnhaltestelle Sergio Cardell, Alicante (E) 2007, Subarquitectura

21

Sind Bewegungsflächen für Rollstuhlfahrer erhöht, so müssen bei einem Höhenunterschied bis 15 cm Radabweiser angebracht sein. Ab 15 cm werden zudem ein Handlauf sowie ein Geländer erforderlich und ab einem Meter Höhe ersetzt eine Brüstung das Geländer. Da es in der Nähe von Spielgeräten leicht zu Unfällen kommen kann, müssen die Gestalter Orientierungshilfen einbauen, die etwa Menschen mit Sehbehinderung vor einer Schaukel warnen und das Spielgerät selbst entsprechend sichern. Das relevante Maß ist hier die potenzielle Absturzhöhe; nach ihr richtet sich die erforderliche Sicherungsmaßnahme. Die Hilfen müssen mindestens zwei Sinne ansprechen.
Viele Spielgeräte erfordern durch ihre Aktions- bzw. mögliche Absturzhöhe eine sturzdämpfende Umgebung. Bei geringeren Fallhöhen bis maximal 60 cm reicht der oft vorhandene Beton- oder Steinboden, während bei Höhen von 1,5 m eine weichere Rasenfläche vorhanden sein muss. In Schaukelbereichen, aber auch bei den immer häufiger vorkommenden Klettergerüsten oder -felsen ist Holz ein geeignetes Material, um mögliche Stürze abzufangen. Holzschnitzel, Rindenmulch, genauso wie Sand oder Kies, eignen sich für Fallhöhen bis zu drei Metern, was eine Schichtdicke von 20 cm und mehr voraussetzt. Synthetische Materialien können ebenfalls als Fallschutz dienen. Jedes Gerät benötigt zudem seinen speziellen Fallraum, der frei von Hindernissen sein muss. Bei einer Absturzhöhe von 1,5 m muss diese Fläche genauso breit angelegt sein. Proportional zur Fallhöhe steigen die Anforderungen. Bei Rutschen ist das obere Ende abzusichern; im Auslauf muss der Benutzer der Rutsche zum Stillstand kommen. Karussells müssen so konstruiert sein, dass die Böden schwellenfrei anfahrbar sind und eine Sicherung für Rollstühle entgegen der Fliehkraft garantiert ist.

Die Diskussion um Aktivität und Mobilität im Alter gewinnt in der in sich sehr heterogenen Generation der Senioren bzw. der älteren Erwachsenen an Bedeutung. In Wandergruppen, im Sportverein und bei Individualsportarten sind Senioren aktiv und erfahren Selbstbestätigung. Doch wie verhält es sich damit außerhalb organisierter Freizeitgestaltung? Diese ist für ältere Menschen rar und oft bleibt als einzige Möglichkeit ein Spaziergang durch den Park. Dabei zeigen zahlreiche Untersuchungen, dass sich gezielt betriebener Sport gerade im höheren Alter auszahlt. Wer regelmäßig körperlich aktiv ist, verhindert vorbeugend das Auftreten von Krankheiten und verbessert sein Wohlbefinden nachhaltig. Die Freude an der Bewegung mit anderen Menschen trägt auch dazu bei, der Alterseinsamkeit entgegenzuwirken. Sport hält den Alterungsprozess natürlich nicht auf, beeinflusst die alterstypischen Veränderungen aber günstig. Der Mangel an Bewegung ist ein großer Risikofaktor: Er führt zu Unselbstständigkeit und schränkt geistige und körperliche Fitness ein. Viele Menschen sind im Grunde unzufrieden mit ihrem Mangel an Bewegung, bekommen aber auch zu wenig Angebote in ihrer Umgebung oder in ihrem Wohnumfeld.
Ein spezieller »Spielplatz« für ältere Menschen könnte aber gewissermaßen als Trainings- und Kommunikationsplatz dienen. Es steht dabei weniger der Leistungsgedanke im Vordergrund als der Aspekt Beweglichkeit.
Eine Pioniernation auf diesem Gebiet ist Finnland: Eine Studie der Universität Lappland ließ 65- bis 81-jährige Testpersonen Klettergerüste und Sprossenleitern auf öffentlichen Spielplätzen nutzen. Hierdurch verbesserten sich Gelenkigkeit, Schnelligkeit und die Fähigkeit zur Koordination deutlich.
Es gibt bereits einige Modelle eines generationenübergreifenden Sich-Bewe-

gens, also für Jung und Alt; räumlich getrennte Anlagen, in denen es deutlich ruhiger zugeht als in Bereichen mit Kindern, bieten eine weitere Chance.
Eine derartige Einrichtung kann stärker an die Bedürfnisse älterer Menschen angepasst sein. Größere Parks bieten die Möglichkeit, Freizeitgelände für jüngere und ältere Menschen in der Nachbarschaft unterzubringen. Folgende Angebote könnten auf einem Trainingsplatz für Senioren gut angenommen werden:
· Außenkegelbahn
· Mini-Golfanlage
· Freiluft-Schachfeld
· Bahnen zum Eisstockschießen
· Boccia- oder Bouleplatz
· Basketballkorb
· Beachvolleyballfeld
· Tischtennisplatte

Bisher werden Laufstrecken gut frequentiert, einen regelrechten Boom erlebte Nordic Walking, teils sogar auf speziell ausgeschilderten Parcours mit Hindernissen und Übungen. Bedarf hingegen besteht bei Bewegungsformen, die Kraft und Geschicklichkeit fördern. Innovative Geräthersteller haben diese Lücke erkannt und bieten neuerdings für die Außenbereiche Geräte an, wie sie teils auch in Fitnessstudios vorhanden sind. Dazu gehören spezielle Beintrainer oder Balance-Podeste. Mit Begeisterung angenommen wird das Zielwerfen auf Körbe von wackelnden Standflächen aus, dem Basketball nachempfunden. An all diesen Geräten sollten Übungsanleitungen Hinweise zur Benutzung und zum Sinn des Geräts geben. Aus China kennt man öffentlich zugängliche Geräte, die auf Grundlage traditioneller asiatischer Bewegungstherapien entwickelt wurden, etwa Tai Chi und Qi Gong.
Verschiedene Stellen des Gesamtgeländes könnten Kneippbecken und Fußerlebnispfade aufnehmen. Wie bei Kinder-

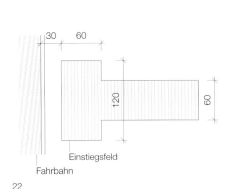

Einstiegsfeld
Fahrbahn

22

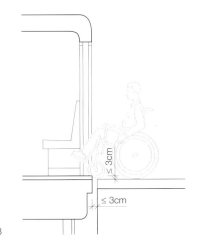

23

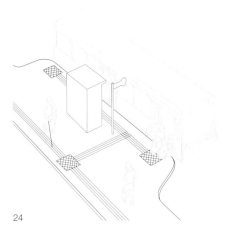

24

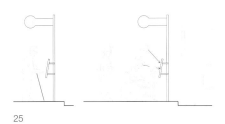

25

spielplätzen sind natürlich auch Geräte und Spielangebote vorzusehen, welche die Bedürfnisse von Menschen mit Behinderung berücksichtigen. Eine weitere Zielgruppe für solche Anlagen wären die Hochbetagten, die nunmehr nicht nur Zuschauer wären. Duftgärten oder Rollstuhlparcours sind nur zwei von vielen Ideen, die älteren Menschen zusätzliche Lebensqualität ermöglichen würden. Eine entsprechend konzeptionierte »Freizeitoase« würde durch die Angebote und Aktivitäten von Vereinen und Bildungsträgern bespielt, beispielsweise durch Tai-Chi-Kurse und ähnliches. Bei der Platzierung dieser Anlagen müssen verschiedene Voraussetzungen gegeben sein: ausreichende Verschattung, gute Erreichbarkeit sowie genügend Platz. Das Sicherheitsbedürfnis älterer Menschen ist ein ernst zu nehmender Punkt. Ein Balanceakt in der Planung ist die Verbindung von guter Einsehbarkeit des Geländes und der Vermeidung der Zurschaustellung trainierender Senioren.
Ein gewisser Schutz vor Vandalismus sollte ebenso gegeben sein wie Sicherheit vor Überfällen.
Den kommunikativen Aspekt dieser Anlagen können gastronomische Angebote unterstützen: Ein Grillplatz bietet sich für die Organisation individueller Treffen an. Ein Kiosk mit ein paar Tischen könnte reizvoll für Kartenspieler sein. Eine bereits vorhandene Gastronomie mit Toilettenanlage wäre ein idealer Anknüpfungspunkt einer neu zu installierenden Freizeitanlage für Senioren.

Öffentliche Verkehrsmittel

Technisch bereitet Barrierefreiheit bei der Benutzung öffentlicher Verkehrsmittel keine Hindernisse mehr, da in den Städten und zunehmend auch auf dem Land Nahverkehrsbusse mit Niederflurtechnik zum Einsatz kommen. Das bedeutet, dass durch konstruktive Maßnahmen der

Fahrzeugboden knapp über dem Straßenniveau angeordnet und die verbleibende Höhendifferenz mit angemessenen technischen Mitteln überwunden wird. Hublifte und ausfahrbare Rampen sowie das seitliche Neigen des gesamten Fahrzeugs erleichtern den barrierefreien Personentransport.
Unabhängig vom Problem durch Spalten und Stufen an den Verkehrsmitteln muss zunächst die barrierefreie Erreichbarkeit von Einstiegsstellen gewährleistet sein. Von den vielen Bahnhöfen in Deutschland weisen nur wenige stufenlos begehbare Bahnsteige auf. Dies ist nicht nur für Rollstuhlfahrer und Sehbehinderte ein Problem, sondern auch für Eltern mit Kinderwagen oder Radfahrer, besonders mit Gepäck. Oft bewirken erst größere städtische Bauprojekte die Freigabe von Geldmitteln für den barrierefreien Umbau von Bahnhöfen.
Um die Kundenorientierung zu verbessern und deren Zufriedenheit zu erhöhen, reagieren viele Unternehmen im Bereich des ÖPNV, indem sie Busse und Haltestellen barrierefrei umrüsten. Dazu haben nicht zuletzt die aus den Behindertengleichstellungsgesetzen resultierenden Anforderungen beigetragen. Grundsätzlich geht es darum, den Ein- und Aussteigevorgang zu erleichtern und damit auch den Busverkehr schneller, sicherer und ökonomischer zu machen. Eine besondere Rolle kommt dem Spalt zwischen Bus und Bussteig zu. Ist der Abstand zu groß, führt dies zu Komplikationen oder gar zu Verletzungen. Als erstrebenswertes Maß für diesen Abstand gelten 3 cm, sowohl in der Waagerechten als auch in der Senkrechten. Innovative Systeme in der Fahrzeugkonstruktion bewirken ein »Kneeling«, der Bus kann sich etwas absenken und zur Seite neigen. Viele Bushaltestellen sind zu niedrig, was bedeutet, dass die Höhendifferenz zum Fahrzeugboden zu groß ist. Eine erforder-

21 Glastüren trennen den Bahnsteig vom Gleis; sie öffnen sich synchron mit den Türen des Zuges, sobald er in die Station eingefahren ist. U-Bahnstation »Islands Brygge« Kopenhagen (DK) 2003, KHR arkitekter
22 Fläche aus Bodenindikatoren mit Rippenstruktur zur Markierung des Ortes für den Einstieg in Verkehrsmittel [3]
23 Bahnsteige und Haltestellen sollen so ausgebildet sein, dass die Höhendifferenz wie auch der Abstand zum Fahrzeuginnern max. 3 cm beträgt.
24 Bodenindikatoren im Bereich einer Bushaltestelle
25 Informationshinweise i. H. v. 85–105 cm, die ergänzend auch in tastbarer Brailleschrift angebracht werden sollen

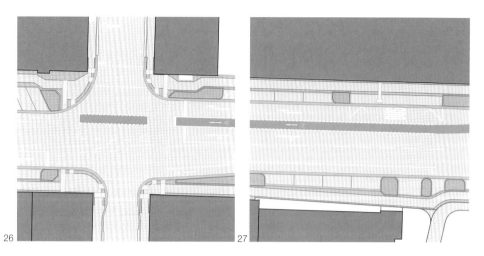

26

27

liche Geländeanhebung und damit verbundene Auf- und Abfahrtsrampen verringern den Höhenunterschied. Die Anfahrtsfläche sollte möglichst abgeschrägt und gleichzeitig glatt sein.

Weitere Maßnahmen betreffen Leiteinrichtungen für Sehbehinderte und Blinde. Ein taktiles Leitsystem, wie beispielsweise Rillenplatten, soll diese Gruppen vom Gehweg bis zum Einstieg an der vorderen Tür des Busses führen. Auf Höhe der vorderen Bustür wird ein Aufmerksamkeitsfeld bis zum Bordstein eingerichtet (S. 47, Abb. 22–25).

Fußgängerüberwege
Furten mit Lichtsignalanlagen gelten ebenfalls als wichtiges Element in der barrierefreien Planung innerhalb einer Kommune. Hier ergeben sich Konflikte aus der Leistungsfähigkeit der Straße, sprich dem Verkehrsaufkommen, und der

körperlichen Leistungsfähigkeit anderer Verkehrsteilnehmer, welche die Straße bei grüner Ampel überqueren (S. 43, Abb. 14). Für Fußgänger nimmt man dabei eine Geschwindigkeit von 1 m/s an, die sie wegen des motorisierten Verkehrsflusses nicht unterschreiten dürfen. Eine Mittelinsel bei breiteren Straßen ermöglicht es, die Grünphase teilen zu können. Die planerische Seite muss hier gezielt abwägen.

Unterschiedlichste Modelle entwickeln sich aus dem Zielkonflikt, der zwischen mobilitätseingeschränkten und blinden Menschen zu lösen ist: Was für den einen als schwierig zu bewältigende Barriere gilt, ist für den anderen sicherheitsrelevante Orientierungskante. Neben dem unbefriedigenden Kompromiss der 3 cm hohen Bordsteinkante, welche den immanent widersprüchlichen Anforderungen blinder und mobilitätseingeschränkter

barrierefreier Ausbau Innstraße Rosenheim, Tiefbauamt Stadt Rosenheim, Ing. Büro ROPLAN Rosenheim
26 Kombination Überweg mit Nullabsenkung für mobilitätseingeschränkte Personen und Überweg mit Bordstein für sehbehinderte Fußgänger
27 Bushaltestelle
28 Detail kombinierter Übergang
  a Straße
  b Rollstuhlfahrer
  c Sehbehinderte
  d Gehweg
  e Grünfläche
  f Kopfsteinpflaster
  g Gebäude

29 getrennte Querungsstellen schematisch [3]
30 Bodenindikatoren, Leitsystem, Rom (I). Die Rillenplatten werden lediglich ca. 100 cm weitergeführt, sofern keine Gefahrenquellen oder Abzweigungen zu erwarten sind. Als natürliche Orientierungshilfe dient in diesen Übergangsbereichen die Bordsteinkante.
31 Dimensionierungen von Längsparkplätzen
32 Dimensionierung von barrierefreien Stellplätzen

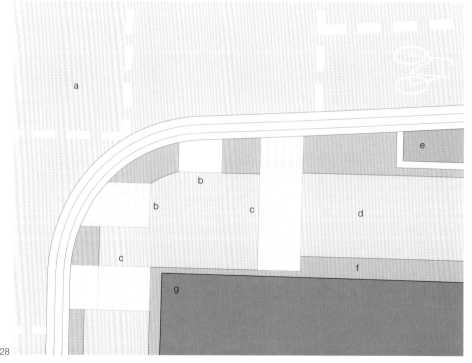

28

29

30

Menschen genügen soll, stehen zwei weitere Ansätze zur Diskussion: die nach Benutzergruppen getrennten Querungsstellen und die Modifizierung der gemeinsam genutzten Passage. Das bedeutet, eine Absenkung auf Straßenniveau (Nullabsenkung) wird kombiniert mit einem taktil erfassbaren Randstreifen, der auf die Gefahrenstelle aufmerksam macht. Wichtigster Aspekt dürfte die Durchgängigkeit des Systems sein. Eine Kommune sollte eine Lösung konsequent umsetzen. Dies erleichtert auch Gästen die Erschließung eines für sie unbekannten Orts (Abb. 26–28).

Barrierefreie Parkplätze
Wie bereits am Beispiel der Parks und Spielplätze angemerkt, empfiehlt sich grundsätzlich die barrierefreie Anbindung an den ÖPNV sowohl bei öffentlich zugänglichen Gebäuden als auch bei Wohngebäuden.
Bei der individuellen Anreise mit dem Auto sollten barrierefreie Parkplätze vorhanden sein. Für deren Anlage gelten spezielle Empfehlungen, insbesondere bei längs an Straßen platzierten Parkflächen. Diese sind in der Regel mindestens 2 m breit und 5 m lang; das Ein- und Aussteigen der Fahrer findet auf der Fahrbahn statt. Selbstfahrer mit Rollstuhl oder Krücken sind durch den höheren Zeitbedarf länger der Gefährdung durch den fließenden Verkehr ausgesetzt. Daher sind solche Längsparkplätze nur in Straßen mit geringem Verkehrsaufkommen barrierefrei nutzbar. In Einbahnstraßen kann der Fahrer hingegen auf der linken, d. h. der dem Verkehr abgewandten Seite ein- und aussteigen. Bordsteinabsenkungen erleichtern die Nutzung von Krücken, dabei sollte wegen der Tastbarkeit des Fahrbahnrands durch Blinde und Sehbehinderte ein 3 cm hoher Absatz zum Stellplatz hin verbleiben. An stärker belasteten Straßen mit Gegenverkehr sollten bar-

rierefreie Längsparkbuchten auf insgesamt 7,5 m ausgelegt und entsprechend verbreitert werden, um ein gefahrloses Agieren zu ermöglichen. Der Fahrer kann so mit seinem Rollstuhl vor oder hinter dem Fahrzeug zum Gehsteig gelangen (Abb. 31).
Bei senkrecht zur Straße angelegten Parkplätzen gilt als Bewegungsfläche wiederum ein Maß von 150 × 150 cm. Hierdurch ergibt sich eine erforderliche Gesamtabstellbreite von 350 cm. Es kann eventuell Fläche gespart werden, indem man nur eine Bewegungsfläche für zwei nebeneinanderliegende Behindertenstellplätze vorsieht. Daraus resultiert ein Maß von 5,5 m Breite für zwei Stellplätze. Diese gemeinsame Nutzung der Bewegungsfläche entsteht allerdings nicht selbstverständlich, da nicht klar ist, wer das zusätzliche Flächenangebot braucht: Fahrer oder Beifahrer – in einem rückwärts oder vorwärts einparkenden Fahrzeug? Ein Hinweis auf der ohnehin erforderlichen Stellplatzmarkierung könnte darauf aufmerksam machen, dass die zur Verfügung stehende Fläche zwischen den beiden Parkplätzen freizuhalten ist.
In der Nähe von Haupteingängen ist ein Stellplatz für einen Kleinbus vorzusehen. Für diese besonderen Fahrzeuge, bei denen Ein- und Ausstieg mit dem Rollstuhl beispielsweise über eine Hecktür oder seitlich erfolgen, gibt es besondere maßliche Festlegungen von 250 × 750 × 350 cm (Höhe × Länge × Breite).
Bei öffentlich zugänglichen Gebäuden ermöglicht dem Fahrer gewöhnlich eine Anfahrtszone, die Gäste unmittelbar vor dem Eingang aus- oder zusteigen zu lassen – um dann das Fahrzeug an einer entfernteren Stelle zu parken.
In Parkhäusern und Tiefgaragen sollten rollstuhlgerechte Stellplätze in der Nähe von Aufzügen liegen, bei allen anderen Gebäuden unmittelbar am Haupteingang, da Rollstuhlnutzer aufgrund ihrer gerin-

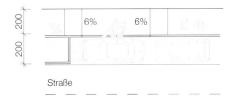

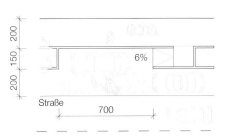

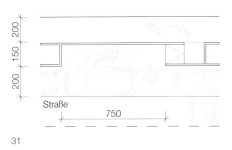

31

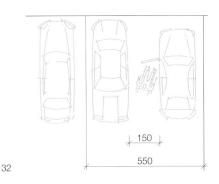

32

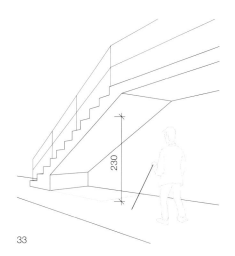

33

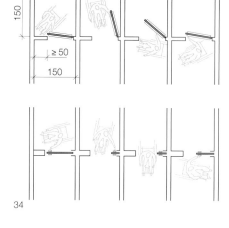

34

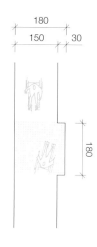

35

gen Höhe besonders gefährdet sind, etwa durch Autos auf Parkplatzsuche. Unterschiedliche Gesetze und Verordnungen regeln die Anzahl der Pkw-Stellplätze in Abhängigkeit von der Nutzung der baulichen Anlage und vom Stellplatzkonzept der Kommune.

Stufenlose Erreichbarkeit, Eingänge und Türen

Das Führen eines selbstbestimmten Lebens stärkt das Selbstbewusstsein und macht unabhängig. Sowohl im öffentlichen wie auch im Bereich des Wohnens müssen dafür die baulichen und technischen Voraussetzungen geschaffen werden. Dazu gehört auch die technische Nachrüstung bestehender baulicher Anlagen. Vor allem künftige Planungen müssen verstärkt die Belange älterer und behinderter Menschen berücksichtigen. Der Architekt stellt die ersten Weichen für die barrierefreie Konzeption eines Gebäudes: Beinhaltet der Entwurf von Beginn an die gesellschaftlich und gesetzlich geforderten Belange, so finden sich kostengünstige oder -neutrale Lösungen.

Wegeführung zum Haupteingang
Die vorbildlich barrierefreie Ausstattung eines Gebäudes kann sinnlos sein, wenn eine entsprechende Erschließung nicht gewährleistet ist. Die Beziehung zwischen öffentlicher Verkehrsfläche und Gebäudezugang erhält damit eine grundsätzliche Bedeutung. Bei jedem Wetter, zu jeder Jahreszeit muss die äußere Infrastruktur funktionieren.
Die Qualität von Gehwegen im Freien hin zum Haupteingang zeigt sich in erster Linie in deren Nutzbarkeit für Personen mit Rollstuhl oder Gehhilfe. Neben der ausreichenden Breite von 150 cm muss nach höchstens 18 m Länge eine Fläche von 180 × 180 cm zur Begegnung von Personen mit Rollstühlen oder Gehhilfen zur Verfügung stehen. Bei der Bewälti-

gung von geneigten Wegen stoßen behinderte oder alte Menschen an die Grenzen ihrer Kräfte. Die zulässige Neigung in Prozent beschreibt das Verhältnis der zu überwindenden Höhendifferenz in cm pro 100 cm horizontaler Weglänge: Das Längsgefälle darf 3 % nicht überschreiten. Häufig ist eine Querneigung zur Abführung des Oberflächenwassers unvermeidbar; diese darf maximal 2,5 % betragen. Bei kürzeren Wegen, unter 10 m, gilt eine Längsneigung von 4 % als Grenzwert. Bodenbeläge im Freien müssen zur gefahrlosen Nutzung mit dem Rollstuhl leicht befahrbar sein ohne Erschütterungen des Nutzers hervorzurufen. Sie benötigen eine feste und ebene Oberfläche. Hauptwege, etwa zu Hauseingang und Garage, müssen auch bei ungünstiger Witterung ohne Risiko befahrbar sein. Wassergebundene Decken und Platten mit griffigen Oberflächen sind ideal, Kies scheidet naturgemäß für Rollstuhlfahrer ebenso aus wie Rasen oder Rasengittersteine. Auch bei Pflasterung können durch zu große Fugen Probleme entstehen; Gitterroste sind für ältere und besonders für Menschen mit Gehhilfen weniger geeignet.
Einige Kommunen bieten zur Erleichterung der Orientierung im Straßenraum übergeordnete Leitsysteme an. Dies geschieht unter anderem auf Basis von Aufmerksamkeitsfeldern im Gehwegbelag und mit Hilfe technischer Innovationen, wie Navigationsangebote via Mobiltelefon. Solche Angebote beziehen sich zunächst meist auf die kommunale Infrastruktur wie Tourist-Information, Bahnhof, Rathaus. Wie sich das Gebäude selbst präsentiert, wie es tatsächlich auffindbar wird, bleibt dem Nutzer oder dem Eigner überlassen.

Anforderungen an den Zugang werden selbstverständlich auch an Wohngebäude gestellt. Grundsätzlich muss der

Haupteingang eines Gebäudes leicht auffindbar und ohne Stufen und Schwellen barrierefrei erreichbar sein. Eine visuell kontrastreiche Gestaltung von Wand, Boden und Informationssystemen, Tür, Klingel und Namensschild sowie eine ausreichende Beleuchtung erleichtern Menschen mit begrenztem Sehvermögen oder mit kognitiven Einschränkungen den Zugang. Taktil erfassbare Bodenstrukturen und zielführend angeordnete bauliche Elemente, wie z. B. Werbestelen, geben sehbehinderten Menschen Orientierungshilfen.
Überschreitet die Neigung der Erschließungsflächen zu Eingängen das Maß von 3 % bzw. 4 %, müssen zusätzlich flachere Rampen oder Aufzüge zur Verfügung stehen. Auf jeder Seite der Eingangstür muss eine ungeneigte Bewegungsfläche je nach Art der Tür vorhanden sein. Entsprechende Bewegungsflächen werden unter »Türen – Geometrie und Ausstattung« besprochen (Tabelle T4). Idealerweise verfügt der Haupteingang eines öffentlich zugänglichen Gebäudes oder auch der eines Wohngebäudes über ein Vordach als Regenschutz.

Gebäudeeingangstüren
Die Türen im Eingangsbereich öffentlicher Gebäude sind meist von schwerer Bauart. Behinderte Menschen können die erforderlichen Kräfte zum Öffnen kaum aufbringen, was die Installation einer Öffnungsautomatik erforderlich macht. Bei Stromausfall muss gewährleistet sein, dass sich die Türen mechanisch oder im Handbetrieb öffnen lassen. Quetsch- und Scherstellen sind zu vermeiden oder zumindest zu sichern. Der Einbau von abgerundeten Kanten und Gummiabdeckungen kann die Verletzungsgefahr verringern. Der Schließmechanismus einer Automatiktür wird mit einer Sicherheitseinrichtung ausgestattet, welche die Tür bei Gefahr des Einklemmens stoppt. Eine

36

37

33 Unterlaufhöhe bei Treppen
34 Bewegungsablauf beim Öffnen und Durchfahren einer Dreh- und Schiebetür durch einen Rollstuhlnutzer
35 Gehwege im Freien, die nach spätestens 18 m Länge den Raum zur Begegnung (180 × 180 cm) bieten müssen

Museum Sammlung Brandhorst, München (D) 2008, Sauerbruch Hutton
36 Haupttreppe
37 eingefräste Rillen im Boden zur taktilen und visuellen Kennzeichnung der zu sichernden Unterlauffläche unter der Haupttreppe

kontrastreiche Markierung der Türaufschläge im Bodenbelag kann auf diese Gefahrenquellen hinweisen. Karusselltüren sind für Rollstuhlnutzer nicht passierbar, und auch manche alten Menschen und Personen mit sensorischen Behinderungen können solche Türen nicht sicher benutzen. Daher ist ein gleichberechtigter Zugang mit Drehflügeltür vorzusehen, den der Brandschutz ohnehin fordert. Dennoch wirft ein gleichberechtigter Zugang dieser Art in vielen Fällen die Problematik der Zugangskontrolle auf: Ein zweiter Eingang ist nun zu sichern.
Nicht nur zur Bedienung handbetätigter Türen ist eine ausreichende Bewegungsfläche erforderlich, sondern auch vor oder neben Tastern von Automatiktüren. Ein entsprechender Abstand zwischen Öffnungstaster und aufschlagendem Türblatt ist obligatorisch.
Zum mühelosen Passieren von Türen sollte die lichte Durchgangshöhe mindestens 230 cm (DIN 18040 210 cm) betragen, was der Tatsache Rechnung trägt, dass die Menschen von Generation zu Generation größer werden. Hinsichtlich der Mindestbreite gilt für Eingangstüren ein lichtes Durchgangsmaß von 90 cm (Tabelle T4).

Horizontale Erschließung
Stufen oder Schwellen dürfen die Erschließung einer Ebene grundsätzlich nicht unterbrechen. Eine einzige Höhendifferenz größer als 2 cm macht die Gebäudeerschließung für einen Rollstuhlnutzer unmöglich. Benutzer von Mobilitätshilfen, wie Gehwägen oder Stöcken, sind in manchen Fällen in der Lage, eine Zwischenstufe zu bewältigen. Die Planung von Neubauten sollte hier jedoch keinesfalls Kompromisse eingehen.
Flure und andere Verkehrsflächen müssen für die Nutzung mit dem Rollstuhl oder mit Gehhilfen ausreichend breit angelegt sein. Eine Breite von mindestens 150 cm gilt als ausreichend. Für den Begegnungsfall sind zusätzliche Flächen vorzusehen: Flure mit über 15 m Länge müssen für die Begegnung von Rollstuhlnutzern und Menschen mit Gehhilfen eine Fläche von mindestens 180 × 180 cm aufweisen.
Handläufe und Vitrinen etwa dürfen die erforderlichen Breiten und Höhen nicht einschränken. Einzelne Bestandteile, die in Nutzflächen ragen, müssen auch für Menschen mit Sehbehinderung erkennbar sein. Insbesondere Bauteile, die den Bewegungsraum einengen, wie etwa

unterlaufbare Treppen, sind ab einer Höhe unter 200 cm zu sichern. Dies kann durch tastbare Bauteile oder auch durch eine taktile Signalgebung im Bodenbereich geschehen.

Türen – Geometrie und Ausstattung
Ein komplexes Thema bei der Planung stellen Türen nicht nur wegen der ihnen zugeordneten Bewegungsflächen dar – auch Nutzungsanforderungen sowie technische Vorgaben bedürfen einer fallbezogenen Planung. So gibt es beispielsweise in öffentlich zugänglichen Gebäuden eine andere Vorgabe für die Bewegungsfläche vor Aufzugstüren als in Wohngebäuden: Diese Fläche muss in jedem Fall mindestens 150 × 150 cm tief sein. Sie darf sich mit Verkehrswegen und anderen Bewegungsflächen nicht überlagern. Dies ist vor allem bei Aufzügen mit starkem Personenaufkommen wichtig, wie etwa in Kaufhäusern, wo durch Stau oder Gegenverkehr Behinderungen und Gefährdungen auftreten können. In Wohngebäuden hingegen darf eine Überlagerung von Warte- und Verkehrsfläche stattfinden. Zusätzlich gelten die Fluchtwegregelungen der Länderbauordnungen. Der Anforderungstaster liegt am günstigsten 100 cm vor dem Aufzug im Wandbereich, sodass wartende Rollstuhlfahrer den Aussteigenden nicht den Weg versperren und zurückfahren müssen.

Rollstuhlfahrer und Nutzer von Gehhilfen haben sehr begrenzte Bewegungsabläufe. Die notwendigen Bewegungsflächen zu beiden Seiten von Türen sind unterschiedlich groß. Auf der Seite, zu der hin eine Drehflügeltür aufschlägt, ist sie mit 150 × 150 cm zu bemessen, da der Rollstuhlnutzer die Tür gegen die Aufschlagsrichtung durchfährt und nach dem Betätigen des Drückers erst zurücksetzen und in die Fahrtrichtung schwen-

T4: Geometrische Anforderungen an Türen entsprechend des Entwurfes DIN 18040 [cm]

alle Türen		
Durchgang	lichte Breite × lichte Höhe über OFF	≥ 90 × 205
Drücker, Griff,	Abstand zu Bau-, Ausrüstungs- und Ausstattungsteilen	≥ 50
zugeordnete Beschilderung	Höhe über OFF	120–140
manuell bedienbare Türen		
Drücker	Höhe Drehachse über OFF (Mitte Drücker Nuss)	85
	Achsmaß von Greif-/Bedienhöhen grundsätzlich 85 cm über OFF; im begründeten Einzelfall andere Maße von 85–105 cm vertretbar	
Griff waagerecht	Höhe Achse über OFF	85
Griff senkrecht	Greifhöhe über OFF	85
automatische Türsysteme		
Taster	Höhe (Tastermitte) über OFF	85
Taster Drehflügel-/Schiebetür bei seitlicher Anfahrt	Abstand zu Hauptschließkanten	≥ 50
Taster Drehflügeltür bei frontaler Anfahrt	Abstand Öffnungsrichtung	≥ 250
	Abstand Schließrichtung	≥ 150
Taster Schiebetür bei frontaler Anfahrt	Abstand beidseitig	≥ 150

51

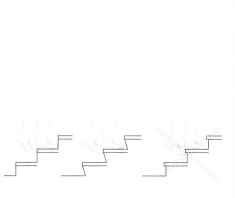

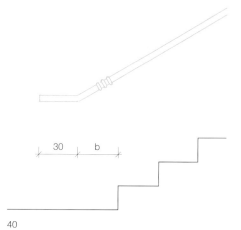

38   39   40

ken muss um weiterfahren zu können
(S. 50, Abb. 34). Beim Öffnen und Passieren der Tür in Aufschlagsrichtung ist kein
Rangiervorgang erforderlich, sodass die
Bewegungsfläche mit 120 cm Tiefe etwas
knapper ausfallen kann. Eine in 85 cm
Höhe angebrachte Querstange erleichtert
das Zuziehen der Tür. Zur Nutzung von
Schiebetüren genügt eine Bewegungsfläche von beidseitig 120 cm Tiefe und
190 cm Breite, die aus dem zum Öffnen
und Schließen notwendigen Rangiervorgang resultiert. Die Planung von Schiebetüren erfordert besondere Sorgfalt, da
bei der Bemessung der Breite nicht das
lichte Zargenmaß ausschlaggebend ist,
sondern die lichte Durchgangsbreite zwischen der Kante des Türblatts in geöffneter Position und der gegenüberliegen-
den Innenkante der Zarge. Der Türgriff
muss in dieser Offen-Stellung von beiden
Seiten bequem und ohne Quetschgefahr
erreichbar sein. Türmuscheln sind unge-
eignet.
Auch die Tiefe der Leibung spielt eine
Rolle: Drücker oder Griff sollten nicht tiefer als 25 cm in der Leibung sitzen, damit
sie sich vom Rollstuhl aus leicht erreichen
lassen.
Für das Öffnen und Schließen von Türen
darf nur ein geringer Kraftaufwand nötig
sein, andernfalls ist der Einbau eines automatischen Türsystems erforderlich. Eine
Schließverzögerung, mechanisch oder
elektrisch, gibt Menschen mit motorischen
Einschränkungen genug Zeit, um die Tür
sicher zu passieren (S. 50, Abb. 34).

Türen in öffentlichen Gebäuden und Woh-
nungseingangstüren müssen eine lichte
Breite von mindestens 90 cm haben, barrierefreie Durchgangstüren innerhalb von
Wohnungen sind auch mit 80 cm reali-
sierbar, damit aber nicht mehr rollstuhlgerecht. Denn obwohl Rollstühle selten breiter als 70 cm sind, ist zum sicheren, zügi-
gen Passieren der Türöffnung erfahrungs-

gemäß eine Breite von 90 cm erforderlich
(Tabelle T4).
Der Aufschlagwinkel von Drehflügeltüren
sollte mindestens 90° betragen; Stopper,
Türdrücker oder Möbelstücke dürfen den
Aufschlag somit nicht begrenzen. Die
effektive Durchgangsbreite einer Tür kann
sich, je nach Art und Anordnung der Tür-
bänder, auch durch die Dicke des Türblatts selbst verringern. Die Planung hat
bei besonders stark auftragenden Tür-
blättern darauf zu reagieren. Grundsätzlich gilt jedoch das lichte Zargeninnen-
maß. Bei der Auswahl der Beschläge
sind versenkte oder schwierig zu hand-
habende Elemente, wie Griffmuscheln
oder Springgriffe, unbedingt zu vermeiden. Diese erschweren oder verhindern
gar die Bedienung. Türen von Toiletten-,
Dusch- und Umkleidekabinen dürfen
nicht in den Raum schlagen. Diese Räume haben üblicherweise nur Mindestab-
messungen, sodass nach innen schlagende Türen die Bewegungsmöglichkei-
ten zusätzlich einschränken und ein Rangieren mit dem Rollstuhl erforderlich
machen. Zudem würde bei Unfällen, die
sich vergleichsweise häufig in diesen
Räumen ereignen, eine am Boden lie-
gende Person das Öffnen dieser Tür
behindern und es bestünde Verletzungsgefahr. Eine Öffnungsmöglichkeit von
außen muss gegeben sein.

Auch Menschen mit begrenztem Sehvermögen beziehungsweise mit kognitiven
Einschränkungen sollen Türen problemlos
auffinden und erkennen können. Unterschiede in der Farbgebung tragen hierzu
ebenso bei wie eine leitende Gestaltung
des Bodens, etwa durch kontrastreiche
Beläge. Belagswechsel übermitteln auch
Informationen für Blinde; hier wird der
Kontrast im Sinne der Taktilität verstanden. Der Einsatz von Gestaltungsmitteln,
etwa für Werbung am Boden oder durch
aufgehende Bauteile wie Stelen, ist sorg-

fältig zu planen, um nicht unbeabsichtigt
irritierende Signale zu geben.
Beinahe noch wichtiger als die Orientierung scheint die Sicherheit der Benutzer:
Beispielsweise müssen Glastüren bzw.
verglaste Türen durch Sicherheitsmarkie-
rungen klar zu erkennen sein.

Vertikale Erschließung: Treppen, Rampen, Aufzüge

Das Stapeln von Ebenen und deren Ver-
knüpfung durch Treppen, Rampen oder
Aufzüge ist eine der herausragenden Er-
findungen in der Geschichte des Bauens.
Gleichzeitig sind sämtliche Lösungen mit
entsprechenden Problemen behaftet, betrachtet man sie im Sinne der Barrierefreiheit: Für mobilitätseingeschränkte Personen sind Treppen nicht nutzbar. Rampen
sind aufgrund ihres Platzbedarfs in der
Regel nur geeignet um geringe Höhen,
nicht aber ein ganzes Geschoss, zu überwinden. Aufzüge wären ideal, sieht man
von den vergleichsweise hohen Bau- und
Wartungskosten sowie von deren Abhängigkeit von der Elektrizität ab.

Treppen
Treppe und Barrierefreiheit scheinen einander zunächst auszuschließen. Dies gilt
für jene Nutzer, die eine Treppe grundsätzlich nicht begehen können, beispielsweise Rollstuhlfahrer. Die vertikale Erschließung muss also über Alternativen
sichergestellt sein. Für alle anderen Personen können geeignete Maßnahmen zur
»Barrierefreiheit« einer Treppe beitragen,
um Sicherheit und Orientierung zu vermitteln. Barrierefreie Treppen sind besonders sorgfältig zu gestalten, um die Gefahren, die beim Begehen auftreten, möglichst gering zu halten.
Von elementarer Bedeutung sind Handläufe. Grundsätzlich beidseitig angeordnet sollten sie einen Durchmesser von
3–4,5 cm aufweisen und in einer Höhe
der Oberkante von 85 cm über Stufenvor-

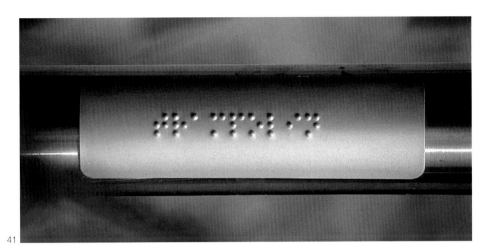

41

derkante angebracht sein. Der innere Handlauf am Treppenauge darf nicht unterbrochen werden. Äußere Handläufe müssen 30 cm waagerecht über den Anfang und das Ende eines Treppenlaufs in einer Höhe von 85 cm über dem Fußboden hinausragen. Dies gewährleistet, dass Personen, die unsicher zu Fuß sind, Zwischenpodest oder Stockwerk bereits betreten haben, wenn sie den sicheren Griff am Handlauf lösen (Abb. 38–40). Aus diesem Grund muss auch der innere Handlauf am Treppenauge durchgehend ausgebildet sein: Die behinderte Person soll den Halt, den der Handlauf bietet, auch nicht kurzfristig aufgeben müssen. Der Knick im Handlauf, der im Bereich des Podests entsteht, signalisiert Menschen mit Sehbehinderung zudem Anfang und Ende eines Treppenlaufs. Selbstverständlich bleiben die rechtlichen Vorschriften Brüstungshöhen betreffend von der Forderung einer Handlaufhöhe von 85 cm unberührt.

Die Treppe soll so ausgeleuchtet sein, dass durch die Stufenvorderkante kein Schattenwurf erfolgt; die Setzstufe kann sich von der Trittstufe durch unterschiedliche Helligkeit der Materialoberflächen absetzen. So lassen sich die Unterschiede zwischen waagrechter und senkrechter Fläche besser erkennen, ohne dass durch Verschattungen Irritationen auftauchen. Die Kontur der Stufenkante wird noch klarer. Die kontrastreiche Gestaltung der Bodenbeläge bei Treppen trägt zur Sicherheit beim Begehen bei: Wenn Stufen und Podeste Beläge unterschiedlicher Helligkeit und Textur aufweisen, so muss das Material auf dem Podest am unteren Antritt bis zur ersten Steigung reichen. Am oberen Austritt beginnt optisch bereits das Podest, um konsequent durch einen Belagwechsel einen Ebenenwechsel zu vermitteln. Da die Austrittsstufe auf Podestniveau liegt, darf diese also keinen Höhensprung suggerieren.

Durch tastbare Handlaufmarkierungen am Anfang und am Ende von Treppen können Menschen mit Sehbehinderung Informationen beispielsweise über die Geschossebene, Fluchtwege o. ä. erhalten. So kann die Anzahl von erhabenen Markierungen oder Noppen das Stockwerk angeben, in dem man sich gerade befindet. Auch ein Hinweis auf einen besonderen Raum, etwa die Kantine, kann hilfreich sein. Diese Zeichen müssen unbedingt so an der Außenseite des Handlaufs liegen, dass sie mit der Kuppe des Zeigefingers der greifenden Hand tastbar sind (Abb. 41).

Notwendige Treppen sind jene, die nach den behördlichen Vorschriften als Teil des ersten Rettungswegs gelten. An ihre Dimensionierung und Bauausführung werden, in Abhängigkeit von der Größe und der Nutzung des Gebäudes, in der Regel besondere Anforderungen gestellt. Bei mehr als drei Vollgeschossen verlangen die Landesbauordnungen normalerweise ein allseits räumlich geschlossenes Treppenhaus. Es soll an der Außenseite des Gebäudes mit direktem Ausgang ins Freie liegen und Fenster besitzen. Notwendige Treppen sollen nach maximal 35 m von jedem Punkt des Gebäudes zu erreichen sein.

Grundsätzlich sind die Nutzung des Gebäudes und die Anzahl und die Fähigkeiten der darin zu erwartenden Besucher für die Ausbildung von Treppenhäusern verantwortlich:
• In Gebäuden mit begrenzter Brandlast ist ein reduzierter Brandschutz möglich.
• Bei größerem Menschenaufkommen, z. B. in Schulen, Versammlungsräumen, Kaufhäusern, genügt eine verfügbare Laufbreite der Treppe von 80 cm, wie im Wohnbereich üblicherweise, nicht.
• Wenn die Beweglichkeit der Benutzer eingeschränkt ist (wie z. B. in Kranken-

häusern, Kindergärten, Altenheimen), gelten sehr hohe Sicherheitsvorschriften für Handläufe, Steigungsverhältnis und Stufenausbildung.

Notwendige Treppen dürfen nicht gewendet sein. In repräsentativen Bereichen eingesetzte Treppen mit gebogenen Wangen, also Wendeltreppen oder Bauteile mit freien Formen, die nicht als Fluchttreppen dienen, sind dennoch nicht ausgeschlossen, sofern sich ein Aufzug als alternative Erschließungsmöglichkeit in unmittelbarer Nähe befindet. Es gelten einige Grundsätze: Selbst wenn bei gebogenen Treppenläufen entlang der Lauflinie die Auftrittsbreite gleich bleibt, stellt die keilförmig verlaufende Form der Auftritte in der Krümmung für physisch behinderte Menschen eine Verunsicherung und damit eine Gefährdung dar. Bestimmte einseitige Behinderungen lassen nur die Benutzung des Handlaufs mit jeweils der linken oder der rechten Hand zu. Treppen müssen daher auf beiden Seiten gleich gut begehbar sein; dies trifft auf gebogene Treppen oder Treppen mit nichtparallelen Läufen nicht zu. Allenfalls können sehr breite Läufe und eine schwache Krümmung der inneren Wange, also ein Innendurchmesser von mindestens 200 cm, diese Forderung abschwächen: Hier muss im Treppenauge eine volle Auftrittsbreite zur Verfügung stehen.

Zur Vermittlung von Sicherheit trägt die Anordnung von Setzstufen bei. Insbesondere bei Gegenlicht verursachen offene,

38 Stufenunterschneidungen bis zu 2 cm sind zulässig.
39 Haupttreppe Museum Sammlung Brandhorst, München (D) 2008, Sauerbruch Hutton
40 waagrechtes Handlaufende
41 Handlauf mit Kennzeichnung in Brailleschrift, Patientengarten Klinikum Großhadern, München (D) 2004, realgrün

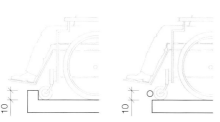

42

43

sehr transparent gestaltete Treppen Unsicherheit bis hin zur Höhenangst. Die richtige Anordnung der Tritt- gegenüber der Setzstufe hilft ebenfalls Unfälle zu vermeiden: Durch die oftmals verminderte Beweglichkeit der Fuß- und Hüftgelenke besteht die Gefahr mit den Schuhspitzen beim Aufwärtsgehen hängenzubleiben. Stufenunterschneidungen sind daher unzulässig. Denkbar ist eine schräge Anordnung der Setzstufe, um eine größere Auftrittstiefe zu erzielen.

Bei der strukturellen Planung eines Gebäudes sollte von Beginn an darauf geachtet werden, dass Aufzüge und offene abwärts führende Treppen einander nicht gegenüberliegen. Unübersichtliche Situationen, durch viele Personen im oder vor dem Aufzug, Eile oder erforderliche Richtungswechsel nach Verlassen des Aufzugs, gestatten kein Absturzrisiko durch die Nähe einer nach unten führenden Treppe. Sollte die gegenüberliegende Anordnung baulich nicht vermeidbar sein, gilt ein Mindestabstand von 300 cm.

Rampen
Zur Überwindung geringer Höhendifferenzen dienen geneigte Ebenen. Verkehrsflächen mit mehr als 3 % Neigung müssen als Rampen ausgewiesen werden, was bedeutet, dass ergänzende bauliche Maßnahmen notwendig sind. Grundsätzlich darf die Steigung der Rampe nicht mehr als 6 % betragen. Häufig trifft man im Bestand auf Vorgaben, die ein Abweichen von der maximal zulässigen Neigung erfordern. Sind stärkere Neigungen unvermeidbar, so ist dies zwischen Bauherrn, Nutzer und einem Vertreter von Menschen mit Behinderungen, etwa einem Behindertenbeauftragten, abzustimmen. Die Steigung ist sehr kritisch zu beurteilen: Rollstuhlnutzer mit instabilem Oberkörper könnten nach vorne kippen, das Eintreten einer gefährlichen Schwä-

che beim Begehen steiler Rampen ist bei entsprechend belasteten Personen nicht auszuschließen. Die komfortable Nutzbarkeit ist aufgrund des erforderlichen Kraft- und Zeitaufwands bei einer geschossübergreifenden Rampe fraglich (Abb. 43). Folgende Grundwerte sind einzuplanen:
· Steigung max. 6 %
· Mindestmaß nutzbarer Laufbreite 120 cm
· Bei Lauflängen > 600 cm ist ein Zwischenpodest mit einer Länge von 150 cm erforderlich.
· am Rand 10 cm hoher Radabweiser
· beideitig Handläufe in einer Höhe der Oberkante auf 85 cm über dem Fußboden
· am Beginn und Ende der Rampe Bewegungsfläche von jeweils 150 × 150 cm
Zur Vermeidung von Erschöpfung ist bei einer Rampenlänge von mehr als 600 cm ein Zwischenpodest von mindestens

150 cm Länge erforderlich. Auch bei einer zwei- oder mehrläufigen Rampe ist diese Podesttiefe ausreichend. Die Rampe und das Zwischenpodest sind beidseitig mit 10 cm hohen Radabweisern zu versehen. Diese verhindern, dass der Rollstuhl mit den kleinen Lenkrädern über die Außenkante der Rampe hinausfährt (Abb. 42). Als »Radabweiser« funktioniert auch eine Aufkantung oder ganz einfach eine seitlich begrenzende Wand. Entlang der Rampe und des Zwischenpodests sind wie auch bei Treppen beidseitig Handläufe mit 3 – 4,5 cm Durchmesser in 85 cm Höhe anzubringen. Sie sind weniger für Rollstuhlnutzer als für Fußgänger wichtig.

Aufzüge
Der Aufzug ist das technische Mittel zur barrierefreien Erschließung mehrgeschossiger Gebäude.

44

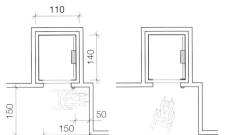

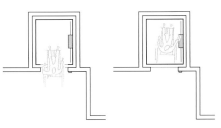

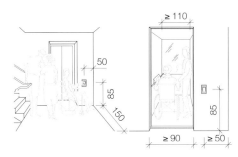

45

46

Der Fahrkorb des Aufzugs ist mindestens mit einer lichten Breite von 110 cm und einer lichten Tiefe von 140 cm zu bemessen. So finden außer einer Person im Rollstuhl noch bis zu zwei Personen Platz. Damit diese Personen seitlich stehen können, sollten die Türen nicht mittig in den Kabinenwänden angeordnet sein. Der Rollstuhlnutzer befährt die Kabine vorwärts und verlässt sie rückwärts bzw. vorwärts bei Durchladeaufzügen.

Die Grundfläche von Über-Eck-Aufzügen muss für eine Richtungsänderung um 90° geeignet und daher mindestens 120 × 150 cm groß sein.

Ein Handlauf mit einem Durchmesser von 3,5–4,5 cm ist an einer Seite des Fahrkorbs anzubringen. Dasselbe Maß gilt für den freien Abstand zwischen diesem Handlauf und der Kabinenwand. Die empfohlene Höhe für dessen Oberkante

liegt auch hier bei 85 cm. Das Horizontaltableau befindet sich am Handlauf. Durch Schrägstellung können sowohl stehende als auch sitzende Personen die Taster lesen und bedienen.

Die serienmäßige Ausstattung von Aufzügen mit Vertikaltableau ist dennoch sinnvoll, da blinde Fahrgäste unmittelbar neben dem Zugang die Befehlsgeber betätigen können, ohne sich durch eine unter Umständen bereits volle Kabine zum Horizontaltableau durchtasten zu müssen. Das senkrechte Tableau muss in diesem Fall die Braille´sche Blindenschrift enthalten.

Im Fahrkorb sollte ein Klappsitz für ältere oder sensorisch behinderte Menschen vorhanden sein, für die Aufzugsfahrten im Stehen verunsichernd sind, etwa bei Gleichgewichtsstörungen.

Ein gegenüber der Fahrkorbtür angeordneter Spiegel dient dem Rollstuhlnutzer

beim Verlassen des Aufzugs zur Orientierung (Abb. 45 und 46). Das Material Edelstahl hat sich wegen seiner Bruchsicherheit dabei als günstig erwiesen. Insbesondere bei Durchladeaufzügen ist die Verspiegelung der Türen mit Metallreflexionsflächen zu empfehlen.

Öffentlich zugängliche Gebäude und Arbeitsstätten

Die Musterbauordnung sowie eine Vielzahl der Länderbauordnungen legen als grundsätzliche Anforderung fest, dass öffentlich zugängliche bauliche Anlagen und Einrichtungen sowie ein Teil aller neu errichteten Wohnungen (unabhängig davon, ob es sich um Miet- oder Eigentumswohnungen handelt) den Bedürfnissen von Menschen mit Behinderung, alter Menschen und Personen mit Kleinkindern entsprechend hergestellt und instand gehalten werden müssen.

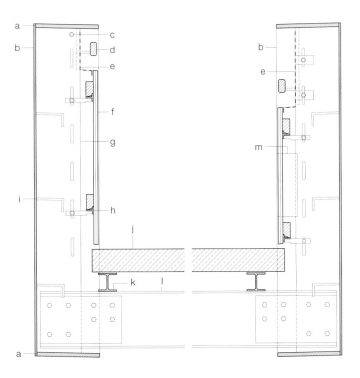

47

42 seitliche Radabweiser bei Rampen, sofern diese nicht über geschlossene Wangen verfügen
43 Dimensionierungen von Rampen mit max. 6% Steigung und Zwischenpodesten nach max. 6 m Länge

Römersteinbruch, St. Margarethen (A) 2008, AllesWirdGut
44 Zugang über Rampenanlage zum Festspielgelände
47 Schnitt Maßstab 1:20
   a Stahlblech voroxidiert 20 mm
   b Tragkonstruktion Stahlblech voroxidiert 10 mm
   c Kaltkathodenröhre (bergseitig)
   d Handlauf Lärche 35/70 mm
   e Blende Lochblech pulverbeschichtet
   f Lattung Lärche 24 mm
   g Queraussteifung Stahlblech voroxidiert 10 mm
   h Stahlprofil T 40/40/5 mm mittels Lasche an 7 befestigt
   i Längsaussteifung Stahlprofil L 150/70/10 mm
   j Stahlbetonfertigteil 120 mm
   k Stahlprofil HEA 100 mm
   l Stahlprofil IPE 300 mm
   m Einbauleuchte (talseitig)

45 Mindestdimensionen Aufzug, Grundriss
46 Höhenangaben und Dimensionierungen Aufzug

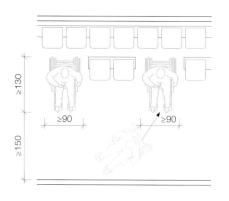 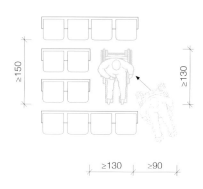

48

Öffentlich zugängliche Gebäude
Kulturelle Veranstaltungen, Gaststättenbesuche, Sportangebote für Zuschauer oder zum eigenen Training sind wesentliche Bestandteile des öffentlichen Lebens, die für alle Personen grundsätzlich barrierefrei erreichbar und nutzbar sein müssen. Das Ziel eines universellen Planens beginnt bereits im Eingangsbereich, der nicht nur der Erschließung gewidmet ist, sondern seinerseits bestimmte Funktionen zu erfüllen hat. So sind hier Abstellplätze für Rollstühle vorzusehen. Die notwendige Fläche muss mindestens 180 cm breit und 150 cm tief sein. Davor ist eine zusätzliche Bewegungsfläche in der gleichen Größe einzuplanen. Viele rollstuhlabhängige Personen wechseln an einem solchen Platz von ihrem Transport-Rollstuhl auf einen Rollstuhl, den sie beispielsweise bei der Arbeit oder beim Sport bevorzugen. Auch in Schwimmbädern benötigt man Raum für spezielle Rollstühle, die Schwimmer mit ins Becken nehmen können.

Die Forderung der Musterbauordnung (§ 50, Abs. 2) nach einer barrierefreien Erreichbarkeit und einer zweckentsprechenden Nutzbarkeit von dem Besucherverkehr dienenden Teilen baulicher, öffentlich zugänglicher Anlagen gilt grundsätzlich im Falle der Errichtung, Änderung, Nutzungsänderung, Beseitigung, Nutzung und Instandhaltung solcher Anlagen. Die Musterbauordnung trifft folgende, nicht abschließende Aufzählung typischer Beispiele für bauliche Einrichtungen, die einschließlich der zugehörigen Stellplätze und Garagen für Kraftfahrzeuge diese Anforderung erfüllen müssen:

- Einrichtungen der Kultur und des Bildungswesens
- Sport- und Freizeitstätten
- Einrichtungen des Gesundheitswesens

- Büro-, Verwaltungs- und Gerichtsgebäude
- Verkaufsstätten, Gaststätten
- Stellplätze, Garagen und Toilettenanlagen

Versammlungsstätten
In Räumen mit Reihenbestuhlung sind Flächen vorzuhalten, die Rollstuhlnutzern und ihren Begleitpersonen zur Verfügung stehen. Bei der Dimensionierung der Standfläche und Bewegungsfläche ist die Art der Anfahrbarkeit ausschlaggebend. Ein rückwärtiger bzw. frontaler Zugang erfordert andere Maßnahmen als eine Zufahrtsmöglichkeit von der Seite. In beiden Fällen dürfen sich Bewegungs- und Verkehrsflächen überlagern. Die Breite der Stellfläche liegt jeweils bei 90 cm; die »Netto-Tiefe« bei 130 cm. Man spricht von »netto«, weil der Rollstuhl diese Tiefe ausfüllt. Die Gesamttiefe erhöht sich um ein minimales Durchgangsmaß um angrenzende Sitzplätze aufzusuchen (Abb. 48).
Die zum Erreichen, Verlassen und zum Rangieren erforderliche Bewegungsfläche von 150 cm Tiefe addiert sich bei rückwärtiger oder frontaler Anfahrt. Seitliche Anfahrbarkeit erfordert ein Durchgangsmaß von 90 cm Breite. Dieses Maß ist analog der üblichen Durchgangsbreite für Rollstuhlnutzung zu sehen. 1 % aller, mindestens jedoch zwei Sitzplätze sind auf diese Weise vorzusehen. Dieser Anteil ist ein Näherungswert: Die Praxis zeigt, dass die nach diesem Schlüssel ermittelte Zahl bei Einrichtungen mit weniger als 1000 Plätzen eher zu gering und bei Einrichtungen mit mehr als 10 000 Plätzen tendenziell zu hoch angesetzt ist. Der tatsächliche Bedarf hängt stark von Ort und Veranstaltungsart ab. So gibt es in Kur- und Badeorten oder bei besonderen Veranstaltungen, die das Themengebiet Behinderung berühren, überdurchschnittlich viele Besucher, die einen Rollstuhl

nutzen. Je nach Bedarf müssen Veranstalter und Hallenbetreiber weitere Flächen einkalkulieren oder kurzfristig organisieren. So lässt sich durch herausnehmbare Bestuhlung die Platzzahl flexibel dem Bedarf anpassen. Kommen Rollstuhlnutzer in Begleitung nichtbehinderter Besucher, sollte etwa in Konzertsälen eine Kombination entsprechender Sitzplätze nebeneinander liegen. Bewährt hat sich die Anordnung von abwechselnd zwei Rollstuhlplätzen und zwei Stühlen in Reihe. Auch für gehbehinderte und großwüchsige Menschen empfehlen sich Sitzmöglichkeiten mit einer größeren Beinfreiheit. Sind Tische fest eingebaut, wie dies in Hörsälen der Fall ist, benötigen die Plätze der Rollstuhlnutzer ebenfalls Schreibflächen.
Die für sie vorgesehenen (Zuschauer-) Bereiche sollten generell eine angemessene Sicht auf die Darbietungszone aufweisen. Dieser Anspruch ist nicht immer ganz einfach zu realisieren: Veranstaltungsräume mit ansteigender Reihenbestuhlung bieten häufig nur in bestimmten Rängen einen stufenlosen Zugang. Diese Bereiche werden idealerweise im vorderen Drittel des Auditoriums angeordnet, um insbesondere älteren Besuchern mit eingeschränkter Sehkraft entgegenzukommen. Bei manchen Großveranstaltungen zeigen zwischengeschaltete Projektionswände die Darbietung auch für die hinteren Besucherreihen aus der Nähe – ein Lösungsansatz, der sich auch auf kleinere Vorstellungen übertragen ließe.
In Versammlungs-, Schulungs- und Seminarräumen müssen für Menschen mit sensorischen Einschränkungen Hilfen für eine barrierefreie Informationsaufnahme zur Verfügung stehen. Der für einen Gebärdensprachdolmetscher vorgesehene Standplatz ist gut einsehbar anzuordnen und mit einer speziellen Lichtquelle auszustatten. Diese darf auch dann nicht stören, wenn der Raum abgedunkelt wird,

49 50

beispielsweise beim Einsatz von Beamern. Schreib- und Leseflächen für Menschen mit eingeschränktem Sehvermögen erfordern ebenfalls eine geeignete Beleuchtung. Sind Lautsprecheranlagen vorgesehen, so sollte auch eine Induktionsanlage für Hörgeschädigte existieren: Diese gestattet es Nutzern von Hörgeräten, sich auf die Frequenz der Beschallungsanlage einzubinden. Das System muss nicht zwangsläufig den gesamten Zuhörerbereich umfassen. Insbesondere im Bestand, beispielsweise in alten Kirchen, bieten aus technischen Gründen lediglich Teilbereiche diese Ausstattung an. Eine entsprechende Kennzeichnung ist obligatorisch.

Sanitärräume
Barrierefreie Toilettenanlagen, oder besser deren Nicht-Vorhanden-Sein, stellen für jeden Besucher einer Stadt, einer Gaststätte oder einer Sehenswürdigkeit eine Herausforderung dar. Häufig im Untergeschoss zu finden, sind Sanitärräume auf ein absolutes Mindestmaß reduziert – dies schränkt die Benutzung bereits ein, wenn eine Gehilfe gebraucht wird oder man nur mit Assistenz die Toilette benutzen kann. Weitaus schwieriger stellt sich die Situation für Rollstuhlnutzer dar. Wirklich optimal gestaltete Angebote sind nach wie vor rar. Der Schutz dieser Anlagen vor Verunreinigung ist besonders wichtig, da für den rollstuhlnutzenden Gast der unmittelbare Kontakt beispielsweise mit dem Toilettensitz unvermeidbar ist. Dies stellt im öffentlichen Bereich dort ein Problem dar, wo nicht häufige Kontrolle und Reinigung zumutbare Verhältnisse sicherstellen oder durch Benutzung gegen Gebühr ein ständig anwesendes Personal Reinigung und Schutz vor Beschädigung gewährleistet. So gibt es beispielsweise als Selbsthilfemaßnahme der Betroffenen ein europaweites Netz von öffentlichen Toilettenanla-

gen, die nur Personen zugänglich sind, die sich im Besitz des sogenannten Euroschlüssels befinden. Diesen geben verschiedene Behindertenverbände gegen Gebühr aus. Ein Nachteil dieser Lösung zeigt sich in der damit einhergehenden Ausgrenzung alter Menschen, die nicht über den Euroschlüssel verfügen. Ein weiteres, häufiger praktiziertes Modell sieht vor, dass der Schlüssel zu behindertengerechten Toiletten an zentralen Stellen, z. B. beim Pförtner, deponiert ist, der ihn bei Bedarf aushändigt. Hier ist die Nutzung der Toilette mit einer zusätzlichen Maßnahme verbunden, was eine kritische Sichtweise aufwirft. Bei der Planung öffentlicher bzw. öffentlich zugängiger Sanitäranlagen ist es sinnvoll, vorab Erkundigungen über Existenz und Bedingungen solcher Angebote einzuholen. Umfassende Überlegungen beginnen bereits mit der Tür: Sie muss nach außen aufschlagen, damit Personen, die im Sanitärbereich gestürzt sind und vor dem Türblatt liegen, das Öffnen der Tür nicht verhindern. Dies erfordert konsequenterweise ein Schloss mit Öffnungsmöglichkeit von außen. Ein weiterer Aspekt ist die Vermeidung einer räumlichen Einschränkung durch eine in den Raum schlagende Tür. Das lichte Durchgangsmaß beträgt 90 cm. Vorgeschrieben ist die Anordnung des Türgriffs auf einer Höhe von 85 cm. Zusätzlich erleichtert eine Querstange das Zuziehen.
Mehr als die meisten anderen Komponenten tragen zweckentsprechend angelegte Bewegungsflächen entscheidend zur Nutzbarkeit einer barrierefreien Toilette bei. Vor dem WC, wie auch vor dem Waschbecken und der Tür, muss die Bewegungsfläche 150 × 150 cm betragen. Jeweils rechts und links neben der Toilette werden zum seitlichen Anfahren weitere Flächen mit einer Breite von 90 cm und einer Tiefe von 70 cm erforderlich (S. 58 und 59, Abb. 51–54).

48 Beispiele für Rollstuhlplätze in Räumen für
    Veranstaltungen
49 rollstuhlgerechter Sanitärraum
50 rollstuhlgerechter Toilettenraum

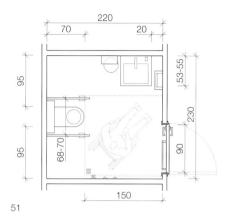
51

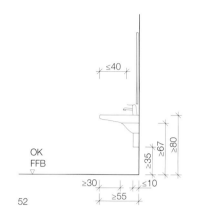
52

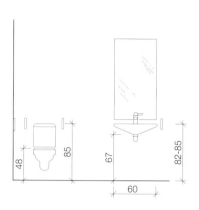

Die Behindertentoilette verfügt über folgende Elemente: die Kombination aus stufenlos verstellbaren, beidseitig neben der Toilette angebrachten Stützklappgriffen und Rückenlehne. Die Griffe müssen in beliebige Positionen hochklappbar sein und am Ende des Griffes eine Belastung von 1 kN aufnehmen können. Der lichte Abstand der Klappgriffe beträgt 65–70 cm, ihre Oberkante muss 28 cm über der Sitzhöhe liegen. Dieses relative Maß erlaubt es erstens, Bautoleranzen aufzufangen. Zweitens eignet sich der Abstand von 28 cm, unabhängig von der absoluten Höhe der Sitzfläche, für die optimale Kraftübertragung. Die Griffe ragen 15 cm über die Vorderkante des WCs hinaus, was sich bei Umsetzvorgängen als günstig erwiesen hat. Durch diese Dimensionierung, deren Ergonomie anerkannt ist, vermindert sich auch die Unfall- oder Verletzungsgefahr.

Die beidseitig anfahrbare Toilette gilt im öffentlichen Bereich als Standard, da unterschiedliche Nutzergewohnheiten vorliegen. Es geht dabei in erster Linie um den Transfer vom Rollstuhl auf die Toilette. Diese Umsetzvorgänge können sehr unterschiedlich ausfallen, da individuell diverse Einschränkungen der Beweglichkeit hinzukommen können. Unter Verwendung der Klappgriffe ziehen sich die Toilettennutzer vom Rollstuhl zum WC, der beim seitlichen Transfer parallel zur Toilette steht. Die Tiefe des Rollstuhls oder der Abstand von dessen Vorderkante zur dahinterliegenden Wand

bestimmt die Tiefe der Bewegungsfläche von 70 cm. Diese wird entweder erreicht durch eine entsprechend ausladende Toilette oder auch durch ein Standardmodell, das an einer Installationswand befestigt ist. Entscheidend ist dabei deren Breite: Die Wand sollte zwischen den Klappgriffen liegen und somit den Abstand zwischen WC-Vorderkante und eigentlicher Wand auf 70 cm vergrößern.

Die Rückenlehne benötigen Menschen, deren Stützfunktionen beeinträchtigt sind. Eine Hilfe zum Aufrechthalten des Oberkörpers kann alternativ auch die angesprochene vorgesetzte Installationswand geben. In beiden Fällen beträgt der Abstand zur Vorderkante des WCs 55 cm. Die Höhe der Toilette, also die Oberkante der Sitzfläche über dem fertigen Fußboden, muss zwischen 46 cm und 48 cm liegen. Dies entspricht der Sitzhöhe der meisten Rollstühle. Größere Sitzhöhen sind ungünstig oder sogar gefährlich, da es schwieriger wird, vom Rollstuhl auf das WC zu wechseln bzw. sich aufzurichten. Zudem können leicht die Füße den Kontakt zum Boden verlieren.

Ohne Veränderung der Sitzposition muss sich die WC-Spülung von beiden Seiten mit der Hand oder auch mit dem Ellbogen auslösen lassen. Es gibt zwei Möglichkeiten für deren Anbringung: zum einen an der Wand hinter der Toilette, zum anderen integriert an der Vorderseite der Haltegriffe, als elektrische Spülung. Ebenfalls im vorderen Greifbereich des Toilettennutzers muss an den Klappgriffen je ein Toilettenpapierhalter angebracht sein. Da viele potenzielle Nutzer Beweglichkeitseinschränkungen haben, kommt eine andere Position hierfür nicht in Frage.

Eine zweckentsprechende Nutzbarkeit des Waschbeckens wird zunächst durch die Höhe seiner Oberkante, die bei 80 cm liegen muss, sowie durch seine Unter-

fahrbarkeit auf einer Breite von 90 cm bestimmt. Gestaltungsvarianten, wie etwa ein durchgängiger Waschtisch mit seitlich angeordneten Fächern und einer »Einfahrbucht«, sind möglich. Die erforderliche Tiefe des Beckens beträgt 55 cm. Dabei verlangt das Profil des Bewegungsraums nicht über die gesamte Waschbeckentiefe eine Höhe von 67 cm. Vielmehr kann man von einer Staffelung ausgehen, da etwa in der Nähe der Wand nur noch die Fußstützen des Rollstuhls Platz finden müssen. Ausschlaggebend ist der Raum für die Knie, den ein entsprechend angeordneter Siphon gewährleistet (Abb. 52).

Wird der Waschtisch mit einer manuellen Armatur ausgestattet, so muss diese einen langen Einhandhebel besitzen. Alternativ ist eine berührungsfreie Armatur möglich. Sie ist komfortabel, hygienisch und spart Wasser. Ein Verbrühschutz, also die von Herstellerseite fixierte maximale Wassertemperatur von in der Regel 38–45 °C, ist in beiden Fällen obligatorisch.
Der Spiegel über dem Waschtisch – eine Selbstverständlichkeit in jeder Toilette – muss eine Einsicht sowohl aus stehender als auch sitzender Position ermöglichen. Kippspiegel sind nur in Ausnahmen zu empfehlen wegen ihrer mangelnden Ästhetik und auch aufgrund der Tatsache, dass jeder Besucher zunächst seine eigene, passende Position herstellen muss. Wesentlich ansprechender ist ein vertikal angeordneter Spiegel, dessen Unterkante jedoch erst knapp über dem Waschbecken endet. Mit einer entsprechenden Spiegelhöhe können sich kleine und große, stehende und sitzende Menschen gleichermaßen unverzerrt betrachten. Dies erfordert allerdings eine Standarmatur.
In Greifweite über oder neben dem Waschtisch muss ein mit einer Hand bedienbarer Seifenspender installiert

51 barrierefreier Toilettenraum, Grundriss
52 Unterfahrbarkeit und Beinfreiheit im Wasch-
     beckenbereich
53, 54 Höhenangaben und Abstände barrierefreier
     Toilettenraum
55 Dusche mit Klappsitz und Bewegungsfläche
56 bodengleiche Duschfläche

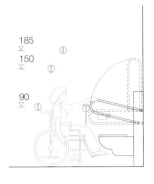
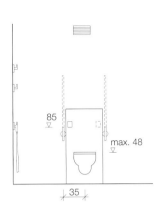
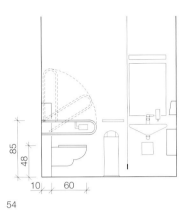

53   54

sein, ebenso wie der Papiertuchspender bzw. der Handtrockner. Die Bedienhöhen liegen bei etwa 85 cm. Der Abfallkorb, möglichst unterhalb des Papiertuchspenders angeordnet, sollte ein schmales Modell sein. Zusätzlich empfiehlt es sich, einen selbstschließenden, 85 cm hohen und geruchsdichten Abfallbehälter für die Entsorgung gebrauchter Hygieneartikel anzubieten, der gut anfahrbar und einhändig bedienbar ist (Abb. 51–54).

Auch zur weiteren technischen Ausstattung des Raums gibt es Kriterien, die eine barrierefreie Nutzung ermöglichen: Die Lüftung erfolgt idealerweise mechanisch. Ist ein Fenster eingebaut, muss dessen Griff in einer Höhe zwischen 85 cm und 105 cm angeordnet sein, damit es sich im Sitzen öffnen lässt. Bewegungsmelder zur Steuerung der Beleuchtung sind grundsätzlich eine sinnvolle Ergänzung zu Lichtschaltern. Sie empfehlen sich insbesondere deswegen, da z. B. Rollstuhlfahrern beim Besuch der Sanitäreinrichtungen eine Vielzahl von Aktivitäten abgefordert wird. Die Aktivierungszeit der Beleuchtung muss unbedingt auf die unter Umständen lange Verweildauer des Toilettennutzers eingestellt sein.

Unumgänglich ist ein Notrufsystem, das auch eine gestürzte Person durch einen Zugschalter, der an der Wand angebracht ist, auslösen kann. Zusätzlich wird häufig an der Vorderseite der Stützklappgriffe ein Notruftaster integriert, womit die Problematik einer Fehlbedienung einhergeht. Generell gilt zu überprüfen, an welche Stelle Notrufe am sinnvollsten direkt eingehen; es bietet sich der Empfang oder der Hausmeister an. Eine rund um die Uhr nutzbare Toilette kann beispielsweise über das Mobilfunknetz mit einem Sicherheitsdienst verbunden werden.

Bei der Anzahl barrierefreier Toiletten in einer baulichen Anlage bzw. in einer funktionalen Einheit lassen die anerkannten Regeln der Technik zunächst wenig Spielraum. In jeder Sanitäranlage ist ein Behinderten-WC unterzubringen. Die Realität zeigt indes Varianten auf: So ist das WC für Menschen mit Behinderungen häufig gar in die Standard-WC-Anlage integriert, etwa wenn sich diese im Keller befindet. Wichtig scheint ein strategisches Vorgehen bei der richtigen Platzierung und Quantifizierung. Aufzugsnähe oder eine möglichst zentrale Lage sind wichtige Kriterien. Es entwickeln sich auch stets Diskussionen über die geschlechtsspezifi-

sche oder geschlechtsneutrale Nutzung. Optimal ist die Einbindung je eines WCs in die geschlechtsspezifisch getrennten Standardanlagen. Bestimmte Gebäude, die nicht vandalismusgefährdet sind, lassen die Möglichkeit zu, das WC ganz wirtschaftlich auch nichtbehinderten Gästen zur Verfügung zu stellen. Dazu zählen beispielsweise Verwaltungsgebäude oder Restaurants.

Duschplätze, die in verschiedensten funktionalen Zusammenhängen zu sehen sind, werden grundsätzlich schwellenfrei ausgebildet. Das bedeutet eine Anordnung auf dem Niveau des angrenzenden Bodenbereichs, ohne erhöhte Duschwanne. Alternativ ist eine maximale Absenkung um 2 cm möglich, sofern sich die 150 × 150 cm große Duschfläche nicht mit der Bewegungsfläche vor anderen Sanitärgegenständen überlagert. Diese Dimensionierung wird auch für eine 360°-Drehung erforderlich. Mit einer durchgängig gefliesten Fläche ist dies platzsparend möglich. Der Duschplatz kann beispielsweise als seitliche Bewegungsfläche des WC-Beckens dienen. Ein 40 cm breiter und mindestens 45 cm tiefer Dusch-Klappsitz mit Rückenlehne, dessen Sitzhöhe 46–48 cm beträgt,

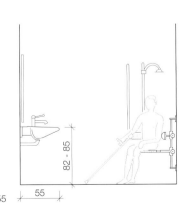
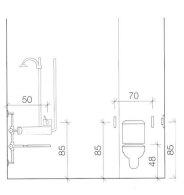

55   56

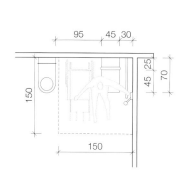

57

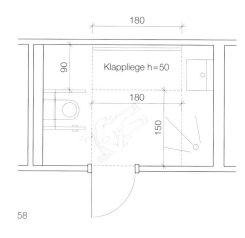

58

ergänzt die Dusche. Analog den Anforderungen an die selbstständige WC-Benutzung muss neben dem Klappsitz auf beiden Seiten eine Bewegungsfläche von 90 cm Breite und 70 cm Tiefe, gemessen von der Vorderkante des Klappsitzes, verfügbar sein. Mobile Hocker sind sehr praktisch, jedoch eher für den privaten oder den Hotelbereich geeignet, da sie kaum zu sichern sind. Auch beidseitig angeordnete Stützklappgriffe sind hier obligatorisch. Zusätzlich tragen waagerechte Haltegriffe und eine senkrechte Haltestange zu Sicherheit und Komfort bei (Abb. 57; S. 59, Abb. 55).

Falls ein fester Brausekopf vorhanden ist, sollte ihn eine zusätzliche, umschaltbare Handbrause ergänzen, die auch im Sitzen eine gute Reinigung ermöglicht. Die Auswahl des Mechanismus zur Fixierung der Brause auf der gewünschten Höhe verdient besondere Sorgfalt: Drehbewegungen an kleinen Knöpfen sind für motorisch eingeschränkte Personen schwierig. Daher ist ein möglichst einfaches, selbsterklärendes und gut greifbares Design geeignet. Dasselbe gilt für die Armatur, die außerdem eine gefahrlose Mischung heißen und kalten Duschwassers sicherstellen muss. Rutschhemmende Bodenbeläge im Duschbereich sind gemäß der gängigen Rutschfestigkeitsklassen auszuwählen.

Hilfreich sind Kleiderhaken in 85 cm und 150 cm Höhe sowie eine separate 15 cm tiefe und 30 cm breite Ablage in 85 cm Höhe.

Barrierefreie Sanitärräume der geschilderten Art stehen auch seh- und hörbehinderten Menschen zur Verfügung. Selbst wenn diese Zielgruppe die angebotenen Bewegungsflächen nicht unmittelbar benötigt, sind Haltegriffe, Verbrühschutz und Notruf auch für sie sinnvolle Komponenten. Eine kontrastreiche Gestaltung der Sanitärräume hilft Personen mit eingeschränktem Sehvermögen

die Einrichtungsgegenstände wahrzunehmen.

In behindertengerechten Sanitärräumen von Raststätten sollte mindestens eine Umkleideliege – in Kombination mit einer Dusche – vorhanden sein. Ist dies der Fall, kann man auf einen Wickeltisch verzichten, da das Wickeln von Kleinkindern dann auch auf der Liege erfolgen kann. Die Möglichkeit von Toilettenbenutzung, Dusche und Umkleide kombiniert in einem Raum schätzen Reisende mit Behinderung als umfassendes Angebot. Um Platz zu sparen, ist eine Klappliege durchaus denkbar (Abb. 58).

Sportstätten
Die Bedeutung des Sports für ältere Menschen und Menschen mit Behinderung ist nicht zu unterschätzen, sowohl in physischer als auch in sozial-kommunikativer Hinsicht. Behinderte Personen besuchen Sportstätten wie Turnhallen, Schwimmbä-

der oder auch Fitnessstudios individuell oder im Mannschaftssport. Grundsätzlich gilt auch hier das Prinzip der allgemein üblichen Nutzbarkeit. Insbesondere für mobilitätseingeschränkte Personen bedarf es einiger gezielter Maßnahmen im Bereich der Umkleideräume und Duschen.

Die selbstständige Nutzbarkeit eines Umkleideraums setzt die richtige Dimensionierung von Bewegungsfläche und Umkleideliege voraus. Die Liege, die u. a. Personen nutzen, die ihren Unterkörper nicht abstützend einsetzen können, sollte 180 cm lang und 90 cm tief sein. Ist sie schmaler, riskiert der Gast beim selbstständigen Umkleiden einen Sturz. Die Sitzhöhe entspricht mit 46–48 cm der Sitzhöhe von Rollstühlen. Vor der Liege muss eine 150 cm tiefe Bewegungsfläche vorhanden sein.

Auch eine nicht-selbstständige Nutzung von Umkleideräumen z. B. von Schwerbe-

59

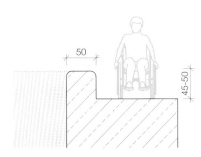

60

61

hinderten ist zu bedenken. In diesem Fall dient die Liege dem An- und Auskleiden sowie zum Wickeln auch von erwachsenen Personen. Sie sollte gepolstert sein und ein erhöhtes Kopfteil haben; aus hygienischen Gründen ist eine Papierrolle zum Abdecken der Liegefläche wünschenswert.

Schwimm- und Bewegungsbecken benötigen geeignete technische Ein- und Ausstiegshilfen wie Lifte oder flache Treppen (Abb. 60). Abstellplätze für Rollstühle sind in Abhängigkeit von der jeweils gewählten Ein- und Ausstiegshilfe vorzusehen. Idealerweise stehen spezielle Rollstühle zur Verfügung. Sind diese aus Kunststoff, können Schwimmer sie mit ins Becken nehmen, und auch ein Saunagang wird durch die Vermeidung sich erhitzender Metallteile am Rollstuhl vereinfacht. Vielerorts weitet sich das Angebot auf Stühle aus, die eine Mischung sind aus Rollstuhl

und Strandmobil. Deren große Räder sind auch geeignet zum Überrollen des Beckenrands, sodass man aus der Sitzposition heraus direkt losschwimmen kann. Dies setzt allerdings Assistenz voraus, beispielsweise von Seiten des Personals.

Sehbehinderten Gästen bietet die kontrastreiche Gestaltung einzelner Bauteile Sicherheit. Insbesondere in den Beckenraum hineinragende Treppen oder auch Liegen müssen sich farblich absetzen, zumal das Wasser die Erkennbarkeit zusätzlich erschwert.

Service und Verkauf
Zur rollstuhlgerechten Nutzung sollte die Höhe von Tresen, Serviceschaltern und Verkaufstischen 80 cm nicht überschreiten. Bei mehreren gleichartigen Einrichtungen ist mindestens ein Element in dieser Höhe anzuordnen und unterfahrbar auszubilden. Kniefreiheit setzt, wie auch

62

57 Anfahrbarkeit, Bewegungsfläche und Dimensionen barrierefreier Toilettenraum mit Duschsitz
58 Sanitärraum in Rast- bzw. Sportstätten
59 Le Bains de Docks, Le Havre (F) 2008, Jean Novel
60 Zugang Schwimmbecken über ein sitzhohes Podest; SIA, Schweiz
61 Tribünensituation Erlebnisbad Kohlbruck, Passau (D) 2000, Teppert und Heiss mit Hiendl und Partner
62 mit dem Rollstuhl unterfahrbare Tresensituation im »gast«, Gasteig, München (D) 2004, Zeeh Bahls & Partner Design mit Atelier Lüps

66

67

63

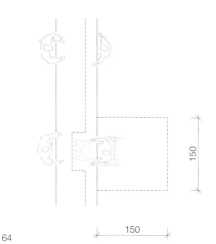

64

150

65

beim Waschbecken, einen Beinraum von 55 cm Tiefe in mindestens 67 cm Höhe voraus. Auch hier ist eine Höhenstaffelung möglich.

Bei der üblichen Gestaltung dieser Ausstattungselemente ist eine Nutzung durch Rollstuhlfahrer, aber auch durch Menschen mit Bewegungseinschränkungen oft nicht zufriedenstellend. Eine Höhendifferenzierung der Flächen vor und hinter dem Tresen kann diese Anforderung erfüllen. Hörbehinderte Kunden sollten wichtige Informationen und Hinweise dank einer guten Beschilderung oder Kennzeichnung visuell unmittelbar erfassen können. Ihre Anordnung in Augenhöhe ist ebenso wichtig wie die gute Lesbarkeit.

Beherbergungsstätten

Angebote aus »barrierefreien« Urlaubsorten lesen sich höchst unterschiedlich und sind in den seltensten Fällen wirklich zu beurteilen oder gar zu vergleichen. Normen und Bauordnungen fordern in Teilbereichen Barrierefreiheit, beziehen sich in der Regel auf Neubauten und erreichen kleinere Anbieter nur in begrenztem Maße. Ein sehr hilfreiches Instrument ist in solchen Fällen die Entwicklung und Verabschiedung einer Zielvereinbarung. Interessenvertreter der Gastgeber erarbeiten gemeinsam mit denen behinderter Menschen Kriterien, die eine Bewertung von Hotels und Gaststätten nach Mindeststandards ermöglichen sollen. Es hat sich dabei herausgestellt, dass eine Kategorisierung unterschiedliche Behinderungsarten berücksichtigen kann. Was zunächst wenig integrativ klingt, stellt sich zunehmend als wertvolle Möglichkeit heraus, bei einer Zertifizierung auch jene bestehenden Häuser zu berücksichtigen, die aufgrund schwieriger Randbedingungen Barrierefreiheit für mobilitätseingeschränkte Menschen nicht anbieten können. In Deutschland haben Betriebe die Möglich-

keit mit Hilfe von Checklisten die Einhaltung der Mindeststandards zunächst selbst zu überprüfen und gegebenenfalls zertifizieren zu lassen. Der Deutsche Hotel- und Gaststättenverband unterscheidet fünf Kategorien:

A barrierefrei für Gäste mit einer Gehbehinderung, die zeitweise auch auf einen nicht-motorisierten Rollstuhl oder eine Gehhilfe angewiesen sein können

B barrierefrei für Gäste, die gehunfähig und ständig auf einen Rollstuhl angewiesen sind

C barrierefrei für Gäste, die sehbehindert oder blind sind

D barrierefrei für Gäste, die schwerhörig oder gehörlos sind

E barrierefrei für alle Gäste mit körperlichen oder sensorischen Einschränkungen

Grundsätzlich haben sich die Anforderungen an öffentlich zugängliche Gebäude und an Wohnungen auf die Kategorisierung in Gastronomie und Hotellerie übertragen.

So entspricht beispielsweise das Hotelzimmer mit Bad der Kategorie B den Vorgaben des rollstuhlgerechten Wohnens. Kategorie A hingegen nimmt auf das barrierefreie Wohnen Bezug, was hauptsächlich durch kleinere Bewegungsflächen zu charakterisieren ist. Die Mindeststandards der Kategorie B schließen diejenigen der Kategorie A inhaltlich ein. Kontraste spielen in Kategorie C für Gäste mit Sehbehinderung eine große Rolle. Die Kommunikations- und Alarmierungsmöglichkeiten im Hotelzimmer charakterisieren Kategorie D. Hörbehinderte Gäste müssen beispielsweise über einen Internetzugang im Zimmer per E-Mail kommunizieren können.

In der Regel entspricht mindestens ein Zweibett- oder Doppelzimmer den oben genannten Kriterien.

Wohnungen

Angesichts der demographischen Veränderungen in den meisten westlichen Industriestaaten und eines Paradigmenwechsels bezüglich der Wohnformen für Menschen mit Behinderung und ältere Menschen stellen sich für die am Wohnungsbau beteiligten Entscheidungsträger neue Fragen. Stadtplaner, Bauherren und Architekten beziehen Barrierefreiheit in ihre Überlegungen ein. Sowohl geänderte politische Vorgaben und Leitbilder – nicht zuletzt durch die neue UN-Konvention über die Rechte von Menschen mit Behinderungen entstanden – als auch der gesellschaftliche und marktwirtschaftliche Bedarf zwingen zu einer verstärkten Auseinandersetzung mit der Schaffung barrierefreien Wohnraums.

Menschen mit Behinderungen und alte Menschen mit Nichtbehinderten in ein gemeinsames Wohn- und Lebensumfeld zu integrieren, hat in der Wohnungspolitik höchstes Gewicht. Barrierefreie Wohnungen sollten ein selbstverständlicher Standard im gesamten Wohnungsbau sein. Nicht zuletzt durch die Beratungsstellen der Architektenkammern und die Mitarbeit der beteiligten Verbände sind wichtige Erkenntnisse in die Formulierung von Richtlinien und Gesetzen eingeflossen. Die Empfehlungen sollten beim Schaffen von Wohnraum grundlegend sein, sodass immer mehr mobilitätsbehinderte Mitbürger die Möglichkeit für mehr Selbstständigkeit und Beweglichkeit erhalten; dies erleichtert ihnen die Integration in ihr gesellschaftliches Umfeld. (siehe »Gesellschaftliche Entwicklung«, S. 29).

Ein Planer kann systematisch Einzelziele verfolgen. Der Schlüssel liegt in der klaren, schwellenlosen vertikalen und horizontalen Erschließung der Räume und in deren zwecksprechendem Zuschnitt. Diese Prinzipien empfehlen sich sowohl für Neubauten als auch für die Modernisierung im Bestand. Nachfolgende Überlegungen betreffen in erster Linie den Umbau.

Zunächst gilt es zu prüfen, ob zumindest eine Ebene, in den meisten Fällen das Erdgeschoss, barrierefrei erschlossen werden kann. Die Neugestaltung dieser Ebene kann komplett oder sukzessive erfolgen.
Erreicht man den Hauseingang bisher über Stufen, ist abzuwägen, ob Rampe oder Lift, gegebenenfalls ein Plattformlift, diese überbrücken können.
Der erste entscheidende Schritt ist getan, wenn die Eingangstüren von Haus und Wohnung zugänglich sind. Ein ausreichendes lichtes Durchgangsmaß ist bei Eingangstüren meist ohnehin gegeben; eine Ausnahme stellen Altbauten mit zweiflügeligen Eingangstüren dar.
Ideal, aber auch teuer ist die Erschließung aller Ebenen durch einen Aufzug. Eventuell ist eine Durchlade- oder Über-Eck-Variante notwendig, um ein Sockelgeschoss zu erreichen. Bleibt es bei der ausschließlichen Erschließung durch eine Treppe, sollte sie unbedingt einen zweiten Handlauf erhalten. Es ist darauf zu achten, dass dieser die Breite des Fluchtwegs nicht in unzulässiger Weise einschränkt. Abstellfläche im Treppenhaus ist nicht nur für Kinderwagen vorzusehen: Zunehmend müssen ebenfalls Gehwägen Platz finden. Überlegungen zur Erschließung des Kellers und der Tiefgarage scheitern häufig an der Tatsache, dass diese untereinander nur über Zwischenstufen erreichbar sind. Fährt kein Aufzug in die Tiefgarage, empfiehlt es sich, Parkraum für mobilitätseingeschränkte Personen in der Nähe des Hauseingangs zu schaffen. Türen, die schwer zu öffnen sind, beispielsweise in der Tiefgarage, können mit einer Türautomatik nachgerüstet werden. Barrierefrei erreichbar sind somit Wohnungen, wenn sie von der öffentlichen Verkehrsfläche aus stufenlos oder über Rampen beziehungsweise Aufzüge erschlossen werden. Die Haus- und/oder Wohnungseingangstür muss zudem eine lichte Durchgangsbreite von 90 cm aufweisen. Bis zur Wohnungseingangstür müssen die Flure mindestens 120 cm lichte Breite aufweisen und ausreichend Bewegungsflächen vor Türen und Aufzügen vorhalten. Mindestens einmal muss eine Bewegungsfläche von 150 × 150 cm als Drehfläche für Rollstuhlfahrer vorgesehen werden. Innerhalb der Wohnung wird die Erreichbarkeit mit lichten Durchgangsbreiten von 80 cm sichergestellt.

Neben der Erreichbarkeit der Wohnung spielt das Kriterium der Nutzbarkeit eine fast gleichwertige Rolle. Ausreichende Bewegungsflächen sind in Fluren und allen Räumen, die der täglichen Lebensführung dienen, vorzusehen. Was den Sanitärbereich betrifft, so ist die bodengleiche Dusche eines der Schlüsselelemente. Hier muss der Planer die technische Machbarkeit im Detail überprüfen. Häufig gelingt die Entwässerung nicht in allen Geschossen, da der Bodenaufbau im Bestand zu gering ist und das Risiko der Schallübertragung entsteht. Eine Lösungsmöglichkeit bietet zumindest die Ausstattung der Erdgeschosswohnungen mit bodengleichen Duschen, da hier im Einzelfall eine Abwasserführung unter der Kellerdecke möglich ist.
Bei der Sanierung von Bädern und der Ergänzung von Vorwandinstallationen empfiehlt es sich auf allen Ebenen

63 Bewegungsflächen und Höhen von Theken und Tischen
64 Unterfahrbarkeit eines Tresens auf einer Breite von 90 cm und angrenzende Bewegungsfläche
65 Alarmierungsmöglichkeiten für Gäste mit Hörbehinderung in Beherbergungsstätten Quelle: Stadt Graz
66 unterfahrbare Möblierung Seminarbereich Schloß Hohenkammer, Hohenkammer (D) 2007, HildundK,
67 seitlich anfahrbare und mit unterfahrbarem Sockel versehene Möbel im Side Hotel, Hamburg (D) 2001, Jan Störmer und Mattheo Thun

68

Verstärkungselemente innerhalb der Wand für eine eventuelle Nachrüstung von Stützklappgriffen einzubauen.

Die barrierefreie Nutzbarkeit ist sichergestellt, soweit wesentliche Räume, die für die tägliche Lebensführung von unmittelbarer Bedeutung sind (Wohnräume, Schlafräume, eine Toilette, ein Bad, Küche oder Kochnische, Raum mit Anschlussmöglichkeit für die Waschmaschine), u. a. ausreichende Bewegungsflächen im Sinne der DIN 18025 Teil 2 aufweisen. Diese Bewegungsflächen sollten 120 × 120 cm betragen. Im Bad müssen vor den Einrichtungsgegenständen WC, Waschbecken und Badewanne entsprechende Bewegungsflächen nachgewiesen werden.

Nachdem die Musterbauordnung lediglich die Erreichbarkeit und Zugänglichkeit von Gebäuden mit mehr als zwei Wohnungen regelt, haben einige Länderbauordnungen zwischenzeitlich festgelegt, dass in Gebäuden mit mehr als zwei Wohnungen die Wohnungen eines Geschosses barrierefrei erreichbar und nutzbar sein müssen. Dies bedeutet u. a., dass Wohn- und Schlafräume, eine Toilette, ein Bad, die Küche sowie der Raum mit Anschlussmöglichkeiten für eine Waschmaschine entsprechende Bewegungsflächen nach DIN 18025 aufweisen müssen. Zwischenzeitlich wurde klargestellt, dass die o. g. Verpflichtung nicht mehr wie zuvor ausschließlich durch Wohnungen eines Geschosses, sondern auch durch barrierefrei erreichbare Wohnungen in mehreren Geschossen (z. B. durch freiwilligen Einbau eines sonst nicht erforderlichen Aufzuges) erfüllt werden kann. Dadurch kann beispielsweise besonderen Geländeverhältnissen entsprochen werden und eine möglicherweise wirtschaftliche Stapelung gleicher Grundrisse wird möglich.

Aufzüge sind gemäß § 39 Musterbauordnung grundsätzlich in Gebäuden erforderlich, bei denen der Fußboden des höchstgelegenen Geschosses, in dem Aufenthaltsräume möglich sind, höher als 13 Meter über der Geländeoberfläche im Mittel liegt. Derartige Aufzüge müssen von allen barrierefrei nutzbaren Wohnungen und von den öffentlichen Verkehrsflächen aus stufenlos erreichbar sein und Rollstühle sowie ggf. Krankentragen aufnehmen können. Bei mehreren Aufzügen muss mindestens ein Aufzug so dimensioniert sein, dass Kinderwagen, Rollstühle, Krankentragen und Lasten aufgenommen werden können. Dieser Aufzug muss Haltestellen in allen Geschossen haben.

Definiert § 34, Abs. 6, Satz 2 der Musterbauordnung noch, dass für Treppen Handläufe auf beiden Seiten und Zwischenhandläufe vorzusehen sind, soweit die Verkehrssicherheit dies erfordert, formulieren einzelne Länderbauordnungen diese Anforderung bereits für Treppen in Gebäuden mit mehr als zwei nicht stufenlos erreichbaren Wohnungen. Ist also bei diesen Wohnungen die stufenlose Erreichbarkeit nicht über eine Rampe oder einen Aufzug gesichert, soll insbesondere für ältere Bewohner das Begehen der Treppe mit dem beidseitigen Handlauf sicherer und bequemer werden. Hiermit wird deutlich, dass eine detailgenaue Kenntnis der jeweiligen Ländergesetzgebung unumgänglich ist, da entscheidende, entwurfsrelevante Vorgaben in den Artikeln zur Barrierefreiheit fixiert sein können (siehe »Geregelte Grundlagen«, Tabelle T2).

Investoren und Architekten sollten bereits im Vorfeld Überlegungen bezüglich der momentanen und der zukünftigen Klientel der Wohnanlage anstrengen. Große Wohnungen im Erdgeschoss mit Gartenzugang sind attraktiv sowohl für Familien als auch für Senioren, die in neuen Wohnformen leben möchten. Durch eine Planung und Ausführung, die im Bedarfsfall nachträglich die Zusammenlegung von Wohnungen erlaubt, ergeben sich häufig neue Möglichkeiten der Nutzung. Wenn beispielsweise eine Zwei- und eine Drei-Zimmer-Wohnung aneinander gekoppelt werden, kann eine Senioren-WG entstehen. Zwei Bäder stehen zur Verfügung, was auch notwendig ist. Die zweite Küche indes lässt sich um- und anderweitig nutzen.

Um insbesondere ihrer älter werdenden Mieterschaft entgegenzukommen, planen Wohnungsbaugesellschaften zunehmend eine der Erdgeschosswohnungen als Begegnungsstätte. Ein großer Gemeinschaftsraum, ausgestattet mit einem zusätzlichen WC, bekommt den Charakter einer Cafeteria und die Bewohner die Möglichkeit eines gemeinsamen Treffpunkts.

Das Thema Wohnungstausch erscheint verlockend: Bei nachlassender Mobilität eines Mieters könnte ein Wechsel zwischen identisch geschnittenen Wohnungen in die Erdgeschossebene den Verbleib in der Wohnanlage ermöglichen. Dies hängt allerdings von sehr vielen Faktoren ab; nicht zuletzt wird von den anderen Mietern eine hohe Akzeptanz verlangt bzw. müsste zum jeweiligen Zeitpunkt gerade eine Wohnung frei werden. Die Problematik trifft im Übrigen auch auf den Zusammenschluss von Wohnungen zu. Diese Überlegungen sollten insbesondere vor den Umbaumaßnahmen stattfinden, um mögliche Durchgänge und die Koppelung von Fluren zu klären.

Barrierefreie Wohnanlagen berücksichtigen nicht nur die eingeschränkte Mobilität, sondern auch das Nachlassen der Sinnesorgane. Farbkontraste erleichtern die Wahrnehmung, was vor allem im Treppenhaus wegen der Sturzgefahr wichtig ist. Klingeln tragen ebenso wie Briefkästen größere Schriften. Die Möglichkeit eines Notrufs oder Servicerufs verhilft entscheidend zu einem erhöhten Sicherheitsgefühl.

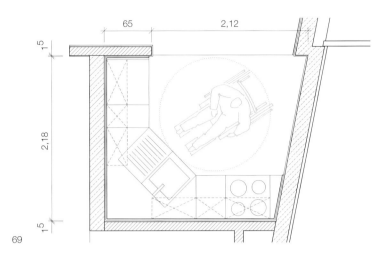

69

70

Auch die Nutzer können – in Abstimmung mit dem Eigentümer – mit Individualstrategien vorgehen, um sich »ihren« Barrieren zu widmen und diese nach und nach zu beseitigen. Bereits bei den Wänden stellt sich die Frage, welche grundsätzlich entfallen können, um mehr Platz zu schaffen. Flurzonen können durch Entfernen von Wänden zu Bewegungsflächen innerhalb von Räumen werden, die Menschen mit Behinderung, sei es mit Rollstuhl oder Gehhilfen, benötigen. Oft sind in Altbauten die Bereiche Wohnen und Kochen getrennt. Entfernt man die Zwischenwand, ergeben sich neue Möglichkeiten der nun viel durchlässigeren Räume. Im Bestand werden nicht selten WC und Bad zu einem Raum verbunden, um dank der gewonnenen Großzügigkeit eine längere Nutzbarkeit des elementaren Sanitärbereichs zu schaffen. Ähnlich verhält es sich mit Garderobe und Gäste-WC im Einfamilienhaus. Erst deren Koppelung zu einem barrierefreien Bad lässt die ausschließliche Nutzung der Erdgeschossebene realistisch erscheinen.

Nicht zuletzt die Möblierung selbst muss kritisch betrachtet werden. Die Waschmaschine kann beispielsweise in einem Küchenunterbau Platz finden, wodurch der oft mühsame Gang in den Keller entfällt oder man mehr Platz im Bad gewinnt. Terrasse oder Balkon können manchmal schon durch einfache Maßnahmen erschlossen werden: Die Kombination einer kleinen, gegebenenfalls abnehmbaren Rampe auf der Raumseite mit einem Holzrost auf dem Balkon kann helfen die Schwelle des Türstocks zu überwinden.

Flure in Wohnungen
Das Bestreben, Grundrisse ökonomisch zu gestalten, hat – besonders bei eng begrenztem Flächenangebot – dazu geführt, die Verkehrsflächen in Wohnungen als sogenannte Nebenflächen zu minimieren. Dies ist nicht nur aus dem Blickwinkel der Barrierefreiheit gesehen eine bedauerliche Entwicklung: Die Diele als Eingangs- und Verteilraum in der Wohnung ist verdrängt und ersetzt worden durch häufig enge, schlecht proportionierte, reine »Funktions«-fläche ohne Aufenthaltsqualität. Hier weist die Forderung nach einer Mindest-Bewegungsfläche von 150 × 150 cm als Wendemöglichkeit für Rollstuhlfahrer und zum rechtwinkligen Abbiegen – etwa um eine Tür, die vom Flur abgeht, anzufahren – zumindest in die Richtung einer gewissen Großzügigkeit, die viele Wohnungsgrundrisse der letzten Jahre vermissen lassen.
Für die Geradeausfahrt von Rollstuhlfahrern, ohne die Notwendigkeit zu wenden, reichen 120 cm Breite zwischen Wänden aus. Dies gilt ebenso als minimal erforderliches Maß für gehbehinderte Personen. Auch diese haben mit ihren Gehhilfen einen erhöhten und oft unterschätzten Platzbedarf.
Einrichtungsgegenstände in Eingangs- und Flurflächen, wie Garderoben- und Aufbewahrungsschränke oder Garderobenständer, dürfen die genannten Bewegungsflächen nicht einschränken. Somit entsteht die Notwendigkeit und die Chance, die zu Unrecht als Nebenflächen behandelten und vernachlässigten Bereiche von Wohnungen generell neu zu bewerten und zu gestalten.

Wohn-, Schlafräume und Küchen
Aus der Forderung nach Barrierefreiheit lassen sich zunächst keine absoluten Raumgrößen herleiten. Die Mindestgrößen ergeben sich aus dem Platzbedarf der Einrichtungsgegenstände selbst, deren als ausreichend anzusehenden Abständen untereinander sowie der erforderlichen Bewegungsflächen im Raum. Kriterien für die barrierefreie Nutzbarkeit von Wohnräumen sind die Anfahrbarkeit und Bedienbarkeit von Fenstern und Ausgangstüren ins Freie und von Regalen, Schränken und Sitzmöbeln. Auch an ein Wechseln vom Rollstuhl auf Sitzmöbel ist zu denken. Die möglichst großzügige Dimensionierung der Flächen für die Bewegung durch den Raum, die ein reibungsloses und unangestrengtes Funktionieren der alltäglichen Abläufe ermöglicht, ist ebenso signifikantes Merkmal. Daraus resultiert die Notwendigkeit einer gründlichen Untersuchung der Möblierungsmöglichkeiten der Wohnräume. Als generelle Mindestanforderung gilt wenigstens eine freie Fläche von 150 × 150 cm als Möglichkeit zum Wenden vorzusehen.
Wichtig sind Bewegungsflächen im Schlafzimmer, das häufig zu klein ist. Ein Einzelbett sollte so positionierbar sein, dass im Bedarfsfall eine Zugänglichkeit von zwei Seiten gegeben ist. Lichtschalter und Steckdosen sollten hierauf ausgerichtet sein. Hier sind neben den schon genannten Aussagen zu Fenstern das Erreichen und Einsteigen in das Bett sowie die Bedienbarkeit der meist dem Schlafraum zugeordneten Schränke von Belang. Für den Fall einer Rollstuhlnutzung werden die folgenden Abmessungen für nötig erachtet (S. 66, Abb. 72).
Entlang der Bettseite eines Rollstuhlbenutzers dient eine Tiefe von 150 cm dem Rangieren und Umsetzen. Die Bettseite eines nicht-behinderten Partners soll 120 cm tief sein, damit der Rollstuhlbenutzer ihn im Krankheitsfall versorgen kann. Zum Rangieren vor dem Schrank sowie zum Öffnen und Bedienen ist ebenfalls eine Tiefe von 150 cm über die gesamte Schranklänge erforderlich.

St. Cajetan, München (D) 2008, Ebe & Ebe
68 überdachte Eingangssituation mit Verweilflächen
69 rollstuhlgerechte Küche mit einer Anordnung der zu bedienenden Einrichtungen über Eck

70 unterfahrbare Küchenzeile, Haus CK, München (D) 2002, lynx-architecture

71

Dem steht ein geringerer Flächenbedarf durch mobilitätseingeschränkte Personen gegenüber, die nicht auf den Rollstuhl angewiesen sind. Vor Schränken genügen 90 cm, entlang einer Bettseite sollte die Tiefe 120 cm betragen.

Die stark begrenzte Reichweite von sitzenden Personen nach oben wirkt sich unmittelbar auf die Schranklänge bei gleicher Schrankkapazität aus.

Die Raumgrößen von reinen Küchen, im Unterschied zu Wohnküchen, ergeben sich aus den Maßen der Ausstattungsgegenstände in Verbindung mit den Bewegungsflächen, die flüssige Arbeitsabläufe ermöglichen; auch wenn die Notwendigkeit besteht, überwiegend oder ganz im Sitzen zu arbeiten. Bedeutend ist die Anordnung der wichtigsten Aggregate wie Kochstelle und Wasserhahn über Eck. Nur so lässt sich zeit- und kraftraubendes Aus- und Einparken mit den damit verbundenen Rangiervorgängen vermeiden. Durch die Lage der Hauptarbeitsfläche in der Ecke lassen sich Herd und Spüle mit einer leichten Drehung des Oberkörpers erreichen, ohne die Grundposition wesentlich verändern zu müssen – für Rollstuhlfahrer und viele ältere Menschen eine wesentliche Voraussetzung für selbstständige Küchenbenutzung (S. 65, Abb. 69 und 70).

Die oft diskutierte Höhenverstellbarkeit der Arbeitsflächen erscheint, wenn man die Oberkante der Geräte und der Arbeitsflächen mit 85 cm wählt, entbehrlich. Ausnahme wäre die abwechselnde Benutzung durch Personen stark unterschiedlicher Körpergröße. In letzter Zeit bietet die Möbelindustrie aufgrund der steigenden Durchschnittsgröße der Bevölkerung wesentlich höher angeordnete Arbeitsflächen an. Eine individuelle Planung und Höhenjustierung ist zu empfehlen.

Aus der erforderlichen Beinfreiheit im Sitzen ergibt es sich zwangsläufig, dass

Arbeitsflächen, und daraus logisch folgend Herd und Spüle, unterfahrbar sein müssen. Es entfallen also die dort üblicherweise befindlichen Unterschränke. Die maximale Greifhöhe vom Sitzen aus liegt bei etwa 140 cm über dem Fußboden; der Einsatz von Oberschränken für Personen, die im Sitzen arbeiten müssen, verbietet sich somit fast zur Gänze. Für eine rollstuhlgerechte Nutzung für Einbauten von Kücheneinrichtungen wird eine Griffbereichshöhe für Kühlschränke, Backöfen, Schränke und Hochschränke von 40–140 cm über OK FFB empfohlen. Es ergibt sich für die barrierefreie Küche

ein deutlich erhöhter Platzbedarf, der allerdings nicht in fixen Größenordnungen festgeschrieben ist. Dessen Vernachlässigung kann schnell zu erheblichen Einschränkungen der Funktionsfähigkeit der Küche führen.

Geräte, die barrierefrei nutzbar sein sollen, beinhalten spezielle Anforderungen an die Bedientechnik: Einsehbarkeit und Erkennbarkeit des Bedienungsstatus aus der Sitzposition und mit eingeschränkter Sensorik sind erforderlich. Greif- und Tasteigenschaften von Bedienelementen bei Berücksichtigung von motorischen und sensorischen Schwächen sind hier

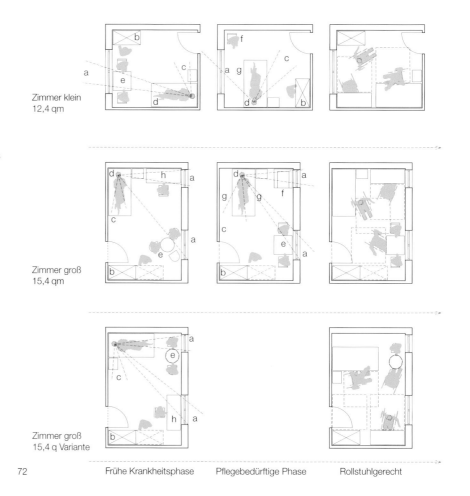

Zimmer klein
12,4 qm

Zimmer groß
15,4 qm

Zimmer groß
15,4 q Variante

72   Frühe Krankheitsphase   Pflegebedürftige Phase   Rollstuhlgerecht

73

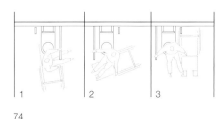

74

angesprochen. Das zieht eine Vielzahl von Überlegungen auf dem Sektor des Geräte-Designs nach sich. Anstelle tiefer Fächer in Unterschränken könnten Schubladen und statt eines normalen Backofens ein Wagen als Auszug die Benutzung erleichtern.

Private Sanitärräume
Bei der Planung von Sanitärräumen werden – wie auch bei anderen sogenannten Nebenflächen wie Fluren – häufig minimale Abmessungen zugrunde gelegt. Dies ist hier besonders kritisch, da es im Falle von Bewegungseinschränkungen oder Rollstuhlabhängigkeit nur schwer auszugleichen ist, wenn der Sanitärraum für diese Personen nicht uneingeschränkt nutzbar ist. Hier entscheidet sich bei Eintreten einer Behinderung häufig, ob ein Verbleib in der Wohnung möglich ist. Der nachträgliche Umbau und Anpassungsmaßnahmen sind oft überproportional kostenintensiv. Der größte Flächenbedarf ist im Fall der Rollstuhlabhängigkeit zu erwarten, wobei die Beeinträchtigung der Lebensqualität »nur« motorisch beeinträchtigter Personen beispielsweise mit Gehhilfen durch zu knapp bemessene Flächen im Alltag oft unterschätzt wird. Es schlagen die folgenden einzuhaltenden Bewegungsflächen und Abstände zu Buche. Eine quadratische Fläche von 150 × 150 cm ermöglicht das Wenden im Raum – um vorwärts ein- und auch vorwärts wieder ausfahren zu können. Diese Bewegungsfläche dient bei geeigneter Anordnung auch dazu, die erforderliche Position für das frontale Ansteuern des Waschtischs, des Duschplatzes sowie für das Umsetzen an Badewanne und Toilette einnehmen zu können. Individuelle Unterschiede verändern evtl. die Notwendigkeit oder die Abmessungen der angegebenen Flächen erheblich, entziehen sich allerdings einer generellen Berücksichtigung bei einem Regelwerk. So gibt

es eine Reihe von Umsteigepraktiken vom Rollstuhl auf die Toilette, die keinerlei seitliche Stand- bzw. Bewegungsfläche erfordern: beispielsweise das Umsteigen von frontal vorne oder von leicht schräg vorne (Abb. 74).
Der Umsteigevorgang vom Rollstuhl auf die Toilette macht jedoch in der Mehrzahl der Fälle eine seitlich der Toilette angeordnete, freie Fläche von 90 cm Breite und 70 cm Tiefe notwendig. Der Rollstuhlfahrer »parkt« rückwärts neben der Toilette ein und zieht sich mithilfe eines Stützgriffs vorne am Rollstuhlrad vorbei über eine leicht stehende Position auf den Toilettensitz hinüber. Aus Platzgründen und wegen der Benutzbarkeit auch durch Nicht-Rollstuhl-Fahrer besitzen die Griffe zusätzlich eine Klappfunktion. Dabei ist die Seite, von der aus das Umsteigen geschieht, nicht frei wählbar. Es besteht vielmehr eine individuelle Abhängigkeit hinsichtlich der Belastbarkeit besonders der Arme. Dennoch wird im Wohnungsbau stets nur eine Seite anfahrbar sein. Eine Auswahl kann potenziellen Mietern etwa die gespiegelte Anordnung in ansonsten gleich geschnittenen Wohnungen bieten. Bei Rollstuhlnutzung beträgt der erforderliche Abstand von seitlichen Wänden oder Einrichtungsgegenständen zur zweiten Seite der Toilette 35 cm.
Ohne Rollstuhlnutzung wird die Bewegungsfläche mit 120 × 120 cm definiert. Auch das seitliche Anfahren an die Toilette entfällt. Ein Vergleich von Duschbädern ohne und mit Rollstuhleignung zeigt, in welcher Größenordnung die so ausgelösten Flächenmehrungen liegen können (Abb. 75).
Standardtoiletten haben im Unterschied zu den genannten Maßen geringere Tiefen, nämlich zwischen 53 cm und 58 cm. Die für den Umsteigevorgang vom Rollstuhl auf die Toilette erforderlichen 70 cm kann nur ein WC-Korpus mit Sondermaßen erreichen.

Sollen Standard-Gegenstände zum Einsatz kommen, muss die Montage des WCs an einer entsprechend weit vor die Rückwand springenden Vormauerung in WCBreite die 70 cm bis zur Vorderkante des WCs erzeugen. Neben der Einhaltung der erforderlichen Abstände und der richtigen Positionierung der Installationsgegenstände sind ausreichend viele und belastbare Befestigungsmöglichkeiten für Stütz- und Haltegriffe im Raum erforderlich. Das Griffende muss eine Punktlast von mindestens 1 kN aufnehmen können. Die Befestigung der Stützgriffe muss dem standhalten. Vor allem bei leichten Trenn-

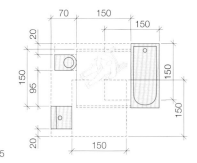

75

Kinderzentrum, Innsbruck (A) 2008, Nickl und Partner
71 Markierungen von Ganzglaselementen mit Hell-Dunkel-Kontrasten
73 Die Brüstungshöhen von max. 60 cm erlauben den direkten Ausblick aus allen Patientenbetten.

72 Variabilität Zimmergrundrisse, Wettbewerb Wohngemeinschaft Demenz, München (D)
  a ausblicken
  b aufbewahren
  c überblicken
  d schlafen
  e kommunizieren
  f sitzen
  g pflegen
  h schreiben
74 Die Abbildungen stellen die drei häufigsten Umsteigepositionen vom Rollstuhl auf das WC dar.
75 Der Einbau einer Dusche soll die nachträgliche Installation einer Badewanne samt der dazugehörenden Bewegungsflächen zulassen.

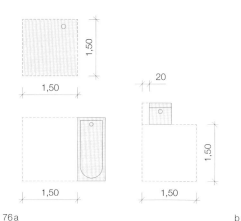

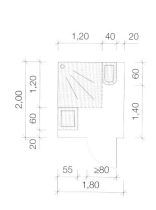

76a

b

77

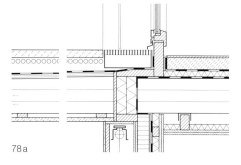

78a

b

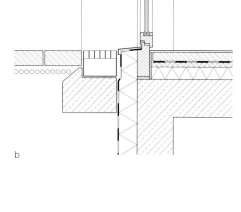

79

wänden und Vormauerungen sind also besondere Maßnahmen nötig, die diese verstärken.

Richthöhe für die Toilette ist wiederum mit 46–48 cm die übliche Sitzhöhe von Rollstühlen. Eine Höhenanpassung kann durch Wahl entsprechender Sitz-Aufstock-Elemente erfolgen. Besonders bei Toiletten, die nicht direkt neben der Wand angeordnet sind, stellt die Erreichbarkeit des Toilettenpapiers ein Problem dar – übrigens nicht nur für Menschen mit Behinderung. Eine Möglichkeit, die Papierhalter an die richtige Stelle zu bringen, besteht darin, sie beidseitig in die Vorderseite des seitlichen Stütz-Klapp-Griffs zu integrieren. Dort kann auch idealerweise die elektrische Betätigung der Toilettenspülung angeordnet sein.

Das Maß von 150 × 150 cm bestimmt wiederum den befahrbaren Duschplatz, um auch beim Duschen rangieren, sich bewegen und reinigen zu können. Stütz-Klapp-Griffe und ein klappbarer Duschsitz, auf den man gegebenenfalls vom Rollstuhl aus wechseln kann, erleichtern oder ermöglichen erst die barrierefreie Nutzbarkeit der Dusche. Richtmaß für die Anordnung der Armatur ist 85 cm über Oberkante Fußboden Dusche bei 50 cm Abstand zu Raumecken.

Vor der rollstuhlgerechten Badewanne muss das Rangieren in die richtige Position zum Umsteigen auf eine Einstiegshilfe möglich sein. Damit bewegungseingeschränkte Menschen Badewannen nutzen können, ist entlang der Badewanne eine 150 cm tiefe Fläche erforderlich. Der Wannenrand sollte nicht wesentlich höher als die Rollstuhlsitzfläche, also bei etwa 50 cm, liegen. Ein möglichst niedriger Wannenrand ist für die Nutzung durch ältere Menschen empfehlenswert, da dieser die Sturzgefahr deutlich reduziert. Der Wanne vorgelagerte zusätzli-

che Stufen dienen eigentlich als Einstiegshilfe, können zugleich aber ein erhöhtes Gefahrenpotenzial bergen. Ihr Einbau hängt sehr vom Einzelfall ab.

Die empfohlene Breite eines Waschtischs beträgt 60 cm. Dies erfordert im Normalfall den Einsatz eines Sondermodells, das z. B. seitlich auch beitere Flächen zum Abstützen bietet. Waschtische sollten mit ihrer Unterkante nicht tiefer als 67 cm über Oberkante Fußboden hängen, damit sie unterfahrbar sind und auch die Beinfreiheit für eine selbstständige oder assistierte Körperpflege im Sitzen garantieren. Dies bedingt zum einen die Anordnung eines Flachsiphons, zum anderen eine Mindesttiefe von 55 cm unter dem Waschtisch, um im Sitzen mit dem Oberkörper ausreichend nahe an den Rand des Waschtischs heranzukommen.

Da schwerbehinderte Rollstuhlfahrer, aber auch gebrechliche, alte Menschen Kippspiegel in der Regel nicht bedienen können, sind Spiegel, die bis zum Waschtisch herunterreichen, vorzuziehen. Um sich auch in stehender Position im Spiegel sehen zu können, ergibt sich eine Spiegelhöhe von etwa 100 cm, bei einer dem Waschtisch entsprechenden Breite von 60 cm.

Eine ausreichende Rutschsicherheit beim Bodenbelag in Nassräumen versteht sich von selbst. Barrierefreie WCs und Bäder sind mit selbstständig öffenbaren Fenstern zu versehen. Hygienischer ist eine mechanische Lüftungsanlage, da die durchschnittliche Verweildauer von Menschen mit Behinderung länger ist als im Normalfall. Besonders in der kalten Jahreszeit kann das Fenster nicht lange offen stehen. Gerade aus diesem Grund folgt auch, dass in Haushalten mit mehreren Personen ein zusätzlicher Sanitärraum mit WC ratsam ist.

80

Balkon, Terrasse, Freisitz
Dem wohnungsnahen oder direkt an der Wohnung gelegenen Freibereich kommt gerade bei Wohnungen für Personen, die in ihrer Mobilität eingeschränkt sind, besondere Bedeutung zu. Er sollte mindestens 4,5 m² groß sein und wegen der notwendigen Wende- und Bewegungsmöglichkeit mindestens eine 150 × 150 cm große Fläche aufweisen. Eventuell vorhandene massive Brüstungen sollten ab 60 cm über dem Fußboden durchsichtig sein, um sitzenden oder liegenden Personen gute Ausblickmöglichkeiten zu bieten.
Am Übergang zwischen Wohnung und Freisitz – generell an Ausgangstüren ins Freie – wirft die begründete Forderung nach Schwellenfreiheit technische Fragen auf. Nach den einschlägigen Richtlinien für Dichtungsmaßnahmen gegen Feuchtigkeit bei Türen zum Außenraum muss der Abstand zwischen der Oberkante der Feuchtigkeitssperre und der horizontalen Gebäudefuge, hier im Bereich der Tür, 15 cm betragen. Dies soll verhindern, dass stauende Nässe ins Gebäude eindringen kann. Für ein ungefährdetes Überfahren oder Überschreiten werden jedoch maximal 2 cm in Kauf genommen. Eine Lösung dieses Konflikts besteht in der Anordnung einer Entwässerungsrinne unmittelbar vor der Tür. Selbst diese ist jedoch ohne zusätzliche Maßnahmen wie beispielsweise Dachvorsprünge, die eine hohe Belastung durch Niederschlagswasser verhindern, nicht ganz regelkonform herzustellen. Architekten sind daher gut beraten, in diesen Fällen ihre Bauherren auf die Problematik hinzuweisen. Eine vollständige Regelkonformität ist bei der aktuellen Gesetzeslage nicht zu erzielen (Abb. 78a, b).

Fenster
Die zur Belichtung, zur Belüftung und zum Ausblick erforderlichen Fenster von Aufenthaltsräumen sind in ihrer Größe und ihren lichten Maßen durch Bauvorschriften festgelegt, nicht aber in deren Höhenlage und Lage in Bezug zu seitlichen Raumbegrenzungen.
Für ein barrierefreies Öffnen und Schließen sowie die Möglichkeit des Ausblicks ergeben sich Anforderungen an die Positionierung und Beschaffenheit von Fenstern: Besonders ist hier die Höhenlage von Griffen bzw. Oberlichtöffnern von Belang. Wenn man an Personen denkt, die auf die Bedienung vom Rollstuhl oder vom Sitzen aus angewiesen sind, ist die Anordnung der Bedienelemente in 85 cm bis 105 cm über dem Fußboden Voraussetzung. Besonders bei sehr hohen Fenstern führt dies, gerade in Bezug auf die Betätigung der Kippfunktion, zu technischen Problemen. Hier ist entweder auf die Möglichkeit des Kippens zu verzichten oder mechanisch zu unterstützen. Wenn auf die Anordnung von Fenstertüren anstatt Fenstern mit Brüstung ausgewichen werden kann, ist das Problem lösbar.
Bezüglich der Höhenlage von Fenstern besteht die Anforderung, dass im Sitzen, gegebenenfalls auch liegend, ein guter Blick nach draußen möglich sein soll. Daraus geht hervor, dass undurchsichtige Brüstungen von Fenstern nicht höher als 60 cm über dem Fußboden sein sollten. Dies löst bauordnungsrechtliche Überlegungen aus: Das Erreichen der vorgeschriebenen Absturzsicherung in 90 cm, beziehungsweise je nach Situation 100–105 cm, Höhe erfordert geeignete Lösungen. Auch hier bietet sich die Anordnung von Fenstertüren mit äußerer Absturzsicherung an (Abb. 80).
Die Anfahrbarkeit von Fenstern und Bedienteilen ist, wie bei Türen auch, ein weiteres Kriterium; insbesondere im Hinblick auf deren Lage zu seitlich begrenzenden Bauteilen wie Wänden. Ein Abstand von 50 cm ist nötig, um die Anfahrbarkeit mit dem Rollstuhl zu gewährleisten (S. 55, Abb. 46).

Mögliche Abweichungen
Nachdem es keine Regel ohne Ausnahme gibt, wurde trotz aller Definitionen in der Musterbauordnung und nahezu wortgleich in den Länderbauordnungen eine Ausnahmeregelung zu den Vorgaben des barrierefreien Bauens definiert. Die Regelungen des § 50, Abs.1–3 Musterbauordnung gelten nicht, wenn (begründeter) unverhältnismäßiger Mehraufwand entstehen würde
• durch ungünstige Geländeverhältnisse
• durch ungünstige vorhandene Bausubstanz
• im Hinblick auf die Sicherheit der Menschen mit Behinderung oder alter Menschen

Abweichungen sind grundsätzlich im Ermessen der zuständigen Behörde möglich.

Anmerkungen:
[1] Rau 2008
[2] DIN 32984, Bodenindikatoren im öffentlichen Raum, 2000
[3] GFUV/Workshop Bodenindikatoren 2008

76 a Dimensionierung rollstuhlgerechter Bewegungsflächen im Bereich des Duschplatzes, der Badewanne und des Waschtisches
    b Dimensionierung eines barrierefreien Sanitärraumes
77 niveaugleiche Dusche
78a, b schwellenloser Zugang zum Balkon bzw. der Terrasse durch Einbau einer Entwässerungsrinne bzw. entsprechend hoher Holzkonstruktion; Schutz vor Spritzwasserbeeinträchtigungen ist durch den Einbau von Gitterrostkonstruktionen auf der Rinne eher gewährleistet.
79 schwellenloser Übergang zum Terrassenbereich, Solar Decathlon, Darmstadt (D) 2007, Hegger
80 nach innen zu öffnende, gesicherte Fenstertüren aller Zimmer im Herderpark, Bad Tölz (D) 2008, Goetz Hootz Castorp

T5: Wesentliche Inhalte und Maßangaben der DIN 18024, 18025 und 18040
Die benutzten Begriffe, Inhalte und Maße entsprechen den in den Normen festgelegten Definitionen. Rollstuhlgerechte Planungsvorgaben sind mit (R) gekennzeichnet.
Kursiv gesetzte Formulierungen entsprechen der zur Drucklegung lediglich im Entwurf vorliegenden DIN 18040.

Bewegungsfläche Bewegungsflächen dürfen sich überlagern, ausgenommen vor Fahrschachttüren.	• Verweilfläche auf Schutzinseln oder Fahrbahnteilern	B 400 cm × T 250 cm
	• auf Gehwegen im Umfeld von Kindergärten, Schulen, Freizeit- oder Pflegeeinrichtungen • auf Fußgängerüberwegen und Furten	B 300 cm
	• Verweilfläche auf Fußgängerüberwegen und Furten	B 300 cm × T 200 cm
	• auf Gehwegen an Sammelstraßen	B 200 cm
	• Wendemöglichkeit (ausgenommen kleine Räume, die Rollstuhlfahrer auch vor- und rückwärtsfahrend uneingeschränkt nutzen können [R]) • Ruhefläche • am Anfang und am Ende einer Rampe • vor Haus- und Gebäudeeingängen • vor Bedienungseinrichtungen • vor Serviceschaltern, Durchgängen, Kassen und Kontrollen • vor und nach Fahrtreppen • vor Aufzugstüren • auf dem Freisitz • als Duschplatz (R) • vor dem WC (R) • vor dem Waschtisch (R) • vor dem Einwurf von Müllsammelbehältern (R)	B 150 cm × T 150 cm
	• auf Geh- und Hauptwegen • vor Treppenauf- und -abgängen (Auftrittsfläche der obersten Trittstufe darf nicht in die Bewegungsfläche subsummiert werden) • zwischen Wänden außerhalb der Wohnungen • in Fluren	B 150 cm
	• an der Längsseite eines Kraftfahrzeugs • vor Therapieeinrichtungen • vor einer Längsseite des Bettes des Rollstuhlnutzers (R) • vor Schränken (R) • vor Kücheneinrichtungen (R) • vor der Einstiegsseite der Badewanne (R) • vor dem Rollstuhlabstellplatz (R)	T 150 cm
	• vor Einrichtungen im Sanitärraum • im schwellenlos begehbaren Duschbereich	B 120 cm × T 120 cm
	• situationsbedingt auf Hauptwegen • lichte Breite zwischen den Radabweisern einer Rampe • entlang der Einrichtungen, die Rollstuhlfahrer in öffentlich zugängigen Gebäuden nutzen • auf Wegen innerhalb einer Wohnanlage • zwischen Wänden innerhalb einer Wohnung (auch [R]) • vor Kücheneinrichtungen • entlang der Längsseite eines Bettes, das bei Bedarf von drei Seiten zugänglich sein muss • entlang der Möbel, die der Rollstuhlnutzer seitlich anfahren muss (R) • entlang der Bettenlängsseite des Nichtrollstuhlnutzers (R) • neben Bedienungsvorrichtungen (R)	B 120 cm
	• Durchgänge z. B. zwischen Kassen oder Kontrollen • auf Nebenwegen	B 90 cm
	• vor Möbeln	T 90 cm
	• entlang von Haltestellen des Öffentlichen Personennahverkehrs (ÖPNV)	T 250 cm
Begegnungsflächen	• auf Haupt-, Geh- und Nebenwegen in Sichtweite, max. Abstände von 18 m	B 200 cm × T 250cm *B 180 cm × T 180 cm*
	• auf Fluren nach max. 15 m	B 180 cm × T 180 cm
Fußgängerverkehrsfläche	• Sicherheitsstreifen zwischen Gehwegen und Hauptverkehrsstraßen • Begrenzungsstreifen zwischen Rad- und Gehweg	B 75 cm B 50 cm
	• Höhenunterschied zwischen Fahrbahn und Gehweg in Anlieger- und Sammelstraßen • Borde müssen an Zugängen und Fußgängerüberwegen abgesenkt sein.	> 3 cm < 3 cm
	• Längsgefälle von Gehwegen ohne Verweilplätze • Längsgefälle von Gehwegen mit Verweilplatz alle 10 m • *Längsgefälle von Gehwegen bei einer Länge von bis zu 10 m* • Quergefälle (im Bereich von Grundstückszufahrten bis max. 6 %)	3 % 3–6 % *4 %* 2 %/2,5 %
Hauptgehwege	• Lichtraumprofil (situationsbedingt auf einer Länge von 200 cm mit 120 cm Breite ausreichend)	B 150 cm × H 230 cm
	• Längsgefälle • Längsgefälle in Ausnahmesituationen, wenn nach 10 m ein Verweilplatz angeordnet wird • Quergefälle	4 % 4–6 % 2 %/2,5 %
	• Abstände von Ruhebänken	100 m
Nebengehwege zu barrierefreien Spiel- und Freizeitgeräten sowie Erlebnisbereichen	• Lichtraumprofil	B 90 cm × H 230 cm
	• Längsgefälle • Längsgefälle in Ausnahmesituationen, wenn nach 10 m ein Verweilplatz angeordnet wird • Quergefälle	6 % 4–6 % 2 %
Baustellensicherung	• Absperrschranken 10 cm hoch • zusätzlich Tastleisten 10 cm hoch	OK 100 cm ü.OK FFB OK 25 cm ü. OK FFB
	• Lichtraumprofil	B 120 cm × H 230 cm
Haltestellen ÖPNV	• Höhenunterschied und Abstand von Fahrgasträumen zu Bahnsteigen	< 3 cm

PKW-Stellplätze	• Längsparker • *rollstuhlgerechter Stellplatz (Senkrechtparker)*	L 750 cm × B 250 cm *B 350 cm × T 500 cm*
	• Bei öffentlichen Verkehrs- und Grünanlagen sowie Spielplätzen müssen 3 % der Stellplätze, mindestens jedoch 1 Stellplatz, rollstuhlgerecht nach DIN 18025-1 ausgeführt sein. • Bei öffentlich zugänglichen Gebäuden muss 1 %, mindestens jedoch 2 Stellplätze, in der Nähe des Haupteingangs rollstuhlgerecht ausgeführt sein. • In der Nähe des Haupteinganges öffentlich zugängiger Gebäude ist ein Stellplatz für einen Kleinbus einzuplanen.	L 750 cm × B 350 cm, H 250 cm
	• Für jede rollstuhlgerechte Wohnung ist ein wettersicherer Stellplatz oder eine Garage einzuplanen (R).	
Bodenbeläge im Freien	• mit dem Rollstuhl leicht und erschütterungsarm befahrbar	
Bodenbeläge im Gebäude	• rutschhemmend, rollstuhlgerecht und fest verlegt (nach ZH 1/571), nicht elektrostatisch aufladbar *(deutlich kontrastierend)*	*rutschhemmend,* *min. R9 nach BGR 181*
Tür	• lichte Durchgangsmaße	B 180 cm × H 210 cm H 205 cm
	• Bewegungsfläche in Aufschlagrichtung vor Drehtüren • Bewegungsfläche entgegen der Aufschlagrichtung • Bewegungsfläche vor Schiebetüren, beidseitig • Bewegungsfläche vor Aufzugstüren	B 150 cm × T 150 cm B 150 cm × T 120 cm B 190 cm × T 120 cm B 150 cm × T 150 cm
	• untere Türanschläge und -schwellen	< 2 cm
	• Türen von Toiletten, Dusch- und Umkleidekabinen dürfen nicht nach innen aufschlagen.	

	• *kontrastreiche Gestaltung (Wand/Zarge/Flügel ...)*
	• *Ganzglastüren müssen Sicherheitsmarkierungen tragen*
	  - über die ganze Breite
	  - visuell kontrastreich
	  - helle und dunkle Anteile (Wechselkontrast)
		H von 40–70 cm und von
		120–160 cm ü. OK. FFB

	• *Türspion in rollstuhlgerechten Wohnungen (R)*	*H 120 cm ü. OK FFB*

	• *Drückergarnituren griffgünstig ausbilden durch*
	  - bogen- oder u-förmige Griffe
	  - senkrechte Bügel bei manuell betätigten Schiebetüren	

Treppe Notwendige Treppen dürfen nicht gewendelt sein. Stufenunterschneidungen sind unzulässig.	• beidseitig Handläufe • äußeren Handlauf über Anfang und Ende der Treppe waagrecht weiterführen • *Frei in den Raum ragende Handlaufenden sind mit einer Rundung nach unten oder zur Seite abzuschließen.* • *lichter Abstand des Handlaufs zur Wand (Hinweis: DIN Treppen 18065 definiert hier 4 cm)*	Durchmesser 3–4,5 cm, OK 85 cm/*OK 85–90 cm* 30 cm *5 cm*
	• seitliche Aufkantung freier Stufenenden	H 2 cm
	• freie Durchgangshöhe unter Treppen	H 230 cm/*H 220 cm*
	• *muss geraden Lauf haben (Ausnahme ab einem Innendurchmesser von > 200 cm)*	
	• muss Setzstufen haben • *Unterschneidungen bei schräger Setzstufe sind zulässig.*	*< 2 cm*

	• erste und letzte Trittstufe über gesamte Treppenbreite optisch kontrastierend kennzeichnen
	• *Markierungselemente an den Stufen:*
	  - z.B durchgehende Streifen auf den Trittstufen
	  - direkt an der Vorderkante der Trittstufen
	  - Stirnseite Setzstufe
	  - deutlicher Kontrast zwischen Tritt- und Setzstufe
	• *Treppen, die frei im Raum beginnen, benötigen taktil erfassbare Aufmerksamkeitsfelder direkt vor der ersten Setzstufe und nach der obersten Trittstufe.*
		B 5–8 cm
		
		B 4–5 cm
		B > 1 cm
		
		T > 60 cm

Rolltreppe	• Geschwindigkeit	< 0,5 m/s
	• Steigungswinkel • Steigungswinkel Fahrsteige	< 30° < 7°
	• *Jede Stufe muss Markierungen haben.* • *Zu- und Abgänge mit Streifen zu kennzeichnen*	*B 8 cm*
Rampe	• Längsneigung, ohne Quergefälle	< 6 %
	• Länge, nach der ein Zwischenpodest mit einer Länge von 150 cm anzuordnen ist	600 cm
	• Radabweiser beidseitig an der Rampe und den Zwischenpodesten	H 10 cm
	• lichte Breite zwischen den Radabweisern	120 cm
	• beidseitige Handläufe	Durchmesser 3–4,5 cm, OK 85 cm
	• Handläufe über Anfang und Ende der Rampe sowie Zwischenpodeste waagrecht weiterführen	30 cm
Aufzug	• lichte Maße des Fahrkorbs	B 110 cm × T 140 cm
	• Fahrschachttür	B 90 cm
	• gegenüber der Fahrschachttür keine abwärtsführende Treppe im Abstand von • Bewegungsfläche vor Fahrschachttüren	< 300 cm 150 cm × 150 cm
	• mit Spiegel, Haltestangen und waagrechtem, für Rollstuhlnutzer nutzbarem Bedientableau • bei Bedarf mit akustischen Signalen	
Bedienelemente	• Befestigungshöhe	Achsmaß 85 cm ü. OK FFB
	• *mehrere Bedienelemente übereinander angebracht* • seitlicher Abstand der Elemente zur Wand • *unterfahrbare Tiefe bei frontaler Bedienung*	*Achsmaße 85–105 cm* > 50 cm *55 cm*

(Fortsetzung Tabelle T5: Wesentliche Inhalte und Maßangaben der DIN 18024, 18025 und 18040)

	• durch taktil und optisch kontrastreiche Gestaltung leicht erkennbar • *visuell kontrastreich und taktil wahrnehmbar zu gestalten (Zwei-Sinne-Prinzip)* • *Funktionen sollen erkennbar sein*	
	• nicht versenkt und scharfkantig	
	• Ausschließlich Sensortaster sind unzulässig. • *nicht ausschließlich Sensor-, Touchscreens oder berührungslose Bedienelemente vorsehen* • *Funktionsauslösung rückmelden*	
	• Abstand der Schalter für kraftbetätigte Türen vor dem Türaufschlag • An kraftbetätigten Türen müssen Quetsch- und Scherstellen vermieden werden bzw. besonders gesichert sein (R).	> 250 cm, Gegenseite > 150 cm
	• Notschalter zusätzlich vom Boden aus erreichbar (Zugschnur)	
	• Wassertemperaturen ohne zusätzlichen Verbrühschutz	< 45 °C
	• Heizkörperventile	H 45–85 cm ü. OK FFB
	• Namensschilder an Hauseingangstüren sollen mit taktil erfassbarer, aufgesetzter Schrift versehen sein.	
Ausstattung, Orientierung, Beschilderung und Beleuchtung	• Erkennbarkeit von Ausstattungsgegenständen durch - Sockel - ohne Unterschneidung bis zu 10 cm über dem Boden - Tastleiste 15 cm hoch in Größe der Ausstattungsgegenstände	H 3 cm OK 25 cm ü. OK FFB
	• Beleuchtung von Verkehrsflächen und Treppen blend- und schwellenfrei (höhere Beleuchtungsstärke als nach DIN 5035–2 vorsehen)	
	• Fluchtwegkennzeichnung durch zusätzliche Lichtbänder, richtungsweisende Beleuchtung und Tonsignale	
	• taktile Hinweise an Anfang und Ende von Handläufen einer Treppe	
	• Aufzüge mit mehr als zwei Haltestellen zusätzlich mit Haltestellenansagen	
Sanitärräume	• In Park- und Freizeitanlagen ist mind. eine öffentlich zugängliche, rollstuhlgerechte Sanitäranlage (nach DIN 18024-2) einzuplanen.	
WC	• Bewegungsfläche rechts und links des WCs • Bewegungsfläche vor dem WC • Sitzhöhe (einschl. Sitz) • Der Benutzer muss sich anlehnen können (WC Deckel ist hierfür ungeeignet).	> B 95 cm × T 70 cm *B 90 cm × T 70 cm* B 150 cm × T 150 cm 48 cm ü. OK FFB *46–48 cm ü. OK FFB* 55 cm hinter VK WC
Haltegriffe	• rechts und links vom WC Becken, klappbar *(selbst gewählte Etappen)*, waagrecht und senkrecht arretierbar, 15 cm über VK Becken herausragend	Abstand 70 cm, OK 85 cm ü. OK FFB, 28 cm über Sitzhöhe *Abstand 65–70 cm*
Toilettenspülung	• beidseitig nutzbar in Haltegriffen	
Toilettenpapierhalter	• je ein Halter im vorderen Greifbereich der Haltegriffe	
Waschtisch	• OK über FFB • voll unterfahrbar mit Unterputz- oder Flachaufputzsiphon • Kniefreiheit • Bewegungsfläche vor Waschtisch • Einhebel- oder berührungslose Armatur	< 80 cm *unterfahrbar auf B 90 cm* T 30 cm × H > 67 cm B 150 cm × T 150 cm
Spiegel	• über Waschtisch Spiegel, der auch aus Sitzposition Einsicht ermöglicht	*H > 100 cm*
Seifenspender	• Entnahme Einhandseifenspender	85–105 cm ü. OK FFB
Handtrockner	• anfahrbar mit dem Rollstuhl • Höhe Luftaustritt • Bewegungsfläche	85 cm ü. OK FFB B 150 cm × T 150 cm
Abfallauffang	• abgedichteter, geruchsverschlossener Abfallauffang mit selbstschließender Einwurföffnung in Höhe	85 cm ü. OK FFB
Sonstiges	• Wasserventil mit Wasserschlauch und Fußbodenablauf • Notruf, der unverzügliche Hilfe sicherstellt; auch vom Boden aus zu nutzen (Zugseil) • Kleiderhaken • Sanitärräume z.B. in Rast- oder Sportstätten, Behinderteneinrichtungen sollen mit einer Klappliege ausgestattet sein. • *Bei Sanitärräumen, die ausschließlich über Fenster zu lüften sind, muss sichergestellt sein, dass diese vom Rollstuhl aus geöffnet werden können.*	H 85 cm und 150 cm ü. OK FFB Liege 200 cm × 90 cm, H 50 cm über OK FFB *Liege 180 cm × 90 cm, H 46–48 cm, Bewegungsfläche T 150 cm* *Griffhöhe 85–105 cm*
Toiletten- bzw. Duschkabinen	• schwellenfreier Duschplatz (R)	B 150 cm × T 150 cm
	• mit Dusch-Klappsitz	B 40 cm × T 45 cm OK 48 cm ü. OK FFB *OK 46–48 cm ü OK FFB*
	• mit beidseitig angebrachten, klappbaren Haltegriffen	*28 cm über Sitzhöhe*
	• Seifenschale	OK 85 cm
	• Einhebel-Duscharmatur	85 cm
Umkleidekabine	• in Arbeitsstätten, Sport-, Badestätten und Therapieeinrichtungen mindestens ein Umkleidebereich für Rollstuhlfahrer	
Rollstuhlabstellplatz	• Stellfläche vorzugsweise in der Nähe des Eingangsbereichs (für jeden Rollstuhlnutzer ein Rollstuhlabstellplatz mit Batterieladeplatz nach DIN VDE 0510, Teil 3 [R])	B 190 cm × T 150 cm *B 180 cm × T 150 cm*
	• Bewegungsfläche vor dem Rollstuhlabstellplatz	B 190 cm × T 150 cm *B 180 cm × T 150 cm*

Versammlungs-, Sport- und Gaststätten	• Plätze für Rollstuhlnutzer	B 95 cm × T 150 cm *B 90 cm × T 130 cm,* *daran anschließende Be-* *wegungsfläche T 150 cm*
	• *Plätze für Rollstuhlnutzer bei seitlicher Anfahrbarkeit*	*T 150 cm × B 90 cm,* *seitlich anschließende Be-* *wegungsfläche B 90 cm*
	• 1 % der Plätze, mind. jedoch 2 Plätze für Rollstuhlnutzer; Sitzplätze für Begleitpersonen neben den Rollstuhlplätzen	
	• *Für gehbehinderte und großwüchsige Menschen sind Sitzplätze mit größerer Beinfreiheit einzuplanen.*	
	• *Fest eingebaute Tische (Vorlesungssäle) bedürfen Schreibflächen für Rollstuhlnutzer – sind elektro-* *akustische Beschallungssysteme vorgesehen, so ist auch ein Beschallungssystem für Hörgeschä-* *digte, das den gesamten Zuhörerbereich umfasst, einzubauen.*	
Beherbergungsbetriebe	• 1 %, min. jedoch ein Zimmer, ist rollstuhlgerecht nach DIN 18025-1 zu planen und einzurichten. • Alle Geräte (inkl. Vorhängen, Türverriegelungen etc.) sollen fernbedienbar sein.	
Tresen, Serviceschalter und Verkaufstische	• zur rollstuhlgerechten Nutzung	85 cm ü. OK FFB *80 cm ü. OK FFB*
	• zumindest an einer Stelle unterfahrbar (Kniefreiheit)	T 30 cm × H > 67 cm *unterfahrbar auf B > 90 cm* *mit T > 55 cm*
	• *Bewegungsfläche kann reduziert werden, wenn Tresen in einer Breite von 150 cm unterfahrbar.*	B 120 cm
	• *Service-Schalter mit geschlossenen Verglasungen u. Gegensprechanlagen, ebenso wie* *beispielsweise Schalter oder Kassen, sind in lautem Umfeld zur Behandlung vertraulicher Angelegen-* *heiten zusätzlich mit einer induktiven Höranlage auszustatten.*	
Besondere Anforderungen an Wohnungen für Rollstuhlbenutzer nach DIN 18025-1 (R)	• Alle zur Wohnung gehörenden Räume und die gemeinschaftlichen Einrichtungen der Wohn- anlage müssen stufenlos ggf. über Aufzug oder Rampe erreichbar sein. • Alle nicht rollstuhlgerechten Wohnungen müssen durch den nachträglichen Einbau eines Aufzugs oder einer Rampe stufenlos erreichbar sein.	
	• untere Türanschläge und -schwellen	< 2 cm
Küche	• Herd, Arbeitsplatte und Spüle müssen uneingeschränkt unterfahrbar und sollten über Eck angeordnet sein.	
Sanitärraum	• rollstuhlgerechter Duschplatz • Das nachträgliche Aufstellen einer mit einem Lifter unterfahrbaren Badewanne muss möglich sein. • Waschtisch unterfahrbar • Sitzhöhe WC (einschl. Sitz)	48 cm ü. OK FFB *46–48 cm ü. OK FFB*
	• mechanische Lüftung • In Wohnungen mit mehr als drei Personen ist ein zusätzlicher Sanitärraum vorzusehen (min. mit WC und Waschbecken).	
Zusätzliche Wohnfläche	• Für Rollstuhlnutzer ist bei Bedarf zusätzlicher Wohnraum vorzusehen. Die angemessene Wohnfläche erhöht sich nach § 39, Abs. 2, Zweites Wohnungsbaugesetz und § 5, Abs. 2, Wohnungsbindungsgesetz.	im Regelfall um min. 15 m²
Freisitz	• Jeder Wohnung soll ein Freisitz zugeordnet sein. • Bewegungsfläche	> 4,5 m² B 150 cm × T 150 cm
Zusätzliche Anforderungen an barrierefreie Wohnungen nach DIN 18025-2	• Der Hauseingang und eine Wohnebene müssen stufenlos erreichbar sein. • Alle zur Wohnung gehörenden Räume und die gemeinschaftlichen Einrichtungen der Wohn- anlage müssen zumindest durch den nachträglichen Ein- oder Anbau eines Aufzugs oder einer Rampe stufenlos erreichbar sein.	
Sanitärraum	• stufenlos begehbarer Duschplatz • Beinfreiraum unter dem Waschtisch	
Zusätzliche Wohnfläche	• Für z.B. Kleinwüchsige, Blinde und Sehbehinderte ist bei Bedarf eine zusätzliche Wohnfläche vorzusehen. Die angemessene Wohnfläche erhöht sich nach § 39, Abs.2, Zweites Wohnungsbau- gesetz und § 5, Abs. 2, Wohnungsbindungsgesetz.	im Regelfall um min. 15 m²
Freisitz	• Jeder Wohnung soll ein Freisitz zugeordnet sein. • Bewegungsfläche	> 4,5 m² B 150 cm × T 150 cm
Brüstungen	• sollen in mindestens einem Aufenthaltsraum der Wohnung und bei Freisitzen durchsichtig sein.	ab H 60 cm ü. OK FFB
Raumtemperatur	• Beheizung von Wohnräumen und gemeinschaftlich zu nutzenden Aufenthaltsräumen muss je nach individuellen Bedürfnissen ganzjährig möglich sein. • Wassertemperaturen	< 45°C
Warnen/Orientieren/Informieren	• *Vermittlung wichtiger Informationen muss für mind. zwei Sinne erfolgen (Zwei-Sinne-Prinzip).* • *Informationen können visuell, auditiv, taktil wahrnehmbar gestaltet werden.*	
Einflussfaktoren auf visuelle Informationen	• *Leuchtdichtekontraste (hell-dunkel)* • *Größe der Sehobjekte* • *Form* • *räumliche Anordnung, Positionierung des Sehobjekts* • *Betrachtungsabstand* • *Farbkontrast ersetzt nicht den Leuchtdichtekontrast.*	
Einflussfaktoren auf akustische Informationen	• *Störgeräusche in Räumen vermeiden* • *vor von außen einwirkenden Lärmquellen schützen* • *lange Nachhallzeiten vermeiden*	
Einflussfaktoren auf taktile Informationen	• *taktile Informationen sowohl in erhabenen lateinischen Großbuchstaben und* *arabischen Ziffern als auch in Braille'scher Blindenschrift* • *Zugang zu geschlechterspezifischen Anlagen wie WC-, Dusch- oder Umkleidebereiche ebenso wie* *Zimmertüren entsprechend kennzeichnen*	

Alarmierung und Evakuierung	• *Im Brandschutzkonzept sind die Belange von Menschen mit motorischen und sensorischen*
	Einschränkungen zu berücksichtigen, z. B. durch
	  - *Bereitstellung sicherer Bereiche für den Zwischenaufenthalt nicht zur Eigenrettung fähiger Personen*
	  - *zusätzliche visuelle Wahrnehmbarkeit akustischer Alarm- und Warnsignale*
	  - *betriebliche Vorkehrungen.*	

Typologie

Der dritte Lehrer

Lernen erfordert Neugierde. Die Welt zu erkunden und zu erobern, Regeln in Frage zu stellen und zu übertreten, sich in der Welt der Eltern zu behaupten, hat viel damit zu tun, erwachsen zu werden. »Lernen lernen« ist neben der reinen Informationsvermittlung eine der relevantesten Aufgaben der Schule.
Nach einem skandinavischen Sprichwort ist der Raum der dritte Lehrer. (Der erste ist die Schulklasse, der zweite ist der Lehrer selbst.)

Regelmäßig wird dem deutschen Schulsystem attestiert, dass es ihm nicht gelingt, wirklich integrativ zu arbeiten. In keinem anderen Land der EU ist der schulische und damit häufig auch der berufliche Lebensweg so eindeutig in Abhängigkeit zum Elternhaus zu setzen wie in Deutschland.
Um für dieses alles andere als schwellenlose System räumlich unterstützende Möglichkeiten aufzeigen zu können, lohnt sich die Frage, was mit »kindgerechtem« Bau-

en verbunden werden kann. Zu berücksichtigen sind hier Einflussfaktoren, die:
• die natürliche Neugierde unterstützen
• Neugierde in einem Umfeld fördern, das ein vergleichsweise sicheres Handeln ermöglicht (Sicherheit)
• integrationsfördernd sind
• identitätsstiftend sind
• die Wertschätzung den Nutzern gegenüber zeigen
• Orientierung geben, ohne einzuengen
• an sinnvollen Stellen auf die Körpermaße der Kinder reagieren

Gut in Mathematik sind nicht die Kinder, die besonders viel üben, sondern die auch gut auf dem Bordstein balancieren können. Statt Kinder auf Bäume klettern zu lassen, werden ihnen aber immer mehr mathematische Inhalte abgefordert. [1]

Gänzlich anders setzen die Baupiloten existente Potentiale an Schulen um. In einem Modellbauworkshop an der »Carl-Bolle-Grundschule« in Berlin entwickelten die Baupiloten gemeinsam mit den

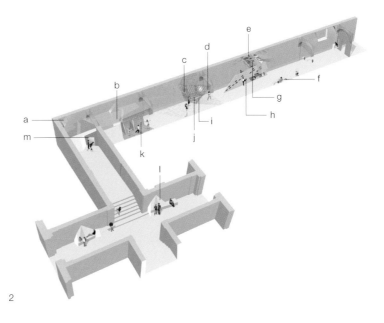

Carl-Bolle-Grundschule, Berlin (D) 2008, Baupiloten
1   In der »Spionwand« können die Kinder klettern, sich verstecken und den gesamten Flur überblicken.
2   Grundrissschema der Carl-Bolle-Grundschule, Darstellung der Vorstellungswelten
    a Periskop
    b Nachschimmern
    c Codes
    d komplementäre Farben
    e Pusteblitze
    f Leseluken
    g Spionzelle
    h Querläufer
    i Spektrum des Regenbogens
    j Lichtleiter
    k fühlendes Hören
    l Zweiseitigkeit
    m Blinzelschleuse

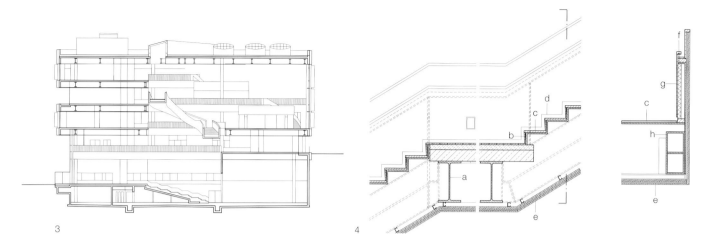

3

4

Schülern Vorstellungswelten auf reinen Rest- oder Erschließungsflächen. Die Benennung dieser Räume (»das Sommerlabyrinth«, »der Kletterwald«, »der geheime Freizeitgarten«, »die Schneewelt«) gibt Hinweise zur Nutzung, Konzeption und Atmosphäre (Seite 75, Abb. 1 und 2). Die Baupiloten sind eine wechselnde Gruppe von Studierenden, die unter professioneller Anleitung in ihrem Architekturstudium eigenständig Baumaßnahmen entwickeln, planen und realisieren. Unter ihrer Beteiligung entstehen Orte, welche die Kinder anregen spielerisch aktiv zu werden, aber auch Orte, an denen man der Unruhe entkommen kann.

Die differenzierte Raumgestaltung eines Erschließungsflurs, des »Freizeitbereichs« der Carl-Bolle-Grundschule, regt die Wahrnehmung der Kinder an. Die gestalteten Räume fördern Eigenaktivität, Orientierung, Kommunikation, soziales Zusammenleben, Körpererfahrungen und ästhetisches Empfinden. Der Raum ist zu einem Forschungs- und Experimentierfeld

geworden, in dem die Kinder mit allen Sinnen ein Bild von sich selbst, von den anderen und von der Welt entwickeln können (S. 75, Abb. 2).
Ziel ist es, in Form von »entdeckendem Lernen« die experimentellen Flurzonen in den Unterricht zu integrieren bzw. die Erfahrungen dort reflektieren zu können. So entstehen nicht nur Fantasiewelten und -räume, sondern auch dreidimensionale Umgebungen in scheinbaren Restflächen, die Entdeckungen, Rückzug, Spiel und viel gemeinsames Lernen zulassen.

Dieser Gedanke wird beim Konzept des Gymnasiums Ørestadt in Kopenhagen konsequent weitergedacht. Erschließungs- und Nutzflächen verschmelzen im Innern des Gebäudes zu einem einzigen, vielfach nutzbaren Kommunikationsraum. Neben wenigen klassischen, abgeschlossenen Gruppenräumen werden in einer dreigeschossigen, offenen Halle Lehr- und Lerninseln integriert, die ein Miteinander im schulischen Umfeld in ganz neuer Form, ohne fest definierten äußeren baulichen Rahmen zulassen (Abb. 3–7).

Die dänische Gymnasialreform sieht für Schüler im Alter von 16 bis 19 Jahren keine eigenen Jahrgangsstufen mehr vor, sondern geht von einem konzentrierten, selbstorganisierten Lernen in Teams und Gruppen aus. Die sichtbare räumliche Übersetzung in Ørestadt zeigt sich als eine ideale Form um gemeinsam zu studieren.
Schwellen und Barrieren räumlicher Art scheinen nicht mehr zu existieren. Allerdings können ungewohnte akustische Situationen entstehen. Um möglichst wenige Störungen aufkommen zu lassen, muss sich die Gemeinschaft der Schüler selbst nicht nur als solche finden, sondern auch verantwortliche Formen des Umgangs miteinander entwickeln.

Die genannten Beispiele stellen räumliche Umgebungen dar, die helfen, von und mit anderen Kindern zu lernen. Die räumliche Offenheit schafft Integrationsmöglichkeiten, die in dieser Selbstverständlichkeit nicht in vielen Schulgebäuden zu finden sind. Sie fördern fast zwanglos soziale und integrative Kompetenzen ebenso wie

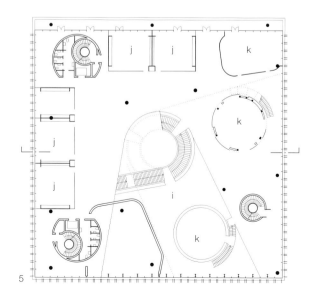

5

6

7

8

das gemeinsame Entwickeln unterschiedlicher Lernstrategien.

Hierzu gehört ein großes Stück Wertschätzung von Seiten der Erwachsenen den Schülern gegenüber wie auch zwischen den Schülern selbst. Vor diesem Hintergrund ist der Neubau der Mensa des Luisengymnasiums in München zu beurteilen, die zeigt, mit welchem Respekt eine Umgebung für Schüler entstehen kann (Abb. 8).

Durch die wiederkehrenden, vergleichenden Studien der Organisation für wirtschaftliche Zusammenarbeit und Entwicklung (OECD) an europäischen Schulen wurde auch in Deutschland eine Debatte um Schulformen, Pädagogik und Inhalte angestoßen, die noch andauert. An einer Vielzahl von Schulen hat sich hierdurch bereits das Angebot in Richtung einer Ganztagsbetreuung verändert. Wenn hierbei nicht allein funktionale Notwendigkeiten, wie z.B. die der Mittagsverpflegung, im Vordergrund stehen, sondern sich die Schulen zu einem Ort der Identifikation, Vernetzung und Verantwortung entwickeln, so kommen sie durch diesen Prozess den skandinavischen Vorbildern schon sehr nahe.

Die im Zuge einer solchen Maßnahme entstandenen Räumlichkeiten des Luisengymnasiums in München erlauben es, Parallelen zum o.g. Gymnasium in Kopenhagen herzustellen. Auch hier sind sehr flexible Räume entstanden, deren Möblierung große Freiheiten im Umgang zulässt. So findet hier nicht allein die Mittagsbetreuung statt. Form und Gestaltung fördern ebenso selbstorganisierte Lerngruppen und -teams wie im dänischen Beispiel. Die Ausgestaltung der Räumlichkeiten und der Möblierung ist bemerkenswert. Die Möbel sind mit dem Rollstuhl unterfahrbar, die Sitzgruppen entsprechend anfahrbar. Somit werden evtl. bau-

liche Hindernisse, die Integrationsabsichten entgegenstehen, erst gar nicht geschaffen.

Material, Form und Farbe sind eindeutig kontrastierend und damit erkennbar. Den Nutzern ist sofort ersichtlich, dass es sich bei den Räumlichkeiten um speziell geplante und hergestellte Einbauten ohne standardisierte Elemente oder Möbel handelt. Qualitativ anspruchsvoll geplant und mit entsprechenden Materialien umgesetzt entsteht bei den Nutzern eher der Eindruck, sich in einer Lounge zu befinden als in den Räumen der Mittagsbetreuung des Gymnasiums.

Wenn die Gestaltung des Gebäudes selbst eine Schule zur »eigenen Schule« werden lässt, können sich die Schüler mit ihr identifizieren. Diese Form der Wertschätzung der Nutzer hatte bereits Maria Montessori erkannt und mit Erfolg eingesetzt (siehe »Geschichtlicher Überblick«, S. 12).

Gymnasium Ørestadt in Kopenhagen (DK) 2008, 3XN Architekten
3   Schnitt, Maßstab 1:750
4   Detailschnitt zentrale, barrierefrei gestaltete
    Erschließungstreppe, 153 Steigungen
    168/280 mm i.M., Laufbreite 2550 mm,
    Maßstab 1:50
    a   Stahlprofil HEB 550 mit Brandschutzanstrich
    b   Setzstufe Esche 15–22 mm
    c   Tritt Esche 22 mm,
        Korkment 2 mm, Stahlblech 6 mm
    d   Edelstahlprofil gebürstet 2/80 mm
    e   Akustikputz auf Trägerplatte 25 mm
        Gipskartonplatte 2× 13 mm
    f   Handlauf Esche 34/60 mm
    g   Holzwerkstoffplatte Esche 10,5 mm
        Mineralwolle 45 mm, Luftzwischenraum 55 mm
        Stahlblech 10 mm, Stahltrapezblech 20 mm
        Gipskartonplatte 2× 13 mm
    h   Tragholm Stahlblech 560/250/10 mm
5   Grundriss 2. Obergeschoss
    Maßstab 1:750
    i   Atrium
    j   Gruppenraum
    k   Lerninseln
6, 7 Halle mit Lehr- und Lerninseln

8   Mensa und Cafeteria, Luisengymnasium München
    (D) 2008, Bodensteiner Fest Architekten

9

Insbesondere bauliche Einrichtungen, die in erster Linie von Kindern genutzt werden, erfordern »kindgerechte« bauliche Reaktionen. Auch wenn es erstrebenswertes Ziel ist, sich in der Welt der Erwachsenen mehr und mehr zurecht zu finden, so kann es hilfreich sein, die durchschnittlichen Körpergrößen der Kinder bei der Planung zu berücksichtigen (Tabelle T2).
Nicht nur bei Einrichtungen speziell für Kinder gilt es, deren Bedürfnisse, schon aus Sicherheitsgründen, zu beachten. Prinzipiell ist es notwendig, bereits in der Planungsphase z. B. auch von Wohngebäuden darauf zu achten, Bedienelemente in Aufzügen, Notrufeinrichtungen, Türklingeln, Schlüssellöcher, Briefkästen etc. in Höhen anzubringen, die eine selbstständige Nutzung auch durch Kinder zulassen. Altersadäquate Montagehöhen von Sanitärobjekten listet Tabelle T1 auf.

Spezielle Schulen oder Einrichtungen wie das konduktive Förderzentrum München (Abb. 9 und 10) versuchen, behinderte Kinder bis zu einem qualifizierten Schulabschluss zu begleiten, um ihnen die Chance auf ein möglichst selbstständiges Leben zu bieten. Gearbeitet wird nach einer Behandlungs- und Fördermethode für Kinder mit Bewegungs- und Entwicklungsstörungen (nach Prof. András Petö), in der Therapie und Pädagogik als Einheit betrachtet und ganzheitlich angewandt werden. Ziel ist eine weitgehende Unabhängigkeit von Hilfsmitteln (Rollstuhl etc.) oder fremder Hilfe im Alltag, in der Familie und im Berufsleben. Die Förderung basiert auf der Leitidee, dass Bewegungsstörungen vor allem Lernstörungen sind, die neben der Motorik die gesamte Persönlichkeitsentwicklung beeinträchtigen. Sie stärkt Kinder mit Körperbehinderung in ihrer motorischen, sprachlichen, geistigen sowie sozialen Entwicklung. Alle

Aktivitäten finden individuell und systematisch in kleinen Gruppen statt und sind in den Alltag integriert.

In dem 2005 fertiggestellten Gebäudeensemble sind eine heilpädagogische Tagesstätte, eine Grund- und Hauptförderschule, eine Krippe, ein Kindergarten mit Integrationsgruppe, ein Internat und eine Schwimmhalle untergebracht. Um nachvollziehbare Orientierungsmöglichkeiten zu schaffen, wurden diese komplexen Inhalte auf einem gemeinsamen verbindenden Sockelgeschoss entsprechend ihrer Funktionen in Einzelbaukörpern gruppiert und zusätzlich mit je einer Farbe versehen. Sowohl die Eingangssituation (Abb. 9) als auch der Innenraum mit seinen Details zeigen in der Anordnung ihrer grundsätzlichen Funktionen große Sensibilität und Wissen um die Bedürfnisse der Nutzer. So sind beispielsweise die Klassenraumvorzonen nicht nur entsprechend der normierten Vorgaben bezüglich der Anforderungen an Höhen, Bewegungsflächen, Unterfahrbarkeiten etc. ausgebildet. Zusätzliche Verglasungen im Türblatt versorgen nicht nur die Flurzonen mit natürlichem Tageslicht, sondern ermöglichen es insbesondere Rollstuhlnutzern beim selbstständigen Öffnen und Schließen der Türen frühzeitig Hindernisse zu erkennen (Abb. 10).

Für viele schwerst-mehrfach behinderte Kinder ist die Wohnung der Eltern bzw. die pflegende Einrichtung das zentrale und prägende Lebensumfeld. Um auch im schulischen Raum Identifikation, Orientierung und Hilfe zur Selbstständigkeit zu gewährleisten, sind räumlich organisatorische, bauliche und nutzungsspezifische Reaktionen und Begleitungen erforderlich. Dank Leitsystemen oder auch einer grundsätzlich einprägsamen Gestaltung ohne additive Elemente können Kinder sich zurechtfinden. Als ein Beispiel

10

11

T1: Altersadäquate Montagehöhe von Sanitärobjekten [3]

Sanitärobjekte	mind. Bewegungsflächenbreite	mind. Bewegungsflächentiefe	Montagehöhen über OKFFB	Kinder 3–6 Jahre	Kinder 7–11 Jahre	Kinder 11–15 Jahre
Einzelwaschtisch	90	55	85	55–65	65–75	75–85
Handwaschbecken	70	45	85	55–65	65–75	75–85
Klosettbecken, Spülung vor der Wand	80	60	42[2]	35[2]	35[2]	42[2]
Klosettbecken, Spülung für Wandeinbau	80	60	42[2]	35[2]	35[2]	42[2]
Urinalbecken	60	60	65		50	57
Duschwanne	80/70[1]	75				
Säuglingswanne	90	75	85–90			
Waschmaschine/ Trockner	90	90				
Klassenzimmerbecken	80	55	85	55–65	65–75	75–85
Werkraumbecken	90/120[3]	120	85		65–75	75–85
Spüle (Einfach-/ Doppelbecken)	90/120[3]	120	85–92			
Ausgussbecken	80	55	65			
Fäkalienausguss	60	55	65			
Steckbeckenspülapparat	80	120	65			
Waschbecken für Rollstuhlfahrer	150 × 150	150 × 150	80			
Klosettbecken für Rollstuhlfahrer	150 × 150	150 × 150	46[1]			
	Bei gegenüberliegender Anordnung von Sanitärobjekten, Wänden und Stellflächen ist ein Abstand von 75 cm vorzusehen.					

[1] bei Eckeinstieg
[2] Oberkante Keramik bei wandhängender Ausführung
[3] bei Wänden auf beiden Seiten

eines selbstverständlichen Orientierungssystems sei hier in Ergänzung zum konduktiven Förderzentrum noch auf die Kindertagesstätte München-Großhadern hingewiesen. Hier gleicht der gesamte Boden der Eingangshalle einem »Mensch ärgere Dich nicht« Spiel (Abb. 11). Jeweils eine Farbe steht für eine Gruppe und damit für deren Gruppenraum. Neutrale Farben verbinden die Räume untereinander bzw. mit den zentralen Einrichtungen. So gelingt es spielerisch, einerseits die Orientierungsmöglichkeiten zu unterstützen, andererseits die Fantasie anzuregen, da die Farbfelder selbstverständlich für eine Vielzahl von Spielen nutzbar sind.

Die Bedeutung des »dritten Lehrers« ist somit nicht zu unterschätzen, da seine Ausgestaltung das Verhalten des ersten und des zweiten Lehrers zumindest mit determiniert.

Konduktives Förderzentrum München-Oberföhring (D) 2005, Reichert Pranschke Maluche
9 Aufzug und Treppe dienen gleichberechtigt der Erschließung.
10 Klassenraumeingangstüren mit Verglasung und Garderobe

11 »Mensch ärgere Dich nicht« als Leitsystem, Kindertagesstätte München-Großhadern (D) 2008, Holzfurtner Bahner Architekten

T2: Anthropometrische Maße von Kindern im Alter von 1 bis 14 Jahren in cm [2]

Alter		1	2	3	4	5	6	7	8	9	10	11	12	13	14
a	Körpergröße	75	85	94	102	109	115	122	128	133	138	143	148	153	158
b	Augenhöhe	64	74	83	91	96	103	108	111	115	119	124	128	133	137
c	Schulterhöhe	54	63	72	79	85	90	95	98	102	106	110	114	118	122
d	Armweite	65	77	89	97	104	110	116	122	127	133	138	143	148	153
e	Reichweite nach oben	90	100	112	121	129	136	142	147	153	159	165	171	177	183
f	Reichweite nach unten	28	32	35	39	42	45	48	50	52	54	56	58	60	62
g	Reichweite nach vorn	30	36	42	48	52	57	61	63	65	68	71	73	75	77
h	Höhe Handlauf	38	40	42	45	49	55	57	–	–	–	–	–	–	–
i	Höhe Tischfläche	40	42	43	46	48	51	53	55	57	59	61	64	66	68
k	Höhe Sitzfläche Stuhl	19	22	25	28	30	32	34	35	36	38	39	41	42	44

– für dieses Alter keine Angabe

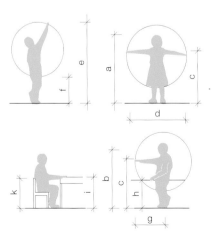

12

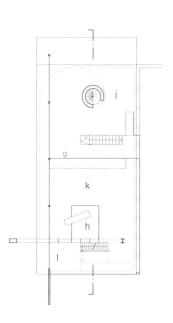

13

Wohnen

Der Wohnungsmarkt in Deutschland erscheint sehr standardisiert und wenig flexibel um den sich ändernden individuellen Ansprüchen gerecht werden zu können. Die Zahl der Singlehaushalte in unterschiedlichen Altersgruppen steigt rapide an. Fluktuationen innerhalb von Familienverbünden sind die Norm. Die Zahl der beruflich motivierten Umzüge in einem Arbeitsleben ist deutlich angestiegen. In Kombination mit der demografischen Entwicklung sind all dies Indikatoren, die auf den Wohnungsmarkt einwirken. Hilfreich wäre ein Angebot, das sich den unterschiedlichen Bedürfnissen der Menschen anpassen lässt.

Hierbei sind folgende baulichen Maßnahmen bei Neubauten und Bestandssanierungen planerisch zu berücksichtigen:

· barrierefreie Zugänge
· Bewegungsflächen
· barrierefreie Anordnung von Bedienungseinrichtungen
· barrierefreier Sanitärraum
· barrierefreier Außenbereich

Im Folgenden soll anhand einiger Beispiele aufgezeigt werden, wie Planer bei unterschiedlichen Typologien agieren können.

Einfamilienhäuser

Individuellen Lebensentwürfen in der Form Raum geben zu können, wie dies die Maison à Bordeaux Rem Koolhaas 1998 ermöglichte, wird eine Seltenheit bleiben (Abb. 12–15). Nichtsdestotrotz wurde mit diesem Gebäude, das international Aufmerksamkeit fand, gezeigt, dass die Bedürfnisse eines Rollstuhlnutzers ausgesprochen inspirierend umgesetzt werden können.

Das Gebäude ist horizontal auf drei Ebenen und vertikal in zwei unterschiedlichen Erschließungsformen organisiert. Im untersten Geschoss, in der Hangebene, sind die Individualräume der Nutzer wie Höhlen in das Gelände gegraben, im obersten Geschoss befinden sich zwei in sich geschlossene Bereiche; einer für die Nutzung durch die Kinder, einer für die Eltern. Die fast völlig verglaste Erdgeschossebene dazwischen ist die Wohnebene der Familie. Das »Herz des Hauses« ist eine drei mal dreieinhalb Meter große Hubplattform, ein fahrendes Zimmer mit Schreibtisch – nicht nur der auf den Rollstuhl angewiesene Bauherr kann so alle Geschosse vertikal erreichen (Abb. 15).

Planungsaufgaben wie diese bedürfen nicht zwangsläufig international renom-

14

15

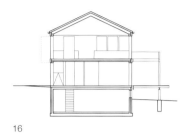

16

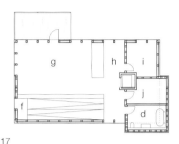

17

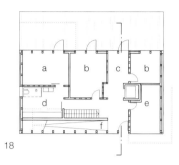

18

mierter Architekten. Mit nahezu derselben Aufgabenstellung realisierte der Architekt Florian Höfer sein erstes Haus. Wie selbstverständlich, unprätentiös und doch einprägsam sich die Anforderungen an Rollstuhlgerechtigkeit umsetzen lassen, wurde 2004 von ihm und seiner Bauherrschaft mit dem Niedrigenergiehaus in Gstadt bewiesen (Abb. 16–20). Der Wunsch, die eigene Umgebung so selbstständig als möglich nutzen zu können, führte für eine Familie mit drei Kindern und dem auf den Rollstuhl angewiesenen Vater zu einem Konzept, das die Regelgrundrisstypologie umkehrt. Im Erdgeschoss liegen die Individualräume, Schlafzimmer und das Bad. Im Obergeschoss befinden sich die Wohnebene und das Arbeitszimmer sowie ein weiteres Bad.

Die einzigen festen Einbauten im Wohnbereich sind ein Brüstungselement und der Küchenblock. Die Absturzsicherung zur Rampe dient nicht nur als informelle Sitzgelegenheit, sondern gleichzeitig als Regal. Auf einer durch alle Nutzer erreichbaren Höhe und Position nimmt dieses Element Lichtschalter, Steckdosen etc. auf. Das zweite feste Möbel ist die unterfahrbare Küchenzeile. Eine Rampe verbindet die beiden Ebenen

miteinander. Sie beeinflusst durch ihre Neigung die Länge des Gesamtgebäudes wesentlich. Die zehnprozentige Steigung wurde einerseits aufgrund der individuellen Fähigkeiten und Wünsche des Bauherrn gewählt, andererseits ist sie Zeichen der grundsätzlichen, konzeptionellen Absicht. Haus und Hülle sollten möglichst flexibel nutzbar und offen gestaltet sein. Mit großer Weitsicht wurde zusätzlich zur Rampe ein Aufzug eingebaut, da sich die Familie relativ sicher ist, in der für sie und von ihnen mit geplanten Umgebung alt werden zu wollen.

Es scheint so, als ob gerade die Gebäude, die sich intensiv mit einer nachhaltigen und energieeffizienten Nutzung auseinandersetzen, zwischenzeitlich auch die Barrierefreiheit als Selbstverständlichkeit mit einplanen. So wurde im Zuge einer Nachnutzung eine ehemalige Schlosserei in Memmingens Innenstadt zu einem energieeffizienten Einfamilienhaus umgebaut und mit einem Aufzug versehen (S. 82, Abb. 21–24). Eine Investition, die alles andere als selbstverständlich ist, aber logisch dem inneren Konzept folgt. Das Bestandsgebäude mit zwei Vollgeschossen und einem über 8 m hohen

Maison à Bordeaux (F) 1998, Rem Koolhaas
12 Schnitt, Maßstab 1:400
13 Grundriss Obergeschoss, Maßstab 1:400
    a Kinderbad
    b Kind
    c Innenhof
    d Stauraum
    e Elternbad
    f Schlafen Frau
    g Schlafen Mann
    h Plattform
    i Terrasse
14 Grundriss Erdgeschoss, Maßstab 1:400
    j Außenbereich/Terrasse
    k Wohnen
    l Büro
15 Hubplattform, die es dem rollstuhlnutzenden Bauherrn ermöglicht, ungehindert alle Ebenen des Hauses zu nutzen

Niedrigenergiehaus in Gstadt (D) 2004, Florian Höfer
16 Schnitt, Maßstab 1:400
17 Grundrisse Obergeschoss, Maßstab 1:400
    d Bad
    f Rampe Neigung 10 %
    g Wohnen/Essen
    h Küche
    i Arbeitszimmer
    j Speisekammer
18 Erdgeschoss, Maßstab 1:400
    a Schlafzimmer
    b Kinderzimmer
    c Spielflur
    d Bad
    e Garage
    f Rampe Neigung 10 %
19 Eine zweiläufige Rampe verbindet neben einem Aufzug die beiden Geschosse.
20 unterfahrbare Küchenzeile und rollstuhlgerechte Bedienelemente

19

20

21

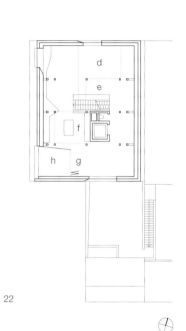

22

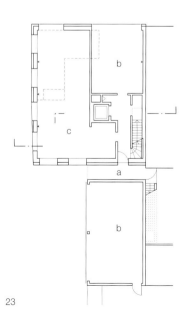

23

Haus MuUGN, Memmingen (D) 2008,
Soho Architekten
21 Schnitt, Maßstab 1:400
22 Grundriss Dachgeschoss, Maßstab 1:400
23 Grundriss 1. Obergeschoss, Maßstab 1:400
    a Eingang
    b Garage
    c Werkstatt
    d Galerie
    e Wohnzimmer
    f Küche
    g Esszimmer
    h Loggia
24 Außenansicht

Solarhaus für den Wettbewerb »Solar Decathlon« des
US-Energieministeriums in Washington D.C. (USA)
2007, TU Darmstadt
25 Außenansicht
26 Sanitärbereich

24

Dachgeschoss beansprucht eine relativ kleine Grundfläche. Nachdem sich die Bauherrschaft dafür entschieden hatte, den Bestand zu erhalten und »weiterzubauen«, entwickelte der Architekt ein Konzept, das Wohnen auf vier Geschossen ermöglicht und gleichzeitig die Qualitäten der Lage nutzt. Um in der dicht bebauten Umgebung gut belichteten Wohnraum erstellen zu können, wurden die gemeinsamen Wohnbereiche im Dachgeschoss mit Galerie eingeplant. Die Individualräume liegen im 1. Obergeschoss. In der Eingangsebene befindet sich eine kleine Werkstatt. Der Aufzug ließ sich aufgrund der vorhandenen Raumhöhen und der Pfettenkonstruktion des Dachstuhls sinnvoll einplanen – ohne wesentlich in die Grundstatik des Gebäudes einzugreifen. Er bewährt sich seit dem Bezug des Gebäudes nicht nur beim Besuch von Gästen oder für eine Zukunft im Alter, sondern im ganz normalen Alltag einer Familie mit zwei Kindern.

Neben den Fragen der Erschließung, der Erreichbarkeit und der damit verbundenen Flächen verdient die Nutzbarkeit der Gebäude besondere Beachtung. Empfindliche Stellen sind die fest eingeplanten Bedienelemente und -einrich-

tungen sowie der Sanitärbereich. Barrierefrei ausgeführte Bäder und WCs mit hohem gestalterischem Anspruch zu verbinden, schließt sich gegenseitig nicht aus. So ist bei dem 2007 mit dem renommierten Solar Decathlon Award ausgezeichneten Projekt der TU Darmstadt Barrierefreiheit integraler Bestandteil (Abb. 26). Insbesondere bei Neubauten lässt sich Barrierefreiheit bei frühzeitiger Integration in den Planungsprozess oft kostenneutral herstellen (Abb. 25).

Reihenhäuser

In ländlich geprägten Regionen weiten sich die ehemals kompakten, geschlossenen Siedlungskörper und -strukturen mehr und mehr aus. Nachdem Barrierefreiheit kein Individualphänomen, sondern eine gesellschaftliche Aufgabe ist, darf die Betrachtung barrierefreier Architektur beim Einzelobjekt nicht enden und muss sein städtebauliches Umfeld mit einbeziehen.

Häufig reagieren gerade ländlich geprägte Strukturen auf den demografischen Wandel mit der Ausweisung neuer Baugebiete an den Ortsrändern. Die Ortsmitten veraltern und stehen teilweise leer. Der kleinteilige Einzelhandel hat Existenzschwierigkeiten. Die großen Chancen, die

25

26

27

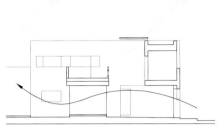

28

in einer Entwicklung des Innenbereichs, in einer Nachverdichtung der Zentren und einer Wiederbelebung der ortsbildprägenden zentrumsnahen Gebäude und Einrichtungen stecken, werden nicht immer so beispielhaft genutzt wie in Mainz-Hechtsheim. Im Ortskern entstanden hier an Stelle eines verfallenen Gehöfts Wohnhäuser für neun junge Familien mit Kindern (Abb. 29 und 30).

Durch die Ausbildung eines symbiotischen Konzepts nehmen die Neubauten sensibel Bezug zum Ort auf, indem sie ortstypische Hofstrukturen nachbilden und neu interpretieren. Gleichzeitig gelingt es der Gesamtplanung differenzierte Übergänge zwischen öffentlichen, halböffentlichen und privaten Räumen zu formulieren. Diese können sich gegenüber Neubauten in Ortsrandlage als architektonische Antwort auf die Frage gemeinschaftlichen Wohnens sehr gut behaupten. Durch die L-förmigen Erdgeschossgrundrisse, welche die gemeinsamen Wohnfunktionen sowie das Elternschlafzimmer beinhalten, und die darüber liegenden Individualräume entstehen neun voneinander unabhängige, gestalterisch jedoch eng verbundene, zweigeschossige Hofhäuser, die gemeinsam wiede-

rum einen gemeinschaftlichen halböffentlichen Hof umschließen. Nach dem Prinzip der Organisation der Beginenhöfe werden über diese zentrale Freifläche durch die privaten Höfe die Einzelgebäude erschlossen (Abb. 30, siehe »Zur Historie des barrierefreien Planens und Bauens«, S. 10f.).

Auch wenn die Gebäude selbst den normierten Grundlagen der Barrierefreiheit nicht entsprechen, so ermöglicht der Zuzug gerade junger Familien mit Kindern eine Belebung der historischen Ortsmitte des kleinen Mainzer Vororts. Ganz neue Nachbarschaften werden ermöglicht, Altes wird mit Neuem nicht nur baulich ergänzt, sondern die Ortsmitte mit all ihren Strukturen und Einrichtungen gestärkt.

Formal völlig verschieden, jedoch in den konzeptionellen Grundlagen durchaus vergleichbar stellt sich die Reihenhaussiedlung in Umbrete dar (Abb. 27). Hier wird der schwellenlose Übergang unterschiedlich öffentlicher Bereiche regelrecht inszeniert. Vom öffentlichen Straßenraum aus betritt man den halböffentlichen Vorhof, der die eigentliche Eingangszone erschließt. Ein standardisiertes Raumprogramm enthält Koch-, Ess- und

29

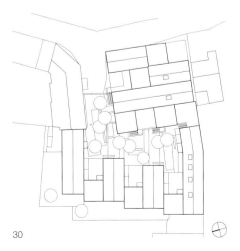

30

Reihenhausanlage in Umbrete (ES) 2008,
Solinas Verd Arquitectos
27 Außenansicht der Übergänge vom öffentlichen Straßenraum in die halböffentlichen Vorhöfe und die Eingangszone
28 Schnitt durch die Hofabfolge

neun Hofhäuser Mainz-Hechtsheim (D) 2006,
Doss und Over
29 Die winkelförmigen Wohneinheiten bilden gemeinschaftlich nutzbare Höfe aus.
30 Lageplan

31

Wohnbereich, drei Individualräume, Bad und WC. Diese Räume sind in den Wohnhäusern sinnvoll organisiert und gestapelt, wodurch nicht nur unterschiedlich private Außenräume entstehen, sondern teilweise zweigeschossige Raumabfolgen. Diese stellen für sozial geförderte Wohnformen ein hochqualitatives Angebot dar (S. 83, Abb. 28).

Geschosswohnungsbau
Bei weiter verdichteten Wohnformen und im städtischen Kontext haben insbesondere die halböffentlichen vertikalen Erschließungsräume mehr Funktionen, als lediglich die Erreichbarkeit der Wohnungen sicherzustellen. Trotzdem sind Treppenhäuser im Wohnungsbau selten Orte erhöhter Aufmerksamkeit. Erstaunlich, dass es Architekten gibt, die Treppen in einem Wohngebäude als Ereignis zu inszenieren verstehen (Abb. 33). Dem Geschosswohnungsbau in Zürich-Oerlikon ist es nicht nur in gestalterischer Hinsicht gelungen, funktionale Bestandteile zu Merkmalen eines Orts zu machen. Aus dem Treppenhaus ist ein halböffentliches

Wohnzimmer geworden, in dem gemeinschaftliche Begegnung die Integration, Kommunikation und Bildung von Hausgemeinschaften fördert. Über das Herzstück des fünfgeschossigen Wohnungsbaus werden jeweils fünf Wohnungen unterschiedlicher Grundrissstruktur erschlossen (Abb. 32). Es erscheint fast nebensächlich, dass diese Treppenskulptur ohne Unterschneidungen und mit Setzstufen im Detail barrierefrei ausgebildet ist.

Beispielhaft für den experimentellen Geschosswohnungsbau zeigt sich außerdem das Berliner Projekt e³, das dem Thema der Nachhaltigkeit nicht allein in ökologischer (siebengeschossige Holzkonstruktion), sondern auch in ökonomischer (Vorfertigung) und sozialer Hinsicht (Baugruppe; Barrierefreiheit) besondere Beachtung schenkt (Abb. 36 und 37). Die baukonstruktive Besonderheit dieses Projekts liegt in der siebengeschossigen Holzkonstruktion. Lediglich ein Stahlbetontreppenhaus mit Aufzug und verbindende Stahlbetonfertigteile ergänzen sie.

Die barrierefreie Erschließung aller Ebenen ist sichergestellt. Kernelemente der Brandschutzstrategie sind neben relativ kurzen Fluchtwegen eine Erhöhung des Feuerwiderstands der Konstruktion. Im Wesentlichen wird dies durch eine stärkere Dimensionierung der tragenden Holzbauteile und eine Verkleidung mit nichtbrennbaren Baustoffen erreicht.
Bei der Bauherrschaft handelt es sich um eine Baugruppe. Insofern musste eine Konstruktion gefunden werden, die das Gesamtgebäude stabilisiert, den Nutzern geschossweise aber größtmögliche Organisationsfreiheit der Grundrisse zubilligt. Die Tragkonstruktion ist aus Brettschichtholz als Stützen-Riegel-Konstruktion mit Knotenblechen aus Stahl verbunden und mit Gipsfaserplatten verkleidet. Dadurch entstehen stützenfreie Grundrissebenen, die nach den individuellen Bedürfnissen organisiert werden können (Abb. 38).

Im Gegensatz zu professionellen Bauherren und Investoren sind Baugruppen nicht an standardisierten, sondern individuell auf sie zugeschnittenen Lösungen

32

33

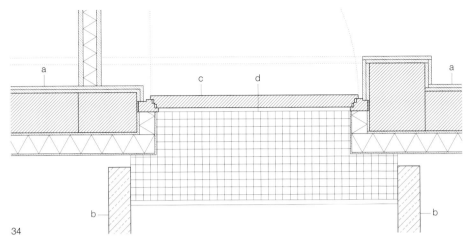
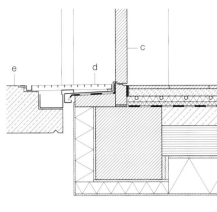

34

35

interessiert. Die dafür notwendigen Findungs- und Abstimmungsprozesse können sehr zeitintensiv sein. Immerhin gilt es Fragen des künftigen gemeinsamen Wohnens zu stellen und zu klären. Definiert man integratives Wohnen als eine Form des gemeinschaftlichen Zusammenlebens über Generationen hinweg, so kann es sich bei diesen übergreifenden, großfamilienähnlichen Strukturen der Baugruppen um Abbilder der Gesellschaft handeln. Derartige selbstorganisierte alters-, kultur- und schichtenübergreifende Gemeinschaften versprechen gegenüber monofunktionalen einen hohen Grad des Austauschs, der Integrationsfähigkeit und der Solidität. Regelmäßig ist in diesem Zusammenhang vom »Generationenwohnen« die Rede.

Solche Strukturen können sich, wie beim Berliner Beispiel e³ gezeigt, sowohl innerhalb eines Gebäudekomplexes, einer Wohnanlage, als auch in einem ganzen Quartier abbilden. Bei aller Wandlungsfähigkeit, die auch diesen Strukturen innewohnen muss, stellen sie eine Form des

sozialen Miteinanders dar, die ihre Unterstützung auch durch das Förderprogramm »MehrGenerationenHaus« des Bundesministeriums für Familie, Senioren, Frauen und Jugend (BMFSFJ) findet. Indem von den Prinzipien der Familien und Dorfgemeinschaften gelernt wird und diese in Planungs- und Organisationsstrukturen einfließen, entstehen Orte, an denen sich Menschen aller Generationen ganz selbstverständlich im Alltag begegnen, voneinander lernen und sich gegenseitig unterstützen. In nur zwei Jahren ist es dem Projekt bis 2008 gelungen, eine Landkarte mit 500 Mehrgenerationenhäusern zu zeichnen. [4]

Im selben Jahr errichtet der Neusser Bauverein auf dem ehemaligen Containerbahnhof in Neuss das Wohnquartier »Südliche Furth«, bei dem öffentlich geförderter, barrierefreier Wohnraum mit einer Bruttogeschossfläche von ca. 25 000 m² für mehr als 700 Menschen entsteht (S. 86, Abb. 39–41). Von den 255 Wohnungen sind lediglich 35 freifinanziert. Von diesen 255 Wohnun-

Geschosswohnungsbau Zürich-Oerlikon (CH) 2007, Graber Pulver Architekten
31 geschwungene Balkone
32 Grundriss 1. OG , Maßstab 1:500
    a Wohnen/Essen
    b Zimmer
33 Treppenskulptur

Wohngebäude e³, Berlin (D) 2008, Kaden Klingbeil Architekten
34, 35 Detail schwellenlose Eingangssituation
        Grundriss, Schnitt
        Maßstab 1:20
    a Massivholzwand 316,5 mm
    b Brüstung Stahlbeton 115 mm
    c Eingangstür Holz massiv
    d Gitterrost
    e Treppenhaussteg,
       Stahlbetonfertigteil 250 mm
36 Schnitt, Maßstab 1:400
37 siebengeschossige Holzkonstruktion
38 Grundriss 4. OG, Maßstab 1:400
    f Brücke Übergang
    g Zimmer
    h Kochen/Essen
    i Wohnen

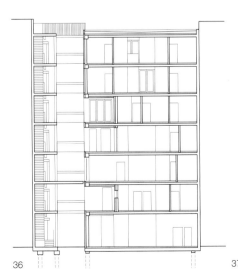

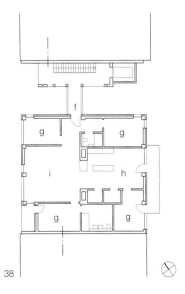

36

37

38

39

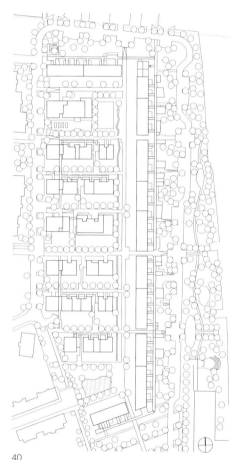

40

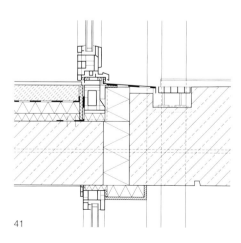

41

gen erfüllen auch die sieben Maisonettewohneinheiten die Barrierefreiheit. Die Nutzung der Gebäude wird aus einer Mischung unterschiedlicher Wohnformen für Jung und Alt gebildet. Neben einem Stadtteiltreff mit Gemeinschaftsräumen und Beratungsbüro entstanden 2–6 Zimmer-Wohnungen und Gemeinschaftswohnungen auch für ältere und pflegebedürftige Menschen. Der vielfältige Wohnungsmix bietet die Möglichkeit generationenübergreifenden Wohnens.

Die gesamte städtebauliche Ergänzung schirmt sich in mehreren Schichten gegen die Lärmquellen durch Zug- und Autoverkehr im Osten ab. Dem viergeschossigen Riegel, der im Osten das Quartier fasst, ist der Laubengang als eine lärmdämpfende Ebene vorgelagert. Er ist lediglich mit überdachten Stegen an die eigentlichen Gebäude angebunden. Gegenüber den Lärmverursachern ist der Laubengang mit Gussglas geschlossen. Ausschließlich Kellerersatzräume bzw. einige gemeinschaftliche Freiflächen sind Richtung Osten orientiert. Innerhalb der Riegelbebauung bilden niedrigere Gebäude den städtebaulichen Abschluss der bestehenden westlich liegenden Wohnquartiere. Fußläufige Gassen, ein Teich und ein Wasserspielplatz sowie zwei Plätze formulieren die Qualitäten des öffentlichen Raums.
Die Sorge einer möglichen Ghettoisierung scheint nicht angebracht. Auch wenn weniger als 14 % der Wohnungen freifinanziert sind, so wirkt doch die breite Mischung der Grundrissvarianten und -größen einer Stigmatisierung entgegen. Vorteilhaft ist hierbei sicherlich, dass die unterschiedlichen Wohnungstypen und -größen von außen nicht ablesbar sind.
Die komplett barrierefreie Ausbildung eines Projekts dieser Größenordnung ist

ebenso beachtlich wie die konsequente Planung, die sich, beginnend bei der Gestaltung der öffentlichen Räume, über die Erschließungsebenen und Stege, die Gebäude selbst, deren Grundrissstrukturen und Terrassenanbindungen bis ins Detail fortsetzt. Sie wird berechtigt als Pionierleistung gewertet und mit einer Vielzahl von Preisen bedacht.

Betreutes Wohnen und Leben im Alter
Der Wunsch nach größtmöglicher Kontinuität bestimmt häufig das Wohnen im Alter. Dies ist nachvollziehbar, da es sich um eine Lebensphase handelt, die wesentlich durch äußere und nicht selbstbestimmte Veränderungen geprägt wird. Hierzu zählen:
· sich verfestigende räumliche Entfernungen zu Familienmitgliedern, insbesodere Kindern und Enkelkindern
· wachsende Inanspruchnahme medizinischer Serviceeinrichtungen, Hilfsdienste und Krankenhausbesuche
· der Tod des Partners bzw. der Partnerin
· der Verlust der eigenen Mobilität
Diese Einflüsse führen entweder zu dem Wunsch, im bekannten sozialen wie räumlichen Umfeld so lange als möglich selbstständig zu leben – was dem größten Teil der älteren Bevölkerung bei aller notwendigen Diskussion um Unterstützung gelingt –, oder zu einem häufig unfreiwilligen Umzug in eine Wohnform mit geringerer Eigenständigkeit, aber höherer Versorgungssicherheit.

Zu den wesentlichen gesellschaftlichen, politischen und ökonomischen Aufgabenstellungen gehören:
· die Weiterentwicklung von qualitätsorientierten Konzepten verschiedener Wohnformen und Betreuungsmöglichkeiten
· der flächendeckende Ausbau marktfähiger Alltagshilfen und Betreuungsmöglichkeiten

42

43

Südliche Furth, Neuss (D) 2008, Agirbas Wienstroer
39 integriertes Gebäude mit betreuten Pflegewohn-
    gemeinschaften
40 Lageplan, Maßstab 1:3000
41 Detail schwellenloser Laubengang, Maßstab 1:20

rollstuhlgerechtes Niedrigenergiehaus, Hof (D) 2006,
Seeger Ullmann
42 barrierefrei ausgebildeter Klappflügel
43 Grundriss Erdgeschoss, Maßstab 1:250
    a Schlafen
    b Windfang
    c Bad
    d Kochen
    e Wohnen
    f Terrasse

- die Verbreitung und Förderung des barrierefreien Bauens und der individuellen
  Wohnanpassung
- die Förderung des Angebots von Hausgemeinschaften und ambulant betreuten Wohngruppen

All diese Aufgaben gilt es in einer Form
zu bewältigen, die einer Ghettobildung
entgegenwirkt und eine wohnumfeld-
bzw. quartiersbezogene Integration verschiedener Generationen und Kulturen
fördert.

In Deutschland sind in den letzten Jahren
zwar Alternativen zur Fortsetzung des
selbstständigen Wohnens kontinuierlich
weiterentwickelt worden. Dadurch ist
auch für den Fall einer fehlenden fami-
liären Unterstützung ein etwas vielfälti-
geres Angebot entstanden, welches
jedoch flächendeckend noch keine umfassenden Wahlmöglichkeiten bietet. Die
heute allerdings häufig noch vorhandene
Differenzierung der Angebote für ein
Wohnen im Alter zwischen »normalem«
Wohnen mit Unterstützung durch ambu-

lante Serviceeinrichtungen und dem
Wohnen in stationären Einrichtungen wird
sich künftig unter dem demografisch
bedingten Nachfragedruck zumindest
teilweise auflösen.
Für eine grundsätzliche Neuordnung des
Systems zur Unterstützung eines möglichst langen selbstständigen Wohnens
im Alter ist eine Stärkung der individuellen
Entscheidungsautonomie erforderlich. Die
Älteren müssen in Zukunft leistungsunab-
hängig darüber entscheiden können, auf
welche Art von Hilfe sie im Bezugsfalle
zurückgreifen möchten. [6]

Erinnerungen und damit verbundene
soziale Wurzeln spielen insbesondere im
Alter eine große Rolle. Bei einem even-
tuellen Umzug sollte auch die Entfernung
(z. B. Fußgängerradien) zu bekannten
Orten und Einrichtungen des bisherigen
Wohnumfelds mit bedacht werden.
Bereits in den 1970er-Jahren wurde
nachgewiesen, dass rund 80 % der älteren Menschen, die in einer fußläufigen
Distanz von einer Viertelstunde zu ihrer

alten Wohnung umgezogen waren, keinen Unterschied in der Zahl der Besuche,
die sie empfingen oder machten, bemerk-
ten. Dieser Anteil verringerte sich auf
33 %, wenn die Entfernung eine Dreivier-
telstunde oder mehr betrug. [7]
Hiermit ist ein Anhaltswert mit Bezug zur
räumlichen Dimension und Verortung in
einer Dorfgemeinschaft oder einem Stadt-
quartier quantifizierbar.

Folgende Einrichtungen empfehlen sich
in einem Umkreis von ca. 500 m bzw.
einer fußläufigen Entfernung von ungefähr
15 Minuten:
- Einkaufsmöglichkeiten
- medizinische Grundversorgung
- Anbindung an den öffentlichen Perso-
  nennahverkehr (ÖPNV)
- Café, Gastronomie
- barrierefrei gestaltete Außenanlagen,
  Parks, Plätze, Sitzgelegenheiten, Frei-
  zeit- und Erholungsflächen

Unterscheiden lassen sich drei Ausrich-
tungen des Wohnens im Alter. Das individuelle Wohnen, das individuelle Wohnen
in Gemeinschaft und das Wohnen in stationären Einrichtungen.
Wohnen und (sich) versorgen wird als
Einheit gesehen, auch wenn räumlich
unterschiedliche Zusammenhänge bestehen wie etwa in stationären Einrichtungen.
Tabelle T3 listet die möglichen Angebote
bzw. Dienste auf.

Ein Beispiel im oberfränkischen Ort Hof
interpretiert den »Austrag« neu (Abb. 42
und 43). Der erdgeschossige, energieop-
timierte rollstuhlgerechte Pavillon verdich-
tet das eigene Gartengrundstück eines
Mehrfamilienwohnhauses nach. Der mit
Schiefer verkleidete kompakte, knapp
100 m² große Bungalow in Niedrigener-
giebauweise ist die neue Heimat der
Eigentümer. Den besonderen, rollstuhl-

T3: Angebote und Dienste individuellen Wohnens und Wohnens in Gemeinschaft [5]

Wohnsituation	Soziale Alltagsbegleitung	Betreuungs- und Pflegedienst
Individuelles Wohnen selbst organisiert	Eigeninitiative	Bei Bedarf wird eine Haushaltshilfe beschäftigt.
Individuelles Wohnen mit Betreuung/Pflege	Eigeninitiative oder Unterstützung durch sozialen Dienst	Bei Bedarf organisiert der Betreuungs-vertragspartner einen ambulanten Dienst.
Individuelles Wohnen in Seniorenwohnhäusern/ Wohnanlagen für Betreutes Wohnen/Wohnen mit Service	Eigeninitiative oder Unterstützung durch den Service des Trägers	Bei Bedarf werden Hilfen und Pflege, regelmäßige Beratung und Sprech-stunden sowie unterschiedliche Zusatzleistungen vermittelt.
Wohnstifte	Serviceleistungen durch den Träger	Hilfe und Pflege durch die Einrichtung
Wohnanlagen mit nachbar-schaftsorientierter Form	Eigeninitiative, Gemeinschaftsaktivi-täten durch Nachbarschaftsinitiative	gegenseitige Unterstützung, soziale Dienste bei Bedarf
Mehrgenerationenwohnen	gegenseitige Unterstützung	gegenseitige Unterstützung, soziale Dienste bei Bedarf
Gemeinschaftsbezogenes Wohnen, Wohngemein-schaften	gegenseitige Unterstützung, Vermittlung durch sozialen Dienst, ehrenamtliche Begleitung	soziale Dienste und Pflegedienste: selbstversorgend, heimverbunden, dezentral, vernetzt
Hausgemeinschaften	gegenseitige Unterstützung, Vermittlung durch sozialen Dienst, ehrenamtliche Begleitung	soziale Dienste und Pflegedienste: selbstversorgend, heimverbunden, dezentral, vernetzt

44

gerechten Anforderungen kommt neben einer Ausführung des Bades nach der DIN 18025, der Schiebetür zur Terrasse noch die Ausführung der nach außen öffnenden Schwingfenster mit Beschlägen am unteren Querholz nach (S. 87, Abb. 42).

Betreute Wohnformen für Senioren
Trotz ergänzender ambulanter Betreuungsmöglichkeiten wird es auch künftig einen Bedarf an stationären Einrichtungen geben. Diese haben aber sowohl bereits ihren Charakter verändert als auch die entsprechenden Einheiten verkleinert. Sichtbar wird dies am Beispiel des Seniorenzentrums Haus am Kappelberg (Abb. 48). Die vier Geschosse mit Bewohnerzimmern sind grundsätzlich in zwei betreuten Hausgemeinschaften mit maximal 14 Mitgliedern organisiert (Abb. 47). Das Farbkonzept nimmt diesem Gebäude trotz seiner Baumasse den Charakter einer sterilen, anonymen Institution. Gleichzeitig gelingt es durch die kontrastreiche Farbwahl auch Personen mit Seheinschränkungen gute Orientierungsmöglichkeiten zu bieten.

Ein deutlich weniger markantes Farbkonzept, aber ebenso wirksame Kontraste weist das Pflegewohnheim in Schorndorf auf. Das Ziel der Gestaltung des Pflegeheims bestand darin, Räume zu schaffen, die weder den Eindruck von Sterilität, Anonymität noch klinischer Institution wachrufen (Abb. 46).
Das Konzept stellt deshalb die Individualität und Persönlichkeit der Bewohner in den Vordergrund. Gleichzeitig geht es auf die spezifischen Bedürfnisse älterer Menschen ein. Auch während des Aufenthalts im Pflegeheim sollen dessen Bewohner ein Leben in Würde und Geborgenheit führen können und sich im Idealfall zu Hause fühlen.
Die Aufenthaltsangebote sind auf die verschiedenen Bedürfnisse der Bewohner zugeschnitten: zurückgezogen in der persönlichen Umgebung im eigenen Zimmer, kommunikativ und am öffentlichen Leben teilnehmend in den bequemen Sesseln der wohnlich gestalteten Aufenthaltsbereiche, halbprivat in den Sitznischen der Flure oder mehr aktiv im Restaurant, in den Therapiebereichen und auf der Terrasse an der frischen Luft (Abb. 44).

Kein Pflegezimmer gleicht dem anderen. Im Sinne der Individualisierung ist jedes in einer eigenen Farbwelt gestaltet. Wandfarbe, Akzentfarbe und Vorhänge bilden

45

46

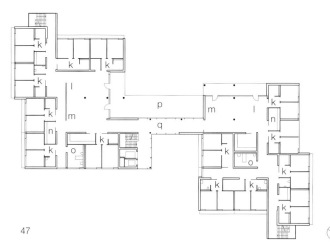

47

jeweils eine neue Kombination und damit eine andere Stimmung. Die Standardausstattung wirkt durch Form und Materialität vertraut und alltagsnah. Gleichzeitig schaffen großzügige Ablage- und Stellflächen vielfältige Möglichkeiten, sich den Raum durch persönliche Dinge anzueignen. Jedes Zimmer wird so zu einem Unikat.

Das Orientierungssystem nimmt diesen Gedanken auf. Statt abstrakter Zimmernummern hat jeder Raum einen eigenen Namen: »Burg«, »Palais« oder »Zuhause« – in ihrer Wortbedeutung verweisen diese stets auf Wohnsituationen. Die Zimmer sind zudem alphabetisch angeordnet, so dass die Orientierung leicht fällt.
Neben der Tür ist ein Rahmen angebracht. Dieser enthält neben dem Namen des Bewohners auch ein oder zwei Bilder aus dessen Vergangenheit. Auf diese Weise wird eine Beziehung zwischen der Person und dem Ort hergestellt und eine Brücke zwischen drinnen und draußen, zwischen gestern und heute entsteht.
Den Hauptflur prägt, neben den Sitzinseln, eine sich über dessen ganze Länge erstreckende Bilderwand. In über 170 Bilderrahmen werden hier kollektive und individuelle Erinnerungsfragmente aus

dem Leben der Bewohner gesammelt: Schallplattencover, Spitzendeckchen, Scherenschnitte, Gedichte, alte Landkarten, Postkarten, Poster, Fotografien und selbst ganze Bücher. In ihrer Vielzahl und Verschiedenheit repräsentieren sie die Individualität und die Einzigartigkeit der Lebensgeschichten der Bewohner. Gleichzeitig verändert sich dieser Ort durch den Wechsel der Bewohner kontinuierlich. Dinge kommen und gehen, ständig kann Neues entdeckt werden – die Wand bleibt in »Bewegung« (Abb. 45).

Betreuung von Menschen mit Demenz
Identitätsstiftende Erinnerungsorte, wie beispielsweise die Bilderwand im Pflegeheim in Schorndorf, haben vor allem für an Alzheimer erkrankte Menschen große Bedeutung. Durch den zunehmenden Verlust der Erinnerungsfähigkeit gilt es gerade für diese Personengruppe besondere Angebotsformen, wie z. B. betreute Wohngruppen, Hausgemeinschaften oder betreute Wohngemeinschaften, zu verfeinern und im gesellschaftlichen Kontext selbstverständlicher zu verankern.
Bauliche Konzepte sind im Kompetenzzentrum Demenz in Nürnberg realisiert. Die Architekten entwickelten in den drei Bauteilen auf drei Etagen unterschiedliche

Pflegeheim Schorndorf (D) 2006, Ippolito Fleitz Group
44 Grundriss Pflegegeschoss, Maßstab 1:800
   a Einzelzimmer
   b Zweibettzimmer
   c Therapiezimmer
   d Terrasse
   e Wohnen
   f Essen
   g Mitarbeiter
   h Pflegebad
   i Empfangsbereich
45 Leitsystem und Bilderwand
46 Aufenthaltsbereiche

Seniorenzentrum Haus am Kappelberg, Fellbach (D) 2007, Wulf & Partner
47 Grundriss 1.–4. OG, Maßstab 1:800
   k zwei Bewohnerzimmer mit gemeinsamer Nasszelle
   l Wohnen
   m Essen
   n Dienstzimmer
   o Pflegebad
   p Balkon
   q Verbindungsgang
48 Großzügig verglaste Gemeinschaftsbereiche verbinden und erschließen die beiden Gebäudeteile.
49 Farbkonzept

48

49

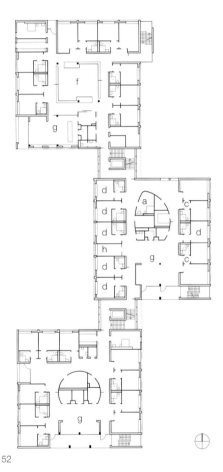

Wohnatmosphären folgender Themen: hell und modern (»Patio«), dunkel und geborgen (»Janus«), traditionell ländlich (Abb. 52). Innerhalb der Konzepte gibt es zusätzlich eine differenzierte Farbgebung und Ausprägung im Detail. Nach dem ersten Jahr der Belegung konnte man feststellen, dass sich die Bewohner des dunklen, höhlenartigen Gebäudeteils schneller beruhigten als die im hellen, natürlich belichteten. Deren lichte, mit einem Tapetenmuster versehene Eingangsnische zum Bewohnerzimmer besitzt keine »Klöntüren«. In der traditionellen Variante hingegen lassen sich bei dieser eingebauten Tür die obere und untere Hälfte der Blätter unabhängig voneinander öffnen und schließen. Ein geöffneter oberer Teil ermöglicht dem Bewohner am Gemeinschaftsleben teilzunehmen ohne sein Zimmer zu verlassen (Abb. 50 und 51).

Betreuung behinderter Menschen
Mit spezifisch ausgerichteten Wohnumfeld-, Betreuungs- und Bildungsprogrammen kümmert sich beispielsweise die Lebenshilfe darum Kinder, Jugendliche und Erwachsene mit geistiger und mehrfacher Behinderung gemeinde- und wohnortnah zu betreuen. Sie begleitet

und unterstützt Kinder mit Entwicklungsverzögerungen und Verhaltensauffälligkeiten bis in die Grundschule. Sie erhalten eine möglichst umfassende Hilfe. Die Eltern werden regelmäßig in die Förderung mit einbezogen. Im Bereich geistiger und mehrfacher Behinderung bietet die Lebenshilfe ambulante, teilstationäre sowie stationäre Einrichtungen von der Geburt bis zum Rentenalter. Ganzheitliche Betreuung und soziale Integration stehen im Mittelpunkt.

Lediglich eine Assistenz zum selbstbestimmten Leben eröffnet das Wohntrainingscenter Aalen den drei Wohngemeinschaften mit jeweils vier geistig behinderte Menschen (Abb. 53). Die Wohngemeinschaften organisieren sich selbst und sind lediglich über Notrufeinrichtungen mit den Pflegediensten auf demselben Grundstück verbunden. Die Bewohner gehen tagsüber entweder einer Beschäftigung in der Werkstatt für Menschen mit Behinderung nach oder sind auf dem freien Arbeitsmarkt tätig. Die komplett rollstuhlgerechte Grundrissstruktur wurde bei diesem neuartigen Betreuungskonzept so organisiert, dass sich im Bedarfsfalle die Wohnungen und damit die Wohngemeinschaften halbieren lassen.

Kompetenzzentrum Demenz, Nürnberg (D) 2006, Feddersen Architekten
50 Eingangsnische Bewohnerzimmer »Janus« mit »Klöntür«
51 Eingangsnische Bewohnerzimmer »Patio«
52 Grundriss Pflege auf 3 Geschossen mit den Bereichen »Patio« im Norden, »Janus« in der Mitte und »Bauernstube« im Süden, Maßstab 1:750
   a Pflegebad
   b Arbeitsraum
   c Doppelzimmer und Einzelzimmer mit gemeinsamer Nasszelle
   d Einzelzimmer
   e Wäscheraum
   f Patio
   g Wohnküche

53 Wohntrainingscenter Lebenshilfe Aalen (D) 2006, VoH Architekten

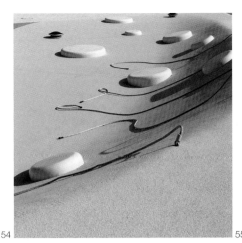

54   55

Öffentlicher Raum

Die Stadtforschung hat festgestellt, dass die Postulate der rein funktionalen Stadt, wie sie die Charta von Athen formuliert hat, nicht zukunftsfähig sind. Die getrennten, lediglich einer Nutzung dienenden Strukturen sind an vielen Stellen ineffektiv, nicht nachhaltig, nur bedingt kommunikativ und integrativ und verursachen zusätzlichen Verkehr. Dies entsteht beispielsweise durch die Trennung von Wohn- und Arbeitsfunktionen verglichen mit Mischstrukturen.

Der Wunsch nach einer räumlichen Durchmischung und damit Nähe von Wohnquartieren und Arbeitsmöglichkeiten, verbunden mit entsprechenden Anbindungen an Infrastrukturen des ÖPNVs und öffentliche Einrichtungen wie Schulen, einen qualitätvollen Einzelhandel und kulturelle Angebote, steigt nicht zuletzt aufgrund der wachsenden Mobilitäts- und Energiekosten.

Der Prozess der Wiederentdeckung der innerstädtischen Wohn- und Arbeitsqualitäten, verbunden mit einer zukunftsorientierten Entwicklung der Stadtquartiere und damit auch des öffentlichen Raums, erhöht den Anreiz, gerade hier zu wohnen. Per definitionem ist der öffentliche Raum jedem Mitglied einer Gesellschaft jederzeit und ohne Einschränkungen zugänglich und nutzbar. Er ist somit weit mehr als lediglich ein »Dazwischen«, sondern ermöglicht gleichzeitig Nähe und Distanz als gebautes Zeichen des gesellschaftlichen Miteinanders.

Bereits 1920 machte Theodor Fischer einen deutlichen Unterschied zwischen den städtebaulichen Funktionen und Intentionen von Straßen und Plätzen. Er empfand es als ein Erfordernis der Ästhetik, den »richtigen Schluss« einer Straßenstrecke baulich zu formulieren, »um

den Eindruck des Räumlichen herzustellen, aber mit der ganz besonderen Betonung der Bewegungsform« [8]. Dieser stelle er die Form des Platzes entgegen, die zum Verweilen einlade und deshalb ganz andere Anforderungen an die Sinne des Menschen stelle. Die seinerzeit rein ästhetisch begründete Sinneswahrnehmung wurde zwischenzeitlich zur wissenschaftlich belegten Grundlage für ein Modell zur barrierefreien Stadtentwicklungskonzeption. Dieses strukturelle Orientierungssystem geht davon aus, dass es markante bauliche Orientierungspunkte, räumlich begrenzte Orientierungssektoren (z. B. Quartiere) und Übergabepunkte gibt, die die Basisdaten für eine systematische städtebauliche Entwicklung und Orientierung liefern. Ergänzt werden diese räumlichen Grundlagen an den notwendigen Stellen mit zusätzlichen Orientierungshilfen und Leitsystemen (siehe S. 43ff.) [9]

Öffentliche Räume sind somit weit mehr als Kreuzungspunkte von Verkehrsstrukturen, die mit Mehrfachnutzungen belegt sind. Beispielhaft für die Möglichkeiten und die damit verbundenen auch barrierefreien Nutzungen sind der Arnulfpark in München (Abb. 54) sowie der Scharnhauser Park in Stuttgart (Abb. 55). Nutzungsvielfältige Einbauten, die gleichzeitig Sitzmöbel, Kleinkinderspielzeug, Sportgerät oder Skatebahn sein können, ermöglichen generationenübergreifende Nutzungen. Eindeutige Wegeführungen in gefassten Räumen mit wahrnehmbaren Weitungen und eindeutigen Zielpunkten gewährleisten eine sichere Orientierung.

Hilfreiches Planungsinstrument bleibt in diesem Zusammenhang neben in den Normen und Gesetzen geregelten Bereichen der Ausbildung von Wegen, Treppen, Rampen, Überwegen, Lichtsignalen

54 Arnulfpark München (D) 2005, realgrün Landschaftsarchitekten
55 Scharnhauser Park, Stuttgart Ostfildern (D) 2001, Janson und Wolfrum

56

57

58

und Leitsystemen alles, was die fünf Sinne stimuliert. Einbauten, Raumkanten und -definitionen oder Bepflanzungen, die nach dem »Zwei-Sinne-Prinzip« die Nutzer anregen, die Wahrnehmung der räumlichen Umgebung fördern und Identifikation bilden. Dies bedingt zudem emotionale Anknüpfungsmöglichkeiten, eine Wertschätzung und das Gefühl der Verantwortlichkeit. Viel hiervon wird möglich, wenn sich die Umgebung selbstständig erkunden, erfahren und mental erobern lässt. Die Beleuchtung ist für die Nutzung öffentlicher Räume von besonderer Bedeutung. Das richtige Maß an Ausleuchtung zu finden, dem es gelingt Atmosphären zu schaffen und gleichzeitig Sicherheit bieten zu können, stellt eine anspruchsvolle Planungsaufgabe dar. In Ergänzung zur Bepflanzung und Bebauung auf dem Georg-Freundorfer-Platz erzeugt die Beleuchtung eine flächige,

blendfreie Lichtsituation, die ein sicheres Erfassen der räumlichen Umgebung ermöglicht (Abb. 56).

Durch geplante Nutzungsvielfalt können öffentliche Räume flexibel, aber auch unspezifischer werden. Sie verlangen ein höheres Maß an Eigenverantwortung der Nutzer. Dies zeigt sich beispielsweise an dem Außenbereich des gestrandeten steinernen Eisbergs der Nationaloper in Oslo. Auch wenn gerade die öffentlich zugänglichen Freiflächen die in Deutschland gültigen Normen nur in Teilen erfüllen, so bereichert der schwellen- und geländerlose Platz, der aus dem Fjord wächst, zweifelsfrei das öffentliche Leben der Stadt am und mit dem Wasser. Nicht nur neues Land wurde gewonnen, der Stadt wurde zusätzlicher öffentlicher Raum geschenkt (Abb. 59).
Die Rückgabe öffentlichen Raums an die

Stadt spielt bei Konversionsplanungen und der Suche nach Energieeffizienzpotenzialen eine große Rolle. Gerade Parkanlagen sind häufig entscheidende Frischluftproduzenten innerhalb von Stadtgefügen und liegen in entsprechenden Schneisen. Ein in diesem Sinne überraschender Konversionsvorschlag wurde 2009 in New York eingeweiht. Auf einer ehemaligen Bahnlinie, der »High Line«, entstand in 10 m Höhe über dem Straßenniveau auf knapp zweieinhalb Kilometern Länge der High-Line-Park. Eine barrierefrei begeh- und benutzbare öffentliche Parkanlage, die an eine Vielzahl von Treppen und Aufzüge angebunden ist (Abb. 57 und 58). Dies zeigt, dass effizientes, ressourcenschonendes Weiterplanen und Bauen nicht auf die Objektebene allein beschränkt ist, sondern in jedem Fall stadtplanerischer Betrachtung bedarf.

59

60

Eine Stadt benötigt aber auch Orte der Trauer und Besinnung. Die Ausgestaltung öffentlicher Stätten des Gedenkens und der Erinnerung erfordert große Sensibilität. Mit welcher Eleganz eine Friedhofsanlage gestaltet sein kann, zeigt der Friedhof in Armea. Gleichzeitig überwindet die ästhetisch und handwerklich ausgesprochen anspruchsvoll realisierte Rampe topografisch bedingte Höhendifferenzen und vereinfacht den Transport der Särge bzw. Urnen genauso wie jeden Besuch (Abb. 61).

Öffentliche Gebäude und Versammlungsstätten

Entscheidend das Stadtbild prägende öffentliche Räume sind zumindest in der Geschichte der europäischen Stadt der Kirchplatz, der Marktplatz und der Rathausplatz. Ebenso bedeutend sind die an sie angrenzenden öffentlichen Gebäude

als Zeichen gesellschaftlicher Ordnungen, der Repräsentanz und Macht, selbstbewusste Darstellungen eines erstarkenden Bürgertums und Zeichen des Glaubens.

Gerade diese Bauten lassen in ihrer Ausprägung und Gestaltung eine Lesbarkeit gesellschaftlicher Umgangsformen zu wie kaum andere Einrichtungen. Die Empfangssituation des Rathauses in Pasing ist ein Beispiel, bei dem die völlig selbstverständlich wirkende Situation ihren Mehrwert nicht im ersten Moment erklärt (Abb. 60). An dem durchgehenden Tresen erscheint nichts Besonderes. Er ist jedoch auf kompletter Breite unterfahrbar und damit an jeder Stelle auch von Rollstuhlfahrern nutzbar.

Die Ansprechperson sitzt nicht hinter einer Scheibe oder einem hohen Tresen

61

56 Beleuchtung Georg-Freundorfer-Platz, München (D) 2002, Levin Monsigny
57, 58 The High Line, New York (USA) 2009, Diller Scofidio
59 Freibereich, Neue Oper Oslo (NO) 2008, Snøhetta
60 Empfangstheke Rathaus Pasing, München (D) 2002, Landau Kindelbacher
61 Rampe, Friedhof Armea, Sanremo (I) 2003, Amoretti und Calvi

62

63

verborgen. Ebenso wenig die zu bearbeitenden Unterlagen. Hier ist Barrierefreiheit und Schwellenlosigkeit auf unterschiedlichen Ebenen vorbildlich gelöst.

Das Recht aller auf Bildung, eine der größten Errungenschaften unserer Kultur, bleibt nach dem Schulabschluss bestehen. Die Selbstverständlichkeit einer Teilhabe am gesellschaftlichen und kulturellen Leben, an diesem und durch dies zu lernen, wird durch die folgenden Beispiele deutlich.
Die Zugangssituation zum Museum Georg Schäfer in Schweinfurt gleicht einem inszenierten Theaterauftritt. Diesen können alle Gäste tatsächlich unterschiedslos über die gemeinsame Rampenanlage erleben. Die Rampe ist kein baulich funktionales Anhängsel, sondern

die eigentliche Attraktion (Abb. 64). Weniger spektakulär, aber mit derselben Selbstverständlichkeit fügt sich die neue barrierefreie Rampensituationen in die historischen, denkmalgeschützten Eingangsbereiche des Schlosses Nymphenburg ein (Abb. 62).

Auch wenn öffentliche Gebäude selbst die normierten Regeln der Barrierefreiheit häufig erfüllen, so ist dies im Bereich der Ausstellungsarchitektur, der Darstellung der Exponate, noch nicht immer der Fall. Bemerkenswertes Gegenbeispiel ist das Kelten und Römermuseum in Manching, das durch seine komplett verglasten, mit dem Rollstuhl anfahrbaren Vitrinen allen Besuchern eine besondere Nähe zu den Exponaten ermöglicht (Abb. 63).

Versammlungsstätten müssen die Voraussetzungen der uneingeschränkten Nutzbarkeit für alle Mitglieder der Öffentlichkeit bieten. Hierzu zählen z. B. die Positionierung eigener, mit dem Rollstuhl nutzbarer Plätze im Auditorium (siehe »Planung«, S. 56), zusätzliche Induktionshöranlagen oder ergänzende Leitsysteme. Darüber hinaus kommt insbesondere dem Not-, Brand- oder Evakuierungsfall besondere Bedeutung zu. Hier müssen große Gruppen von Menschen panikfrei und zielgerichtet so selbstständig als möglich die Versammlungsstätte verlassen können. Dies gilt ebenso für Menschen mit Einschränkungen. Entsprechende Anforderungen sind in den Versammlungsstättenverordnungen der Länder geregelt (siehe »Geregelte Grundlagen«, S. 26, Tabelle T5).

64

65

66

Nicht nur eine gleichberechtigte Teilhabe im Auditorium sollte allen Gesellschaftsgruppen ermöglicht werden, sondern auch eine Nutzung der Bühne oder des Podiums. Bemerkenswertes Beispiel und Zeichen einer gesellschaftlichen Konstitution ist der Deutsche Bundestag im Gebäude des ehemaligen Reichstags. Hier ist das Rednerpult in Winkelform höhenverstellbar und komplett unterfahrbar (Abb. 67). Doch der Anspruch an die Barrierefreiheit gerade dieses Gebäudes geht wesentlich weiter. Neben einer barrierefreien Erschließung des Gebäudes ist die Glaskuppel direkt über dem Plenarsaal, dem höchsten Teil des Gebäudes, öffentlich zugänglich, transparent und durch eine Rampe erschlossen.

Versorgung und Einkauf

Eine selbstständige Lebensführung ist von der direkten Umgebung der Wohnung geprägt. Zu ihr gehört ebenso die Fähigkeit zur Teilhabe am gesellschaftlichen Leben wie auch, soweit von den individuellen Fähigkeiten abhängig, die Möglichkeit, sich mit Grundnahrungsmitteln, Kleidung etc. zu versorgen. Die Erreichbarkeit eines qualitätsvollen Warenangebots, die Bewegungsradien im städtischen Kontext sind grundsätzlich von wesentlicher sowohl soziologischer als auch funktioneller Bedeutung. Eine Integration dieser Themenfelder findet nicht erst auf der Objektplanungsebene, sondern vielmehr in der stadtplanerischen Ebene statt. Möglichkeiten lebendiger, durchmischter Stadtquartiere, von Nachverdichtungen und Revitalisierungen im Innenstadtbereich haben ihren Ursprung im Bereich der Flächenplanung.

Die europäische Stadt hat ihren Ursprung in arbeitsteiligen Prozessen, im Handel und dem Warentausch. Auf den dadurch entstandenen Märkten existiert seither großer kommunikativer und kultureller Austausch. Offenheit, Toleranz, Kommunikationsfähigkeit und Integrationsfähigkeit sind gleichzeitig urbane Vorzüge und Merkmale der Barrierefreiheit.

Einen der beeindruckendsten europäischen Kommunikations- und Handelsräume stellt der überdachte öffentliche Raum der Galleria Vittorio Emmanuele II in Mailand dar (Abb. 66). Folgende Prinzipien der Warenpräsentation, die zweifellos noch heute Gültigkeit besitzen, sind hier bereits verwirklicht:
· Zugänglichkeit
· Erreichbarkeit
· Nutzbarkeit
· auf ein Maximum vergrößerte Warenauslageflächen
· Einsehbarkeit aus einer Vielzahl von Positionen und Höhen
· Anschluss an öffentliche Räume, die zur Kommunikation und zu einer maximalen Verweildauer einladen
· überdachte Passagen, die natürlich belichtet werden können
· Möglichkeit, unabhängig von der Witterungssituation in überdachten Räumen Handel zu treiben

All dies findet sich ebenso in modernen Passagen, wie beispielsweise den Fünf Höfen in München, wieder (Abb. 65). Fünf Zugänge erschließen den innerstädtischen Gebäudeblock schwellenlos von der Fußgängerzone oder Gehsteigen aus. Die eingeschnittenen Innenhöfe dienen der natürlichen Belichtung und dem Kontakt mit der »Außenwelt«. Teilweise mit Glasdach versehen erlauben sie den Passanten im Trockenen zu flanieren. Nicht überdachte Höfe erzeugen in den dort platzierten Cafés das Gefühl im Freien zu sitzen, machen das Wetter, ob Regen oder Sonne, erfahrbar und sorgen für frische Luft.

62 Rampe, Besucherzentrum Schloss Nymphenburg, München (D) 2008, Claus und Forster
63 Kelten und Römermuseum Manching (D) 2006, Florian Fischer
64 Rampenanlage zum Haupteingang, Museum Georg Schäfer, Schweinfurt (D) 2000, Volker Staab Architekten
65 Fünf Höfe, München (D) 2003, Herzog & de Meuron
66 Innenraum, Galleria Vittorio Emanuele II, Mailand (I) 1877, Guiseppe Mengoni
67 höhenverstellbares Rednerpult

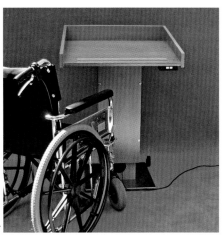

67

68

Eine differenzierte Gestaltung der Einkaufsbereiche und Höfe mit Material- und Farbwechseln sowie unterschiedlicher, sogar von der Decke abgehängter Bepflanzung ermöglicht eine gute Orientierung auch ohne direkten Außenbezug.

Märkte waren immer ein Ort der gesellschaftlichen Kommunikation. Diese Funktion wurde in ländlichen Gebieten vom kleinstrukturierten Einzelhandel übernommen und fortgeführt. Dieser musste der Konkurrenz durch Volldiscounter weichen, die den sozialen Ansprüchen selten genügen. Im Gegensatz hierzu präsentieren sich die österreichischen M-Preis-Märkte (Abb. 68–70). Diese Verkaufsstätten sind ausgerichtet an den aktuellen Marktansprüchen, den jeweiligen Ortstrukturen sowie an einem funktionierenden gesellschaftlichen Miteinander bei hohem baukulturellem Anspruch. Grundsätzlich mit Cafés, Schirmen und Sitzmöglichkeiten (bereits auf dem Parkplatz) versehen, werden diese Orte des Handels barrierefreie, kommunikative und integrative Zentren der Dorf- oder Quartiersgemeinschaft.

In den Verkaufsräumen selbst sollte zur rollstuhlgerechten Nutzung die Höhe von Tresen, Serviceschaltern und Verkaufstischen 80 cm nicht überschreiten. Bei mehreren gleichartigen Einrichtungen ist mindestens ein Element in dieser Höhe anzuordnen und unterfahrbar auszubilden. Kniefreiheit setzt, wie beim Waschbecken, einen Beinraum von 55 cm Tiefe in mindestens 67 cm Höhe voraus. Auch hier ist eine Höhenstaffelung möglich. Bei der üblichen Gestaltung der Möblierung ist eine Nutzung durch Rollstuhlfahrer, aber auch durch Menschen mit Bewegungseinschränkungen oft nicht zufriedenstellend. Die Anordnung von Niveauunterschieden der Flächen vor und hinter dem Tresen kann diese Anforderung erfüllen.

Büro- und Arbeitsräume

Eine der Voraussetzungen zur Führung eines selbstbestimmten Lebens ist die Möglichkeit, für den eigenen Lebensunterhalt selbst aufkommen zu können. Menschen mit Behinderung ist dies je nach Einschränkung in unterschiedlichen Maßen möglich. So können körperliche Beeinträchtigungen für die zu leistenden geistigen Tätigkeiten beispielsweise im Dienstleistungssektor keinerlei inhaltliche Einschränkung bedeuten.

Mehr und mehr bestimmen Strukturen die Bürowelten, die starre Raumkonzepte auflösen. Somit wird nicht nur das Mobiliar leichter und beweglicher, ebenso geben die oft individuell gestalteten Arbeitsmodelle einer erhöhten Flexibilität der Mitarbeiter Raum. Sowohl klassisch organisierte als auch freiere Raumgeometrien benötigen für eine barrierefreie Nutzung ausreichend Platz, beispielsweise eine Bewegungsfläche von 150 × 150 cm hinter dem Schreibtisch. Büroschränke werden nach Ordnerhöhen bemessen. Hier gilt es, den Greifbereich behinderter Menschen zu berücksichtigen, der zwischen

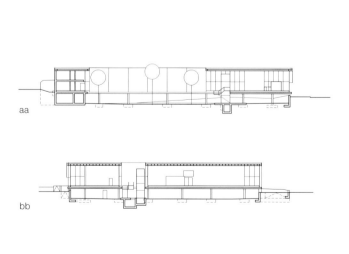

aa

bb

69

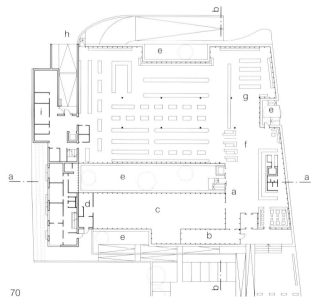

70

Supermarkt Wattens (A) 2003, Dominique Perrault mit RPM Architekten
68 Ansicht
69 Schnitte, Maßstab 1:1000
70 Grundriss Erdgeschoss, Maßstab 1:1000
   a Foyer mit Café
   b Bank
   c Textilgeschäft
   d Sozialraum
   e bepflanzter Innenhof
   f Kassen
   g Obst und Gemüse
   h Anlieforung
   i Kühlräume

71 Berufsbildungsbereich Textil des Lern- und Ausbildungszentrums der Lebenshilfe Ingolstadt (D) 2004, Diezinger & Kramer

71

40–140 cm liegt. Rollstuhlnutzern hilft die Unterfahrbarkeit des Sockels in einer Höhe von 30 cm aufgrund der Fußrasten sehr. Drehtüren an Schränken haben sich aufgrund des erhöhten Platzbedarfs als eher hinderlich erwiesen. Neben den in den Normen dargestellten Notwendigkeiten der Erkennbarkeiten, Erreichbarkeiten und Nutzbarkeiten aller festen baulichen Einrichtungen sind die prinzipiellen ergonomischen wie auch barrierefreien Anforderungen an Schreibtische, Schreibtischstühle, Rollcontainer, Bürotüren etc. zu berücksichtigen. Bedeutsam ist eine gleichmäßige, blendfreie Ausleuchtung ohne störende Schlagschatten und Gegenlicht sowohl für den Arbeitnehmer selbst als auch für Gäste und Nutzer. Diese Voraussetzung gilt nicht nur im Bürosektor, sondern auch in stark lärmbelasteten Werkstattbereichen, da Gehörlose so nicht nur die Werkstücke selbst besser sehen, sondern einen Teil der Informationen aus dem Gesicht der Ausbildenden lesen können. Grundsätzlich kommt eine optimierte Ausleuchtung allen Personen mit Seheinschränkungen zugute. Die akustischen Arbeitsverhältnisse sind sowohl in den Büroräumen, insbesondere größeren Organisationsstrukturen, als auch in Konferenz- und Seminarräumen zu berücksichtigen. Sie stellen eine funktionierende Kommunikation und Sprachverständlichkeit sicher, schützen vor Außenlärm und unterstützen eine gute Raumakustik.

Grundsätzlich besteht für private und öffentliche Arbeitgeber, die über mehr als 20 Arbeitsplätze verfügen, nach § 71 SGB IX die Pflicht, mindestens 5 % dieser Stellen schwerbehinderten Menschen zur Verfügung zu stellen. Solange sie die vorgeschriebene Zahl schwerbehinderter Menschen nicht beschäftigen, haben Arbeitgeber nach § 77 Abs.1 SGB IX allerdings auch die Möglichkeit, für jeden unbesetzten Pflichtarbeitsplatz eine Aus-

gleichsabgabe zu entrichten. Zusätzlich besteht für den Arbeitgeber nach § 83 SGB IX die Verpflichtung, im Rahmen einer »betrieblichen Integrationsvereinbarung« Regelungen zu folgenden Inhalten zu treffen:
· angemessene Berücksichtigung schwerbehinderter Menschen bei der Besetzung von Arbeitsplätzen
· angestrebte Beschäftigungsquote
· Teilzeitarbeitsmodelle
· Ausbildung behinderter Jugendlicher
· Umsetzung der betrieblichen Prävention
· Einbindung eines Werks- oder Betriebsarztes

Die »unterstützende Beschäftigung« stellt ein staatlich gefördertes Modell dar, diesen Verpflichtungen nachzukommen. Damit besteht ein Angebot insbesondere für Menschen, die infolge ihrer Einschränkung mit den Anforderungen von Berufsausbildungen oder -vorbereitungsmaßnahmen, z. B. aufgrund ausgeprägter Lernbehinderungen, überfordert waren, jedoch die besonderen Angebote von Werkstätten für behinderte Menschen nicht benötigen. Dieses Modell geht nach dem Grundsatz vor, den Betroffenen zuerst an einen potenziellen Arbeitsplatz zu platzieren und dann erst dort eine maßgeschneiderte Qualifizierung vorzunehmen. Neben einer Einarbeitung am Arbeitsplatz sollen berufsübergreifende Lerninhalte und Schlüsselqualifikationen sowie Aktivitäten zur Weiterentwicklung der Persönlichkeit vermittelt werden. I. d. R. finanziert die Bundesagentur für Arbeit diese zweijährige individuelle berufliche Qualifizierungsmaßnahme. Sie zielt darauf ab Betroffene über den Abschluss eines sozialversicherungspflichtigen Arbeitsvertrages gesellschaftlich zu integrieren.

Werkstätten für behinderte Menschen kommen in Betracht für diejenigen, die nicht, noch nicht oder noch nicht wieder

auf einem Arbeitsplatz im allgemeinen Arbeitsmarkt arbeiten können. Die anerkannten Werkstätten bieten ein breites Spektrum an Ausbildungen und beruflichen Tätigkeiten an, das sich individuell an Fähigkeiten und Möglichkeiten, Neigungen und Spezialisierungen anpassen lässt.

Nach dieser Systematik ist auch das Lern- und Ausbildungszentrum der Lebenshilfe Ingolstadt angelegt. Es umfasst neben den Schulungs- und Veranstaltungsräumen Werkstätten für Holz, Metall, Textil, Montage und Hauswirtschaft. Das Gebäude mit insgesamt 2400 m² Bruttogeschossfläche ist um einen großzügig verglasten zweigeschossigen Innenhof, eine »Oase der Ruhe«, so die Architekten, organisiert, zu der sich auch die Kantine orientiert. Die unterschiedlichen Funktionen der Fort- und Weiterbildungsräume für die Mitarbeiter sowie die Schulungs- und Werkstatträume für die Auszubildenden werden unter einem gemeinsamen weit auskragenden Dach zusammengefasst. Besonderen Schutz bieten die von außen nicht einsehbaren, gelochten Metalllamellen, die von innen jedoch jederzeit Ausblicke gestatten. Zusätzlich sind sie funktionstüchtiger Sonnenschutz und identitätsstiftendes Merkmal. Insgesamt wirken sich die Farbgestaltung mit den klaren, warmen Farbtönen, die kurzen Wege vom Schulungs- zum Werkstattbereich sowie die ruhige, konzentrierte Atmosphäre sehr wohltuend auf die Nutzer aus.

[1] Stelzer 2009
[2] vgl. dazu VDI 6000 Blatt 1
[3] vgl. dazu VDI 6000 Blatt 6
[4] BMFSFJ/von der Leyen 2008, S. 2–3
[5] vgl. dazu auch Dettbarn-Reggentin/Reichenbach 2007
[6] Krämer u. a. 2005, S. 164ff.
[7] Hugues 1975, S. 35ff.
[8] Fischer 1920, S. 26ff.
[9] Metlitzky/Engelhardt 2008, S. 19ff.

Pflegewohnheim Résidence de la Rive in Onex

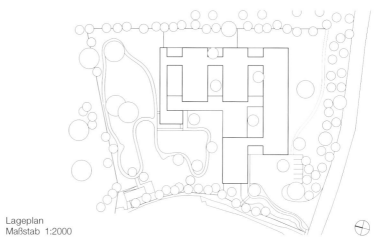

Architekt: atelier Bonnet, Genf
Tragwerksplaner: Ott et Uldry, Thônex
Baujahr: 2007

Lageplan
Maßstab 1:2000

Für Menschen zu bauen, deren Fähigkeit ihre Umgebung wahrzunehmen eingeschränkt ist, zählt zu den anspruchsvollsten Planungsaufgaben. Die Lern- und Erinnerungsfähigkeit von Patienten, die an Alzheimer oder Demenz erkrankt sind, nimmt stetig ab – damit auch ihre Orientierungsfähigkeit. Heilung ist nach derzeitigem wissenschaftlichem Stand nicht möglich. Der Prozess kann lediglich verlangsamt werden. Die räumliche Umgebung für diese auf Hilfe angewiesenen Menschen ist bedeutsam, da ein Verlust der Orientierungsfähigkeit und des Erinnerungsvermögens zwangsläufig zu Unsicherheiten und Ängsten führt.

Planung und Bau eines entsprechenden Pflegewohnheims führt also zu Auseinandersetzungen mit klar strukturierten, nachvollziehbaren Organisationsprinzipien, Möglichkeiten der Förderung gruppendynamischer Prozesse einerseits sowie der Ausbildung von individuellen Rückzugsräumen andererseits.

Mit der Résidence de la Rive in der Nähe von Genf gelang es dem Atelier Bonnet diese Aufgabe nach siebenjähriger intensiver Planungs- und Bauzeit in einer nun völlig selbstverständlichen Art und Weise zu lösen.

Entlang einer sich von Nord nach Süd erstreckenden Erschließungsstraße gruppieren sich vier Wohneinheiten und lassen vier intime Innenhofsituationen entstehen, die von einer erdgeschossigen Empfangseinheit gefasst werden. Das Erdgeschoss ist gleichzeitig Erschließungszone und Gemeinschaftsfläche – Herzstück ist die Küche. Eine fünfte Einheit im Obergeschoss über dem Bereich der Verwaltung bietet die Möglichkeit, Patienten temporär in der Einrichtung zu betreuen, wenn ihre Angehörigen Entlastung benötigen. Bei aller Klarheit der Grundrissstruktur sind trotzdem Rückzugräume geschaffen. Diese Zonierungen ermöglichen den Nutzern, am

1

1 Garten:
   Sowohl die Zugangssituationen zu den Höfen als
   auch deren Wegeführung selbst kommen dem
   nicht selten auftretenden Bewegungsdrang man-
   cher Patienten sehr entgegen. Die Bepflanzung,
   die nicht nur den Lauf der Jahreszeiten sichtbar
   macht, sondern mehrere Sinne anregt, lässt zu,
   dass die Pflanzen von den Bewohnern selbst be-
   fühlt, geerntet, teilweise gemeinsam gepflanzt
   werden und unterstützt somit die Therapie.

Gruppenleben intensiv teilzunehmen oder
dies lediglich zu beobachten. Treppen
bzw. Aufzüge erschließen die Einzelzimmer im ersten Obergeschoss.
Eine derartige Einrichtung auf zwei
Geschosse zu verteilen ist ein ungewöhn-
liches Konzept. Seine Ursache findet sich
einerseits bestimmt in den räumlichen
Grenzen des Grundstücks, andererseits
im Organisationsprinzip des Pflegekon-
zepts, das von öffentlichen über halböf-
fentliche zu privaten Räumen führt. Diese
Anlage erfordert allerdings eine intensivere Betreuungs- und Pflegeleistung des
Personals als eingeschossig organisierte
Gruppen. Auch die Anbindung an die halb-
öffentlichen Parkanlagen mit großen
Fensterflügeln zeigen in der umgesetzten
Form gleichzeitig Mut und eine große
Sensibilität sowie entsprechenden Respekt vor den Nutzern.
Überdachte Terrassen verknüpfen den
geschützten Außen- mit dem Innenraum.
Über sie lässt sich der jeweils einer
Gruppe zugeordnete Innenhof nutzen.
Vielen Alzheimerpatienten wird ein großer Bewegungsdrang nachgesagt. Eine
Raumorganisation und Wegeführung,
die dies in beschützter Form prinzipiell
zulässt, trägt somit zum Wohlbefinden
bei. Gleichzeitig lassen sich die Pflanzen
nutzen. Ihre Veränderung im Verlauf der
Jahreszeiten, der sich ändernde Geruch,
die Möglichkeit der Berührung und ggf.
sogar eigener gärtnerischer Arbeiten
unterstützen die Therapie.
Die selbstständige Orientierung und Nutzung der Umgebung stellt für Demenzpa-
tienten eine Herausforderung dar. Insofern kommt der Material- und Farbwahl
der gestalteten Umgebung eine besondere Rolle zu. Wie sensibel und doch
deutlich sich Hell-/Dunkel-Kontraste
abwechseln können und damit die Orientierung im dreidimensionalen Raum
erleichtern, zeigt die Innenraumgestal-
tung des Pflegewohnheims.

Schnitt · Grundriss
Maßstab 1:750

2	Lager	9	Personalraum
3	Innenhof	10	Café
4	Aquarium	11	Empfang
5	Mehrzweckraum	12	Sekretariat
6	Aufenthalt	13	Gesprächsraum
7	Werkstatt	14	Kaffeeküche
8	Lounge	15	Büro

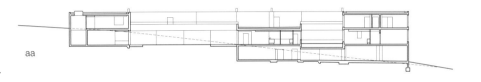

aa

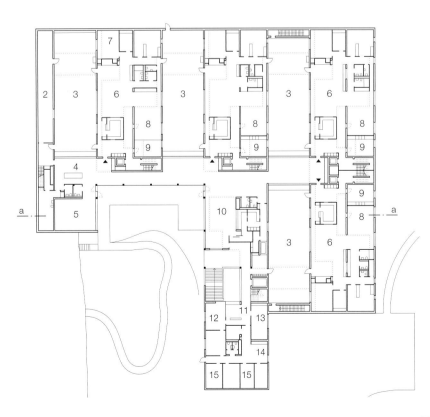

1   Terrasse
Durch die besondere Ausbildung der Brüstungselemente
im Terrassenbereich des Obergeschosses, deren geschlossene Elemente in einer Höhe von ca. 60 cm ü. OK
FFB enden, ist die zeitgleiche Nutzung der Außenanlagen
in den unterschiedlichen Geschossen möglich. Die trans-
parente Ausbildung ermöglicht im OG sowohl stehend als
auch sitzend und im Bedarfsfalle sogar liegend Durch-
sicht, gewährleistet aber trotzdem die nötige Sicherheit.
Gleichzeitig wird dadurch die Höhe der umschließenden
Hofeinfassungen insbesondere für die Nutzer des Erd-
geschosses wohltuend gegliedert.

Vertikalschnitt   Maßstab 1:10
2   VSG 2× 75 mm
3   Außenputz 30 mm
    Wärmedämmung EPS 160 mm
    Stahlbeton 130 mm
    Abdichtung PE-Folie
    Wärmedämmung XPS 60 mm
    Aluminiumblech 3 mm
4   Betonplatten 120 mm
    Trennlage PE-Folie
    Wärmedämmung PXS 120 mm

(Dampfsperre) Abdichtung
Stahlbeton 300–340 mm
Gipsputz 10 mm
5   VSG 2× 10 mm
6   Parkett 5 mm
    Estrich 85 mm
    Trennlage PE-Folie
    Wärmedämmung XPS 40 mm
    Trittschalldämmung 20 mm
    Stahlbeton 280 mm
    Magerbeton 100 mm

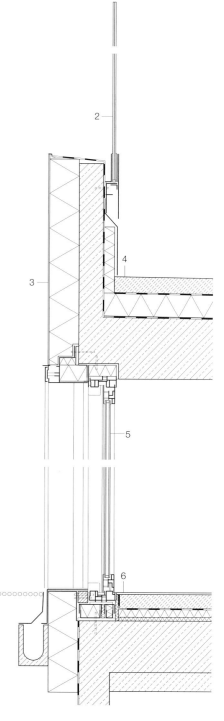

Blindeninstitut für Kinder in Regensburg

Architekt: Georg · Scheel · Wetzel
                 Architekten, Berlin
Mitarbeiter: Martina Betzold, Florian Gayer-
                 Lesti, Joao Goncalo Pereira,
                 Nico Kraneburg, Katharina Nailis,
                 Katja Wemhöner
Tragwerksplaner: ifb Frohloff Staffa Kühl Ecker, Berlin
Baujahr: 2006

In der Nähe eines historischen Kloster-komplexes entstanden die Neubauten der Blindeninstitutsstiftung in landschaft-lich reizvoller Lage am Rande eines neu entwickelten Quartiers. Die neuen Ge-bäude beinhalten eine Schule, Tages-stätte und ein Internat für schwer seh- und mehrfachbehinderte Kinder. Eine besondere Herausforderung für die Kon-zeptentwicklung stellte der Umgang mit dem stark nach Südosten ansteigenden Gelände dar, da die Nutzer auf ein schwellenloses Ineinandergreifen der Räumlichkeiten angewiesen sind.
So zeichnet die Haupterschließungszone die Hangneigung über Rampen nach. An diesen zweigeschossigen, den Eingangs-hof fassenden Gebäudeteil, in dessen Obergeschoss sich die Verwaltungs- und Therapieräume befinden, fügen sich kam-martig die eingeschossigen Schulberei-che an, die sich den Hang in geringen Höhenschritten hinaufstaffeln.

Es entstehen zwei völlig unterschiedli-che, der Nutzung entsprechende Atmo-sphären.

Ein gefasster, leicht erhöhter Vorplatz und Pausenhof bildet das stadträumliche Foyer der Schule. Auf dieser öffentlichen Seite des Gebäudes dominiert das Mate-rial des grüngrauen Kohlebrandziegels. Im Gegensatz hierzu wurden die Klassen-bereiche, welche die ihnen vorgelagerten intimen Höfe räumlich fassen, in Holz aus-gebildet. Diese deutlich ruhigeren Gar-tenhöfe sind untereinander ebenfalls mit Rampen verbunden. Sie öffnen sich in die den Hang hinabfließende freie Land-schaft, deren Hintergrund der historische Klosterkomplex bildet.

Die innere Organisation bestimmt ein kla-res Orientierungssystem, das aufgrund der starken visuellen Beeinträchtigung der Kinder mit hierarchisierenden Wege-beziehungen arbeitet. Der Hauptflur führt über Rampen bergauf, die Erschließungs-flure der Klassen zweigen horizontal da-von ab. So wird das Erlebnis der beson-deren Topografie im Gebäude gestützt und der Hang gleichsam zum leitenden organisatorischen Kriterium.

Somit gelingt es, eine stufenlose Erschließung der Hanggeschosse sicherzustellen. Im Gebäude selbst werden die mehrgeschossigen Bereiche sowohl über drei Aufzüge als auch über Treppen erschlossen. Deren Ausbildung mit Setzstufen, kontrastierend gekennzeichneten Vorderkanten und beidseitigem Handlauf soll die Orientierung der stark seheingeschränkten Nutzer erleichtern. Ebenso geben zusätzliche in den Fluren angebrachte Handläufe (in zwei unterschiedlichen Höhen) eine klare Führung. Im Außenbereich dienen Rillenplatten als Leitsysteme und Noppenplatten begrenzen z.B. die Spielfelder der Turnhalle.

Alle diese unterstützenden Hilfen sind so durchdacht und selbstverständlich integriert, dass es der Architektur gelingt, ohne zusätzliches, dominierendes Leitsystem durch Farb- und Materialwahl durch das Gebäude zu führen. Steinerne Böden, dunkle Holzzargen und -fenster stehen im Kontrast zu hellen Wänden und Decken und ermöglichen dadurch eine sichere Form der Orientierung. Lediglich im Bereich der Aufzugskerne ist die Geschossebene in Brailleschrift deutlich sichtbar auf den Wandflächen zu finden. Künstlerisch gestaltete, benutzbare Elemente unterscheiden einander gleichen-

de Raumzonen. So wird man z.B. durch eine Abakus-Rechenmaschine im Flur begleitet.

Absichtlich unterschiedlich gewählte Absorbtionskonstruktionen ermöglichen es auch im Innern, eindeutig festzustellen, in welcher Art von Räumlichkeit man sich befindet. Am ruhigsten gestaltet und mit Materialien mit hohem Absorptionsgrad versehen sind die Klassenräume.

Mit der Materialwahl – innen wie außen – entstehen sowohl haptische als auch akustische Leitlinien, die die Besonderheit des Ortes unterstreichen und Themen der Barrierefreiheit völlig selbstverständlich integrieren.

Lageplan   Maßstab 1:2000

1   Veranstaltung
2   Eingang/Pause
3   Mehrzweckraum
4   Rhythmikraum
5   dezentrales Foyer
6   Musik-/Rhythmikraum
7   Informatikraum
8   Gartenhöfe
9   Sporthalle
10 Therapiebad

Querschnitt
Grundrissausschnitt
Maßstab 1:1000

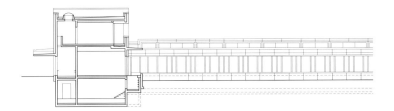

aa

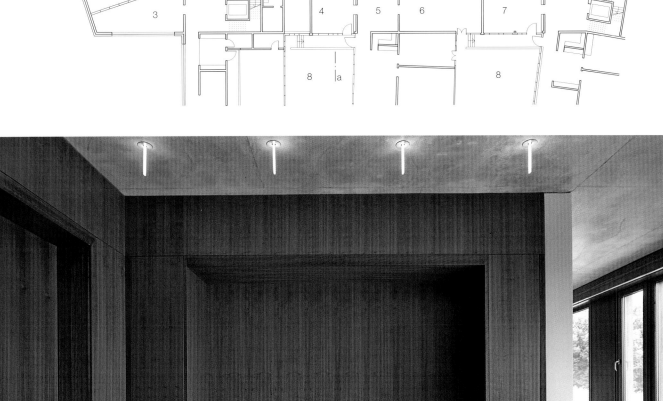

»Stadtlounge« in St. Gallen

Kunst/ Architektur: Pipilotti Rist und Carlos Martinez, Widnau
Baujahr: 2005

Die tatsächliche Bedeutung einer Einschränkung oder Behinderung auf das Leben des jeweils Betroffenen kann nur sie oder er selbst bewerten. In irritierenden, sinnesraubenden Momenten gelingt es, die Abhängigkeit von unseren fünf Sinnen zu demonstrieren. Wie verstörend die Wahrnehmung und damit Nutzung der Umwelt auch für Menschen ohne Einschränkung sein kann, wenn diese nicht in der bekannten Form gestaltet wurde, zeigt das Projekt des öffentlichen Raums »Stadtlounge« in St. Gallen. Wenn man den feuerroten, ungewöhnlich weichen Bodenbelag aus Gummigranulat betritt, wird deutlich, dass Schwellenlosigkeit

auch irritierend wirken kann. Einerseits verbindet die Signalfarbe Flächen des öffentlichen Raumes, andererseits erschwert sie die Orientierung. Die Wahrnehmung des Raiffeisen-Viertels als ehemals zerklüftetes Konglomerat von Restflächen und Verkehrsfunktionen hat sich somit nachhaltig verändert, da der heutige Bodenbelag alle Plätze und Resträume zu einem homogenen Ganzen zusammenfasst, das sich bis in die Fußgängerzone ausdehnt. Besonders in seiner Eigenschaft als haptisch angenehmer, wohnlicher Teppich schafft der Bodenbelag als identitätsstiftendes Merkmal dabei die Grundlage für eine einladende Atmo-

sphäre. Die Idee einer öffentlich betretbaren »Lounge« bildet somit das eigentliche Leitthema, um einen harmonischen und einheitlichen Charakter zu schaffen. Sie gibt dem innenstadtnahen Ort aber auch die gebührende Aufenthaltsqualität innerhalb des Quartiers. Möblierungselemente wie Sitzgelegenheiten und Tische entwickeln sich als freie Formen aus der Gummihaut. Deren einheitliche Oberfläche scheint sich dabei wie ein Tuch über alle Möbel gelegt zu haben, das trotz seiner Strapazierfähigkeit jeder Berührung schmeichelt. Das Verhältnis von Innen- und Außenraum scheint sich dabei umzukehren, da die Außenfassaden der Ge-

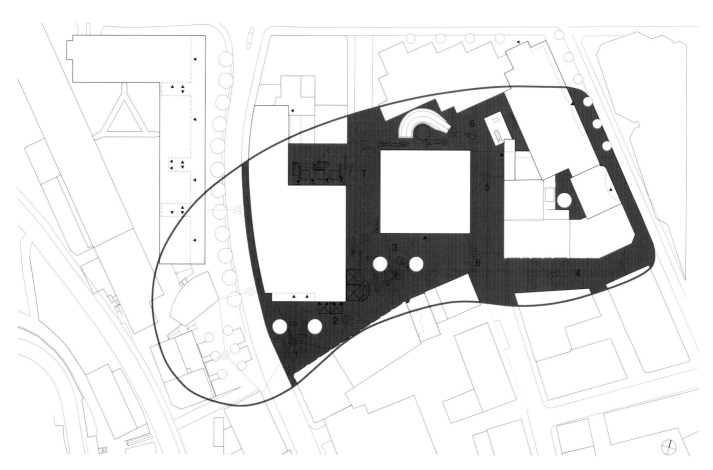

Lageplan   Maßstab 1:1250
Vertikalschnitt Sitzmöbel   Maßstab 1:10

1   Empfang
2   Café
3   Relaxounge
4   Streetlounge
5   Synagoge
6   Skulpturenpark
7   Businesslounge
8   Beleuchtungskörper »Bubbles«
9   Beschichtung Sitzfläche
     Gummigranulat 15–20 mm
10 Möbeloberfläche aufgeraut
     oder sandgestrahlt
11 Befestigungswinkel L 60/60 mm
12 Möbelkern Beton
     oder EPS mit GFK-Hülle
13 Asphalt

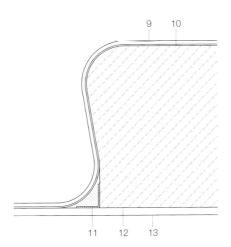

bäude ebenso als Innenfassaden – als Tapeten der Lounge – interpretierbar werden. Spätestens hier bricht der Entwurf mit gewohnten Sehbildern von öffentlichem Raum, die sich zumeist auf die ablesbaren Kategorien von Straße, Platz und Park beschränken und die der homogene Belag verwischt.Die verschwimmenden Grenzen zwischen Aufenthalts- und Fahrbereichen und die Wertigkeit des Bodenbelages wirken dabei zugleich als psychologische Bremse für die Autofahrer, da die Aufmerksamkeit gegenüber den Fußgängern und das Bewusstsein für die eigene Geschwindigkeit steigt. Die Verlangsamung der Bewegungsströme

durch die Sensibilisierung der Autofahrer ist dabei wiederum wesentliche Grundlage, die Aufenthaltsqualität des Quartiers zu steigern. Die veredelten und damit verfremdeten Straßenbeschilderungen fügen sich ebenso nahtlos in das Konzept der Subversion ein wie das mit Gummigranulat überzogene Auto, da es einen Parkplatz »unbrauchbar« macht, indem es ihn dauerhaft besetzt. So wird der Raum hier plakativ umgedeutet, da die Karosserie auch zum Verweilen, Sitzen und Liegen einladen soll. Das ehemals mobile Objekt wurde zum unbeweglichen Möbel, indem das sonst im Stadtraum dominante Auto an diesem Ort »unter den Teppich

gekehrt wird«. Projekte wie dieses sind sicherlich auch deswegen so wertvoll, da sie ausgesprochen vielschichtig interpretierbar sind. Der öffentliche Raum wird mit einem roten Teppich belegt zur Bühne, jeder Nutzer gleichzeitig zum Zuschauer und Darsteller. Nach ersten irritierenden und verstörenden Momenten in der umfassend schwellenlosen Umgebung erfordert die Wahrnehmung und Bewegung erhöhte Konzentration. Das Spiel mit den Sinnen führt bei diesem Projekt zu einer Mischung aus leichtem Rausch und Orientierungslosigkeit, die dazu zwingt, eine scheinbar alltägliche Umgebung wesentlich sensibler zu erleben.

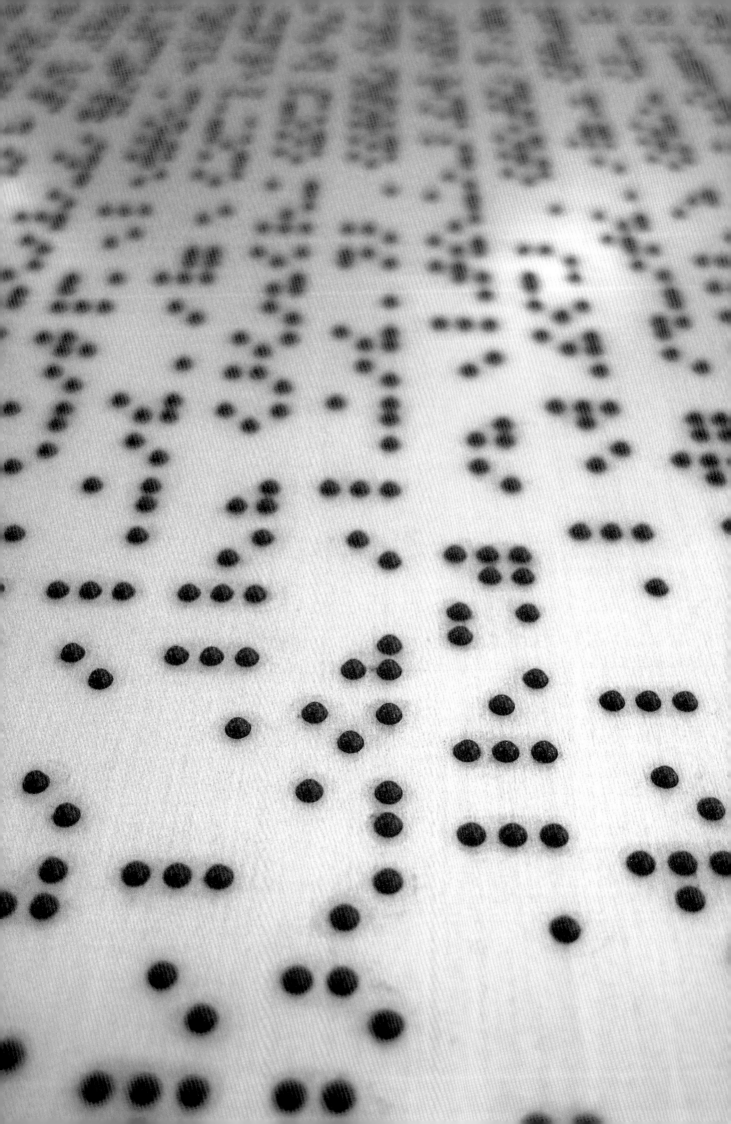

Glossar

Auffangstreifen
Streifen aus → Bodenindikatoren, durch den Anfang und Ende einer Gehfläche markiert werden. Er kündigt Ein- und/oder Ausgänge an oder verbindet parallel verlaufende Blindenleitstreifen.

Aufmerksamkeitsfeld
Fläche aus → Bodenindikatoren, durch die auf besondere Einrichtungen bzw. Ausstattungen hingewiesen wird. I. d. R. quadratische Flächen, die auf Verzweigungen von → Leitstreifen, Niveauwechsel oder Hindernisse aufmerksam machen.

Barrierefreier Aufzug
Der Fahrkorb ist mind. wie folgt zu bemessen: lichte Breite 110 cm; lichte Tiefe 140 cm. Mit horizontalem Bedientableau, Haltestangen und bei mehr als zwei Haltestellen zusätzliche Haltestellenansagen. Ausstattung mit Spiegel gegenüber der Fahrkorbtür.

Bedienelement
Überwiegend mit der Hand zu betätigende Griffe, Drücker, Schalter, Tastaturen, Knöpfe, Geldeinwürfe, Kartenschlitze etc.

Begegnungsfläche
Fläche einer Größe von 180 × 180 cm, die z. B. auf Fluren in öffentlichen Gebäuden nach spätestens 15 m die Begegnung und das Passieren zweier Rollstuhlnutzer ermöglicht.

Begleitstreifen
Ein zu den → Bodenindikatoren taktil, akustisch oder optisch kontrastierender Bodenbelag, der neben den Bodenindikatoren verlegt wird, wenn die betreffenden Kontraste zu den angrenzenden Bodenbelägen nicht ausreichen.

Begrenzungsstreifen
Trennstreifen zwischen unterschiedlichen, niveaugleichen Verkehrsflächen, z. B. Geh- und Radweg, der sich taktil und optisch kontrastierend von den angrenzenden Belägen unterscheidet.

Bewegungsflächen
sind die zur Nutzung einer Einrichtung, baulichen Anlage bzw. eines Gebäudes erforderlichen Flächen unter Berücksichtigung der räumlichen Erfordernisse z. B. von Rollstühlen oder Gehhilfen.

Bewegungsflächen für Rollstuhlbenutzer
sind die zur Bewegung mit dem Rollstuhl notwendigen Flächen von i. d. R. 150 × 150 cm.

Bodenindikator
Bodenelement mit einem hohen → taktilen, akustischen und visuellen Kontrast zum angrenzenden Bodenbelag.

Brailleschrift
Ertastbare Schrift, benannt nach Louis Braille, die auf einem 2 × 3 Raster von erhabenen Punkten basiert.

Demenz
Oberbegriff für Erkrankungen, die mit einem Verlust kognitiver Fähigkeiten wie Denken, Erinnern, Orientieren und koordiniertem Agieren einhergehen und dazu führen, dass alltägliche Aktivitäten nicht mehr selbstständig durchgeführt werden können.

Greifbereich
Horizontal oder vertikal definierter Bereich, der zum Erreichen eines Bedienelements mit der Hand oder mit der Hand und dem Arm erforderlich ist

Handlauf
An Treppen sind beidseitig Handläufe mit 3–4,5 cm Durchmesser, OK 85 cm anzubringen. Der innere Handlauf darf im Bereich des Treppenauges nicht unterbrochen sein, der äußere ist am Anfang und am Ende 30 cm weiterzuführen. Die rechtlichen Vorschriften über Brüstungshöhen bleiben unberührt, so dass die Absturzsicherung ggf. getrennt vom barrierefreien Handlauf liegen muss.

Höranlagen
In Gebäuden mit Publikumsverkehr und in Versammlungsstätten sollten parallel zur Beschallungsanlage ergänzende Anlagen eingeplant werden, die es auch Schwerhörigen ermöglichen, die Gebäude zu nutzen. Je nach Zweck stehen drei unterschiedliche Techniken zur Verfügung (→ Induktive Anlagen, FM-Funkanlagen und Infrarotanlagen).

Induktive Höranlage
Im Boden des zusätzlich mit der Höranlage ausgestatteten Raumes wird eine Induktionsschleife verlegt, die ein schwaches Magnetfeld erzeugt. Sprach- und Tonsignale können nun über die Hörgeräte der Betroffenen (mit T-Stellung) aufgenommen werden. Es sind keine zusätzlichen Empfängergeräte wie z. B. bei den FM-Funkanlagen nötig.

Inklusion
beschreibt die gesellschaftliche Forderung, dass jeder Mensch in seiner Individualität akzeptiert wird und die Möglichkeit hat, in vollem Umfang an der Gesellschaft teilzuhaben. Unterschiede und Abweichungen werden bewusst wahrgenommen, aber in ihrer Bedeutung eingeschränkt oder gar aufgehoben. Ihr Vorhandensein wird, im Gegensatz zur Integration, von der Gesellschaft weder in Frage gestellt noch als Besonderheit gesehen. Das Recht zur Teilhabe wird sozialethisch begründet und bezieht sich auf sämtliche Lebensbereiche, in denen sich alle barrierefrei bewegen können sollen.

Kognitive Einschränkung
Neurologische oder psychische Erkrankungen können zu eingeschränkten Wahrnehmungsfähigkeiten, vermindertem Erkennen, Verstehen und Reagieren, verminderter Koordinationsfähigkeit, Orientierungsfähigkeit sowie zu Sprachstörungen führen.

Längsgefälle
Gefälle des Bodenbelags z. B. bei Gehwegen in Längsrichtung. Soll 3 % nicht überschreiten. Bei 3–6 % sollen in regelmäßigen Abständen Verweilplätze eingeplant werden.

Leitstreifen
Streifen aus aneinandergereihten → Bodenindikatoren, der den Verlauf einer Strecke anzeigt und eine bereichsbegrenzende Funktion hat. Einsatz und Gestaltung dieser → Orientierungshilfen ist insbesondere dort angebracht, wo Führungen durch tastbare Kanten wie Bordsteine und Häuserwände fehlen. Fallbezogen ist jede Maßnahme mit den Verbänden der Betroffenen abzustimmen, da diese die örtlichen Verhältnisse im Hinblick auf ihre Bedürfnisse am besten kennen und helfen können, die Maßnahmen in das im Gesamtgebiet eingeführte System zu integrieren.

Leitsystem
Orientierungshilfen, die die Nutzung insbesondere komplexerer Gebäude und baulicher Anlagen erleichtern. I. d. R. bestehen sie aus einem Zusammenspiel visueller, taktiler und akustischer Informationen.

Mehrgenerationenwohnen
Gebäude und Einrichtungen, die ein generationenübergreifendes nachbarschaftliches, alltägliches Engagement zwischen Kindern und Jugendlichen, Erwachsenen, Personen über 50 Jahren und Hochbetagten unterstützen und fördern.

Motorische Einschränkung
Beeinträchtigungen des Bewegungsapparates durch Schädigungen des Gehirns, der Wirbelsäule bzw. des Rückenmarks, des Muskelapparats, innerer Organe sowie geschädigte bzw. fehlende Gliedmaße.

Orientierungshilfe
Information, die allen Menschen, insbesondere Menschen mit → sensorischen Einschränkungen, bei der Nutzung der gebauten Umwelt unterstützt.

Quergefälle
Gefälle des Bodenbelags quer zur Nutzungsrichtung. Soll i. d. R. bei Gehwegen 2 %, bei Grundstückszufahrten 6 % nicht überschreiten.

Radabweiser
Durch Radabweiser, die bei Rampen mit nicht geschlossenen Wangen seitlich auf ganzer Länge 10 cm über OK FFB angebracht werden müssen, wird verhindert, dass der Rollstuhlnutzer mit den kleinen, meist vorderen Lenkrädern über die Außenkante der Rampe gerät.

Rampe
Geneigte Fläche zur Verbindung unterschiedlich hoher Niveaus. Ihre Steigung darf nicht mehr als 6 % betragen. Bei einer Länge von mehr als 600 cm ist ein Zwischenpodest von min. 150 cm Länge erforderlich. Die R. und das Zwischenpodest sind beidseitig mit 10 cm hohen Radabweisern und mit Handläufen mit 3 bis 4,5 cm Durchmesser in 85 cm Höhe zu versehen. Sie ist ohne → Quergefälle auszubilden.

Sensorische Einschränkung
Beeinträchtigung der Sinneswahrnehmung (Sehen, Hören, Riechen, Schmecken, Tasten)

Stufenlose Erreichbarkeit
Alle Gebäudeebenen müssen stufenlos, gegebenenfalls mit einem Aufzug oder einer Rampe erreichbar sein.

Schwellen
sind Hindernisse, die eine barrierefreie Horizontalerschließung verhindern. Im Innern von Gebäuden oder baulichen Anlagen gelten als solche Höhendifferenzen von mehr als 2 cm, außen, auf Straßen, Wegen und Plätzen, von mehr als 3 cm.

Taktil
Den Tastsinn und die haptische Wahrnehmung betreffend. Insbesondere bei Orientierungs- und Leitsystemen, Informationen, Handläufen und Bedienelementen zu berücksichtigen.

Unterfahrbarkeit
Um Einrichtungen oder Bedienelemente wie z. B. einen Waschtisch mit dem Rollstuhl nutzen zu können, muss dieser in einem Bereich von H 67 cm ü. OK FFB unterfahrbar sein.

Untere Türanschläge und -schwellen
sind grundsätzlich zu vermeiden. Soweit sie technisch unbedingt erforderlich sind, dürfen sie nicht höher als 2 cm sein.

Verweilplatz
Überdachte Verweilfläche (Ruheflächen oder -bänke), → taktil und optisch kontrastierend auffindbar im Bereich von Gehwegen, Treppen und Rampenanlagen

Zwei-Sinne-Prinzip
Gleichzeitige Vermittlung von Informationen für bzw. von mindestens zwei Sinnen

Normen, Richtlinien, Verordnungen (Auswahl)

Allgemeines Gleichbehandlungsgesetz v. 14.08.2006, BGBl. I 2006, S. 1897

Arbeitsstättenverordnung ArbStättV und Artbeitsstättenrichtlinien, vom 12.08.2004, zuletzt geändert am 18.12.2008

BauGesetzbuch BauGB

Behindertengleichstellungsgesetz BGG v. 27.04.2002, BGBl. I 2002, S. 1674

DIN 1450 Schriften, Leserlichkeit

DIN 18024-1 Barrierefreies Bauen – Teil 1: Straßen, Wege, öffentliche Verkehrs- und Grünanlagen sowie Spielplätze

DIN 18024-2 Barrierefreies Bauen – Teil 2: öffentlich zugängige Gebäude und Arbeitsstätten

DIN 18025-1 Barrierefreie Wohnungen – Wohnungen für Rollstuhlbenutzer

DIN 18025-2 Barrierefreie Wohnungen

DIN 18030 Die Arbeit an dieser Norm, die eine Weiterentwicklung der Normen DIN 18024 und DIN 18025 zur Aufgabe hatte, wurde nach über zehnjähriger Arbeit eingestellt, da kein Konsens erzielt werden konnte.

DIN 18040-1 Barrierefreies Bauen, Teil 1: Öffentlich zugängliche Gebäude (E)

DIN 18040-2 Barrierefreies Bauen, Teil 2: Barrierefreie Wohnungen (E)

DIN 18040-3 Verkehrsanlagen, vorläufig zurückgestellt

DIN 18041 Hörsamkeit in kleinen und mittelgroßen Räumen

DIN 18065 Treppen

DIN 32975 Optische Kontraste im öffentlich zugänglichen Bereich (E)

DIN 32981 Zusatzeinrichtungen für Blinde und Sehbehinderte an Straßenverkehrs-Signalanlagen

DIN 32984 Bodenindikatoren im öffentlichen Verkehrsraum

DIN 33402-2 Ergonomie – Körpermaße des Menschen – Teil 2: Werte

DIN 33402-2 Ergonomie – Körpermaße des Menschen – Teil 2: Werte, Beiblatt 1: Anwendung von Körpermaßen in der Praxis

DIN 33404-2 Ergonomie – Körpermaße des Menschen – Teil 2: Werte, Berichtigung zur DIN 33402-2:2005-12

DIN 33404-3 Körpermaße des Menschen – Bewegungsraum bei verschiedenen Grundstellungen und Bewegungen

DIN 66079-4 Graphische Symbole zur Information der Öffentlichkeit – Teil 4: Graphische Symbole für Behinderte

DIN 77800 Qualitätsanforderungen an Anbieter der Wohnform »Betreutes Wohnen für ältere Menschen«

DIN EN 81-40 Sicherheitsregeln für den Einbau von Aufzügen – Teil 40: Treppenschrägaufzüge und Plattformaufzüge mit geneigter Fahrbahn für Behinderte (E)

DIN EN 81-70 Sicherheitsregeln für die Konstruktion und den Einbau von Aufzügen – Teil 70: Zugänglichkeit für Aufzüge für Personen einschließlich Personen mit Behinderung

DIN EN 179 Notausgangsverschluss

DIN EN 1125 Paniktürschloss

DIN EN 12183 Rollstühle mit Muskelantrieb – Anforderungen und Prüfverfahren

DIN EN 12184 Elektrorollstühle und -mobile und zugehörige Ladegeräte

DIN ISO 3864-3 Graphische Symbole – Sicherheitsfarben und Sicherheitszeichen, Teil 3: Gestaltungsgrundlagen für graphische Symbole zur Anwendung in Sicherheitszeichen

DIN ISO 4190-5 Bedienungs-, Signalelemente und Zubehör

DIN Fachbericht 124 – Leitsätze zur Gestaltung barrierefreier Produkte

Entschließung des Rates der Europäischen Union vom 17. März 2008 zur Situation von Menschen mit Behinderungen in der Europäischen Union (2008/C 75/01)

Grundgesetz GG
Artikel 3, Abs. 3 Satz 1; Gesetz zur Änderung des Grundgesetzes v. 24.20.1994, BGBl. I 1994, S. 3146

Heimgesetz HeimG, 07.08.1974, zuletzt geändert am 31.10.2006

Heimmindestbauverordnung HeimMindBauV, Verordnung über bauliche Mindestanforderungen für Altenheime, Altenwohnheime und Pflegeheime für Volljährige vom 27.01.2978, zuletzt geändert am 25.11.2003

Landesbauordnungen

Landesbehindertengleichstellungsgesetze

Landesgaragenverordnungen

Landesgaststättenverordnungen

Landesverkaufsstättenverordnungen

Landesversammlungsstättenverordnungen

Musterbauordnung MBO, Nov. 2002

Sozialgesetzbuch SGB, Neuntes Buch IX – Rehabilitation und Teilhabe behinderter Menschen vom 19.06.2001, zuletzt geändert am 31.12.2008

UN-Übereinkommen über die Rechte behinderter Menschen, Deutschland am 30.03.2007

VDI 6000: VDI-Richtlinien zu Sanitärräumen – Anforderungen an Sanitärräume in Wohnungen oder öffentlichen Gebäuden
• Sanitärräume Wohnungen Blatt 1
• Sanitärräume für Senioren, Blatt 5
• Sanitärräume Kindergärten und Schulen, Blatt 6

VDI 6008 Barriefreie und behindertengerechte Lebensräume – Anforderungen an die Elektro- und Fördertechnik

Für die Länder Österreich und die Schweiz werden hier auszugsweise folgende Grundlagen benannt:

Österreich:
Bundesgesetze
Behindertengleichstellungsrecht
beschlossen am 6. Juli 2005 im Nationalrat und mit BGBl. I Nr. 81/2005 und BGBl. I Nr. 82/2005 im Bundesgesetzblatt kundgemacht, bestehend aus:
• BundesBehindertengleichstellungsgesetz (BGStG),
• Diskriminierungsschutz in der Arbeitswelt in §§ 7a–7q des Behinderteneinstellungsgesetzes,
• Behindertenanwaltschaft nach § 13b ff des Bundesbehindertengesetzes
• Anerkennung der österr. Gebärdensprache als eigenständige Sprache in Art. 8 Abs. 3 B-VG.

Normative Verweise
ÖNORM B 1600 Barrierefreies Bauen – Planungsgrundsätze

ÖNORM B 1601 Spezielle Baulichkeiten für behinderte und alte Menschen

ÖNORM B 1602 Barrierefreie Schul- und Ausbildungsstätten und Begleiteinrichtungen

ÖNORM B 1603 Barrierefreie Tourismuseinrichtungen – Planungsgrundlagen

ÖNORM B 2457 Schrägaufzüge für behinderte Personen – Bauvorschriften

ÖNORM B 2607 Spielplätze – Planungsgrundlagen

ÖNORM V 2102 Technische Hilfe für sehbehinderte und blinde Menschen – taktile Bodeninformation

ÖNORM V 2104 Technische Hilfe für blinde, sehbehinderte und mobilitätsbehinderte Menschen – Baustellen- und Gefahrenabsicherung

ÖNORM V 2105 Technische Hilfe für sehbehinderte und blinde Menschen – tastbare Beschriftungen

ÖNORM A 3011 Grafische Symbole für die Öffentlichkeitsinformation

ÖNORM V 3012 Visuelle Leitsysteme für die Öffentlichkeitsinformation – Orientierung mit Hilfe von Richtungspfeilen und grafischen Symbolen, Text, Licht und Farbe

ÖNORM K 1105 Rollstühle – Begriffsbestimmungen, Einteilung und Abmessungen

Schweiz:
Bundesgesetze
Bundesverfassung der Schweizerischen Eidgenossenschaft SR 101 v. 18.04.1999 (Stand am 30. November 2008), Art. 8, Rechtsgleichheit

Bundesgesetz über die Beseitigung von Benachteiligungen von Menschen mit Behinderungen (Behindertengleichstellungsgesetz, BehiG) v. 13.12.2002

Verordnung über die Beseitigung von Benachteiligungen von Menschen mit Behinderungen (Behindertengleichstellungsverordnung, BehiV) v. 19.11.2003

Normative Verweise
SIA Norm 500 Hindernisfreies Bauen

Literatur:
Fachbücher und Fachaufsätze

BBR/IEMB TU Berlin (Hrsg.): Wohnen ohne Barrieren – Erhöhte Wohnqualität für alle. Meckenheim 2008

BMFSFJ/von der Leyen, Ursula (Hrsg): Starke Leistung für jedes Alter – Erste Ergebnisse der Wirkungsforschung im Aktionsprogramm Mehrgenerationenhäuser, 05/2008

Bösl, Elsbeth: Konstruktionen von Behinderungen in der bundesdeutschen Behindertenpolitik. In: Arbeit – Gender – Wissen, 2009 (im Druck)

Burckhardt, Jacob: Die Kultur der Renaissance. Essen 1860

Degenhart, Christine: Generationengerechtes Bauen. Kissing 2008

Dettbarn-Reggentin, Jürgen/Reichenbach, Michael (Hrsg.): Bau- und Wohnkonzepte für alte und pflegebedürftige Menschen. Praxisbeispiele, Planungshilfen, technische Daten und medizinische Grundlagen. Merching 2007

Eberwein, Hans/Knauer, Sabine (Hrsg): Integrationspädagogik: Kinder mit und ohne Beeinträchtigung lernen gemeinsam. Ein Handbuch. Weinheim 2002

Eco, Umberto: Die geheimnisvolle Flamme der Königin Loana. Mailand 2004

Fischer, Theodor: Sechs Vorträge über Stadtbaukunst. Erweiterter Nachdruck der ersten Auflage von 1920. Hrsg. von Matthias Castorph. München 2009

Frejka, Tomas u.a.: Childbearing trends and policies in Europe. Max Planck Institute for Demographic Research, Rostock 2008

Frohnmüller, Sabine: Barrierefreies Bauen – Neue Vorschriften und technische Regeln, bau intern 3I4, 2009, S. 10–11

Gemeinsamer Fachausschuss für Umwelt und Verkehr (GFUV), Workshop Bodenindikatoren/Behling, Klaus: Anforderungen an die Profile und den Einsatz von Bodenindikatoren im öffentlichen Raum. Berlin 2008

Herwig, Oliver: Universal design. Basel 2008

Hugues, Theodor: Die altengerechte Wohnung. München 1975

Krämer, Stefan u.a: Wohnen im Alter – Entwicklungsbilanz und Perspektiven. In: Wüstenrot Stiftung (Hrsg): Wohnen im Alter. Stuttgart 2005, S. 152–167

Lanz, Stephan: In Europa mehr Initiative und Kraft entwickeln. In: Multiple City. Hrsg. von Winfried Nerdinger, Sophie Wolfrum. Berlin 2008, S. 294–298

Marx, Lothar: Barrierefreiheit als Herausforderung. In: Fischer, Joachim/Meuser, Philipp (Hrsg.): Barrierefreie Architektur: alten- und behindertengerechtes Planen und Bauen im 21. Jahrhundert. Berlin 2009, S. 24–35

Mayer, Susanne: Gefährdete Existenzen. In: Die Zeit vom 18.09.2008

Mederios Kent, Mary/Haub, Carl: The demographic divide: What it is and why it matters. Population Reference Bureau, Washington D.C. 2005

Metlitzky, Nadine/Engelhardt, Lutz: Barrierefrei Städte bauen: Orientierungssysteme im öffentlichen Raum. Stuttgart 2008

Oberste Baubehörde im Bayerischen Staatsministerium des Innern, Bayerisches Staatsministerium für Arbeit und Sozialordnung, Familie und Frauen, Bayerische Architektenkammer (Hrsg): Barrierefreies Bauen 1, Barrierefreie Wohnungen, Planungsgrundlagen. Verf. Marx, Lothar. München 1992

Oberste Baubehörde im Bayerischen Staatsministerium des Innern, Bayerisches Staatsministerium für Arbeit und Sozialordnung, Familie und Frauen, Bayerische Architektenkammer (Hrsg): Barrierefreies Bauen 2, Öffentlich zugängliche Gebäude und Arbeitsstätten, Planungsgrundlagen. Verf. Ebe, Johann u. a. München 1999

Oberste Baubehörde im Bayerischen Staatsministerium des Innern, Bayerisches Staatsministerium für Arbeit und Sozialordnung, Familie und Frauen, Bayerische Architektenkammer (Hrsg): Barrierefreies Bauen 3, Straßen, Plätze, Wege, Öffentliche Verkehrs- und Grünanlagen sowie Spielplätze, Planungsgrundlagen. Verf. Ebe, Johann u.a. München 2001

Rau, Ulrike (Hrsg.): Barrierefrei: Bauen für die Zukunft. Berlin 2008

Rau, Ulrike in: Dies. (Hrsg.): Barrierefrei: Bauen für die Zukunft. Berlin 2008, S. 68–75

Stadler, Hans/Wilken, Udo: Pädagogik bei Körperbehinderung. Studientexte zur Geschichte der Behindertenpädagogik, Bd. 4. Weinheim/Basel/Berlin 2004

Statistische Ämter des Bundes und der Länder (Hrsg.): Bevölkerung Deutschlands bis 2050, 11. koordinierte Bevölkerungsvorausberechnung. November 2006

Statistische Ämter des Bundes und der Länder (Hrsg.): Demografischer Wandel in Deutschland, Bevölkerungs- und Haushaltentwicklung im Bund und in den Ländern. Wiesbaden, Dezember 2007

Stelzer, Tanja: Ich will doch nur spielen. In: Mein Kind schafft das, Zeit-Magazin Nr. 32 vom 30.07.2009

WHO: ICIDH-2 (International classification of impairments, activities and participation). Genf 1999

Hersteller, Firmen und Verbände (Auswahl)

Die in der Publikation genannten und in nachfolgender Liste aufgeführten Hersteller sind eine Auswahl möglicher Anbieter. Sämtliche Angaben gelten ausdrücklich nicht als Empfehlung, sie sind beispielhaft zu verstehen und erheben keinen Anspruch auf Vollständigkeit.

Architektenkammer Baden-Württemberg
Danneckerstraße 54
70182 Stuttgart
www.akbw.de

Architekten- und Stadtplanerkammer Hessen
Mainzer Straße 10
65185 Wiesbaden
www.akh.de

Architektenkammer Nordrhein-Westfalen
Zollhof 1
40221 Düsseldorf
www.aknw.de

Architektenkammer Sachsen
Goetheallee 37
01309 Dresden
www.aksachsen.org

Architektenkammer Sachsen-Anhalt
Fürstenwall 3
39104 Magdeburg
www.ak-lsa.de

Bayerische Architektenkammer
Beratungsstelle Barrierefreies Bauen
Waisenhausstraße 4
80637 München
www.byak.de

Bayerische Stiftung für Qualität
im Betreuten Wohnen e.V.
Barbarossastraße 19
81667 München

Bundesarbeitsgemeinschaft der Senioren
Organisationen (BAGSO) e.V.
Eifelstraße 9
53119 Bonn
www.bagso.de

Bundesinteressenvertretung der
Altenheimbewohner e.V. (BIVA)
Vorgebirgsstraße 19
53913 Swisttal
www.biva.de

Fachstelle Wohnberatung in Bayern
Korbinianplatz 15a
80807 München
www.wohnberatung-bayern.de

Kuratorium Deutsche Altenhilfe (KDA)
An der Paulskirche 3
50677 Köln
www.kda.de

Schweizerische Fachstelle für
behindertengerechtes Bauen
Kernstraße 57
CH–8004 Zürich
www.hindernisfrei-bauen.ch

Sachregister

Bildnachweis

Allen, die durch Überlassung ihrer Bildvorlagen, durch Erteilung von Reproduktionserlaubnis und durch Auskünfte am Zustandekommen des Buches mitgeholfen haben, sagen die Autoren und der Verlag aufrichtigen Dank. Sämtliche Zeichnungen in diesem Werk sind eigens angefertigt. Nicht nachgewiesene Fotos stammen aus dem Archiv der Architekten oder aus dem Archiv der Zeitschrift Detail. Trotz intensivem Bemühen konnten wir einige Urheber der Fotos und Abbildungen nicht ermitteln, die Urheberrechte sind aber gewahrt. Wir bitten um dementsprechende Nachricht.

Titel Mitte, Seite 53:
Klaus Neumann, München

Seite 6, 104, 105:
Marc Wetli, Zürich

Seite 8:
Christina Merkan, Berlin

Seite 12:
Seeger-Ullmann Architekten, München

Seite 14:
Dreizung, Berlin

Seite 17:
Simone Rosenberg, München

Seite 19:
Levin Monsigny Landschaftsarchitekten, Berlin

Seite 23, 38, 42, 49, 51, 52, 61 oben, 68 unten, 82 unten rechts, 106:
Oliver Heiss, München

Seite 34, 51 links:
Christian Schittich, München

Seite 35:
www.zeno.org, Zenodot Verlagsgesellschaft mbH

Seite 45:
www.archdaily.com

Seite 46, 76, 77 links:
Adam Mørk, Kopenhagen

Seite 54:
Hertha Hurnaus, Wien

Seite 57 links, Mitte:
KEUCO GmbH & Co. KG

Seite 59:
illbruck Sanitärtechnik GmbH, Bad Wildungen

Seite 62 Mitte, 69:
Michael Heinrich, München

Seite 62 rechts:
Klaus Frahm/arturimages

Seite 64:
Johann Ebe, München

Seite 66, 67:
Stefan Müller-Naumann/arturimages

Seite 68 oben:
www.bette.de

Seite 72:
Claudia Fuchs, München

Seite 75 oben:
Jan Bitter, Berlin

Seite 77 Mitte:
Bodensteiner Fest Architekten Stadtplaner, München

Seite 78, 79 links:
Florian Holzherr, München

Seite 79 Mitte:
Tom Früchtl, München

Seite 80:
Hans Werlemann/Hectic Pictures, Rotterdam

Seite 81 links:
Andreas J. Focke, München

Seite 81 rechts:
Christine Dempf, München

Seite 82 oben:
Rainer Retzlaff, Waltenhofen

Seite 83 oben:
Jesús Granada, Sevilla

Seite 84:
Walter Mair, Zürich

Seite 85:
Bernd Borchardt, Berlin

Seite 87:
Rathscheck Schiefer, Mayen-Katzenberg

Seite 88, 89:
Zooey Braun Fotografie, Stuttgart

Seite 90 oben Mitte, rechts:
Ronald Grunert-Held, Veitshöchheim

Seite 90 unten:
Oliver Voitl, München

Seite 92 oben links:
Claas Dreppenstedt, Berlin

Seite 92 unten:
Erik Berg/Den Norske Opera & Ballett

Seite 94 links:
Martin Bosch, Bayerische Schlösserverwaltung

Seite 94 rechts, 97:
Stefan Müller-Naumann, München

Seite 94 unten:
Ivan Nemec, Prag

Seite 95 Mitte:
www.fotolia.com

Seite 95 unten:
www.pulte-fabrik.de

Seite 95 links:
Frank Kaltenbach, München

Seite 96:
Dominique Perrault, Paris

Seite 98–100:
Yves André, CH–St. Aubin-Sauges

Seite 101–103:
Stefan Müller, Berlin

Rubrikeinführende Fotos

Seite 6:
Stadtlounge, St. Gallen (CH) 2005, Kunst: Pipilotti Rist, Architekten: Carlos Martinez, Widnau

Seite 8:
Fahrstuhlklingel in Berlin-Charlottenburg

Seite 34:
BMW Museum, München (D) 1973,
Architekt: Karl Schwanzer Wien
Umbau 2008, Architekt: Atelier Brückner, Stuttgart

Seite 72:
Opernhaus, Oslo (N) 2008, Architekten: Snøhetta, Oslo

Seite 106:
Brailleschrift